沈从文九讲

张新颖 著

译林出版社

图书在版编目（CIP）数据

沈从文九讲／张新颖著.— 南京：译林出版社，2021.8
（张新颖作品）
ISBN 978-7-5447-8633-1

I. ①沈… II. ①张… III. ①沈从文（1902-1988）－人物研究
IV. ① K825.6

中国版本图书馆 CIP 数据核字（2021）第 065515 号

沈从文九讲　张新颖／著

责任编辑　刘　免
特约编辑　黄文娟
装帧设计　周伟伟
校　　对　戴小娥
责任印制　单　莉

出版发行　译林出版社
地　　址　南京市湖南路 1 号 A 楼
邮　　箱　yilin@yilin.com
网　　址　www.yilin.com
市场热线　025-86633278
排　　版　南京展望文化发展有限公司
印　　刷　苏州市越洋印刷有限公司
开　　本　850 毫米 × 1168 毫米　1/32
印　　张　11.125
插　　页　4
版　　次　2021年8月第1版
印　　次　2021年8月第1次印刷
书　　号　ISBN 978-7-5447-8633-1
定　　价　68.00元

《从文自传》1934 年初版和 1949 年后的一个版本

基本上可以说，沈从文在三十岁的时候，通过《从文自传》的写作，找到了自己。
（《〈从文自传〉：得其“自”而为将来准备好一个自我》）

《湘行书简·泊曾家河》沈从文绘（1934. 1. 13）

这条流动不息的河，不仅构成了这些书简的外部写作环境，而且成为这些书简的内部核心成分，不妨说，这些书简就是关于这条河的。所写一切，几乎无不由这条河而起，甚至连写作者本身，其精神构成，也往往可见这条河的参与和渗透。

（《〈湘行书简〉：一条河与一个人》）

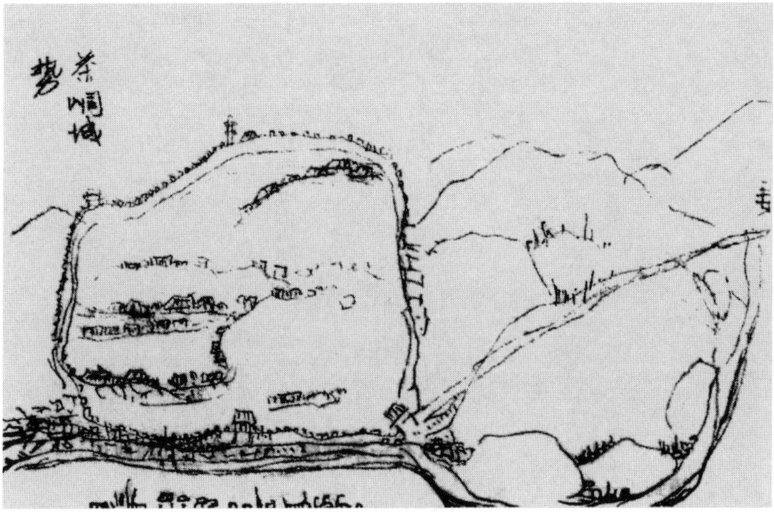

《边城·茶峒城势》沈从文绘

《边城》这样的作品蕴藏了作者以往的生命经验，是包裹了伤痕的文字，是在困难中的微笑。……“微笑”背后不仅有一个人连续性的生活史，而且有一个人借助自然和人性、人情的力量来救助自己、纠正自己、发展自己的顽强的生命意志。

（《〈边城〉：这个世界有它的悲哀，却在困难中微笑》）

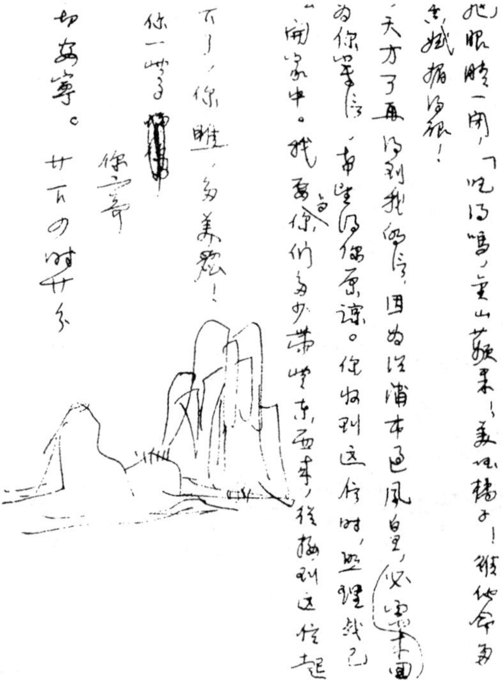

《湘行书简·天明号音》沈从文书、绘（1934.1.20）

把眼睛一闭，“吃得吗，金山苹果！美国橘子！维他命多，合乎卫生！”三三，他那神气真妩媚得很！……到了一个好山下了，你瞧，多美丽！……

大城市里的中产阶级，受了点新教育，都知道橘子对小孩子发育极有补益，因此橘子成为必需品和奢侈品……而且所吃的居多还是远远的从太平洋彼岸美国运来的。中国教科书或别的什么研究报告书，照例就不大提起过中国南几省，有多少地方，出产橘子，品质颜色都很好，远胜过外国橘子园标准出品。

（《〈长河〉：“常”与“变”》）

1938 年摄于昆明，“魇” 系列即产生于昆明时期

现实的种种使沈从文看出可怕来，这个可怕，是整个民族的，他仿佛看见这样的现实发展下去，会“为民族带来一种什么形式的奴役”；而且，“还有更可怕的，是这个现实将使下一代堕落的更加堕落，困难越发困难”。

（《〈黑魇〉：精神迷失的踪迹和文学理解的庄严》）

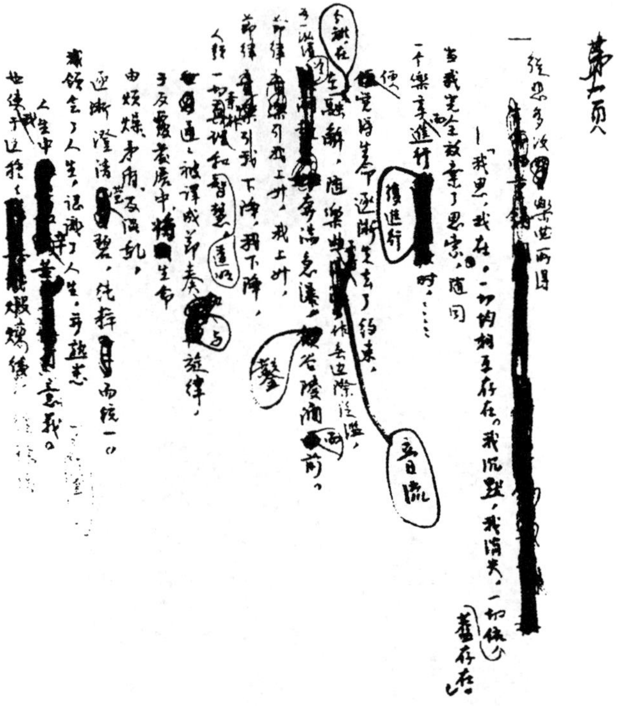

《从悲多汶乐曲所得》手稿（1949.9）

沈从文的恢复，也正是意义重大的新生。……这个新生的自我是从精神的崩毁中痛苦地诞生的，惟其经历了崩毁，他的诞生才越发痛苦，而一旦诞生和确立起来，就将是难以动摇的。“它分解了我又重铸我，/已得到一个完全新生！”

（《时代转折处的“呓语狂言”：一九四九年》）

《远望卢音寺》沈从文绘（1952. 1. 2）

他找到了更为悠久的传统。千载之下，会心体认，自己的文学遭遇和人的现实遭遇放进这个更为悠久的历史和传统之中，可以找到解释，找到安慰，更能从中获得对于命运的接受和对于自我的确认。简单地说，他把自己放进了悠久历史和传统的连续性之中而从精神上克服时代和现实的困境。

（《土改家书：从个人困境体认历史传统中的“有情”》）

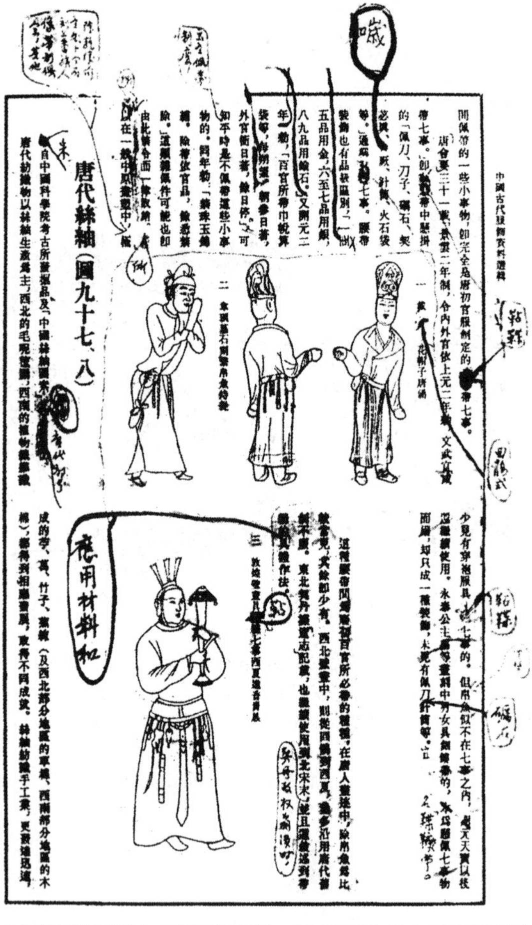
中國古代服飾資料選輯

間佩帶的一些小事物，卻完全是唐初官服制定的[illegible]帶七事。「唐會要」三十一載：景雲二年制，令內外官依上元二年[illegible]，文武官[illegible]帶七事。」即[illegible]帶中懸掛的「佩刀、刀子、礪石、契苾真、噦厥、針筒、火石袋等，通稱[illegible]七事。腰帶裝飾也有品級區別，「一[illegible]五品用金，六至七品用銀，八九品用鍮石。」又開元二年勅，「百官所帶巾帨算袋等，[illegible]，每朔望日著，外官衙日著，餘日停。」又可知平時是不佩帶這些小事物的。同年勅，「繁珠玉錦繡，除帶依官品，餘悉禁除。」這類雜佩件可能也即由此轉合而一律取消，[illegible]在一般中原畫塑中，[illegible]

一 戴[illegible]花帽子唐俑

二 章懷墓石刻帶吊魚侍從

少見有穿袍服具[illegible]七事的。但吊魚似不在七事之內，盛唐天寶以後[illegible]繼續使用。永泰公主墓壁畫中男女具佩鞶囊的，亦只懸佩七事物[illegible]，卻只成一種裝飾，未見有佩刀、針筒等。

這種腰帶間[illegible]百官所必帶的雜佩，在唐人畫跡中，除吊魚袋比較常見，其餘卻少有。西北畫塑中，則從西[illegible]到西夏，還多沿用唐代舊制不廢。東北契丹[illegible]志記載，也[illegible]使用到北宋末，並且還保存到[illegible]作法。

三 敦煌壁畫[illegible]七事西夏進香貴族

唐代絲綢（圖九十七、八）

自中國科學院考古所發掘品及「中國絲綢圖案」[illegible]

唐代紡織物以絲綢生產爲主，西北的毛呢氈罽，西南的植物纖維織成的布、葛、竹子、麻線（及西北部分地區的草棉，西南部分地區的木棉），都得到相應發展，取得不同成就。絲綢紡織手工業，更發達迅速

《中国古代服饰研究》说明稿校样，1972 年沈从文回京后多次校改

沈从文对文物研究的选择，是在特殊的时代压力下做出的，其中却也包含了他个人孤独的努力和追求。这种孤独的努力和追求之不被理解，更凸现出其坚持的艰难和可贵。

（《文物研究：书写历史文化长河的故事》）

目　录

开　篇

●

对话空间：

沈从文与二十世纪中国

一、 三个阶段，三种形象

张新颖：我们今天来看沈从文，应该拓开我们自己的理解空间。如果这个理解空间太小的话，是放不下这个人的。这次谈沈从文，我想主要是谈出这个人的总的气象出来。

刘志荣：我觉得要谈出沈从文的气象，就是要谈出他和别人不一样的地方，而明白了这个地方，也就明白了他为什么对现代文学比较重要——其实就是到现在，我觉得他还是很重要——但他重要的地方，大家还是不太明白。我觉得要把这些谈出来。谈出来，可能就把他把握住了——其实也不是“把握”住，总算能够理解沈从文的核心吧。

你先说吧。你不是最近才写完《沈从文精读》吗？一定有什么比较兴奋的地方。

张新颖：我的想法，是把沈从文放在整个二十世纪中国的时空中去理解，简明一点说，可以从三个阶段来谈——当然不可能这么简单，只是为了说得清楚一点。

第一个是文学阶段，基本上是到三十年代中期，或者说《边城》这样的作品完成之后就差不多了；如果要一个明显的标志，可以以一九三六年《从文小说习作选》的出版划一条边缘模糊的界线。我上《沈从文精读》的课，这一阶段，主要讲《从文自传》、《湘行书简》和《边城》，看起来好像这一阶段从《从文自传》开始，实际上不是，实际上是从他一开始创作到三十年代中期——因为《习作选》的出版，等于是十年创作的一个总结了。这个文学阶段主要还是“创作”的阶段——这个文学还是一个“创作”的概念。

第二个阶段是从三十年代中期到四十年代结束的时候，这是一个从文学到思想的阶段，越是往后去，思想的成分越重。如果从形象上来讲，第一个阶段是作家的形象，那么第二个阶段就是思想者的形象。这个思想者是一个非常痛苦的思想者，你没法说他思想得很通透，他的思想过程是非常痛苦的，和现实粘连纠缠得厉害，不能圆通。但我觉得就是这个痛苦、粘连纠缠和不能圆通，特别有意义，有价值。

然后就是一九四九年新中国成立之后，一直到他去世，第三个阶段。这个阶段比较麻烦——当然你可以把它说成是一个学者的阶段，我不愿意这么说，我觉得是一个知识分子实践的阶段，一个知识分子怎么在一个变动的时代过程当中找到自己的位置，在这个位置上安身立命。他要找到这个位置，要在这样一个位置上安身立命，是要付出很多代价的。这个代价不是一般人所说的受很多苦啊等等，那只是被动地承受；而是在精神的严酷磨砺过程中去追求意义和价值，苦难和整个创造事业的主动追求是紧密相连的。

对应于这三个阶段，是三种形象：一个文学家的形象，到一个思想者——当然这个思想者也是从文学出发的，是一个文学思想者——的形象，再到一个实践者的形象。这样一个形象的变化过程是非常明显的，但不能把三种形象割裂开来，其中有贯穿性的线索。贯穿起这三种形象，大致上可以描画出沈从文这样一个比较特殊的人、比较特殊的知识分子，在二十世纪中国巨大变动时代里的人生轨迹。

这样一来，以往我们对沈从文的理解就显得狭隘了。文学阶段之后的思想者的形象是不突出的，我们都觉得沈从文是一个作家，不觉得他是一个思想者，更不觉得他是一个实践者。他在一九四九年以后的文物研究被简单地解释成被迫改行，是被动的，不得不然的，就没有注意到这里面有一个知识分子和社会建立起有机联系的主动成分。在这样的视界内，沈从文的形象就显得很小了——就是一个作家嘛。我觉得补充上后面两个阶段，沈从文的形象才能完整起来，大起来。

另外，即使是第一个阶段，我们的理解，可能也还存在着问题——就是，可能还是把他的文学理解小了。

我现在讲沈从文，基本上就是这样一个思路。

二、重新认识他的文学

刘志荣：关于“作为思想者”的沈从文，我在前几年研究沈从文的潜在写作时，上溯到他三四十年代的写作和思考，对这一层面也有所发现，有所感应——他所发现、所思考的问题确实比较重要。这个我们后面再谈。我们现在还是从他的文学阶段开始。

这个阶段，我觉得还是应该从《从文自传》谈起，虽然在这之前他写了很多东西，但沈从文之为沈从文的东西还没有出来——所以，实际上他是有一个发现自我的过程的。在发现自我之后，他的文学真正有了一个"象"，他所感受到的很多东西也都出来了，他的文学也真正表现出很多和当时人非常不一样的地方——这些不一样的地方，有一个核心，而这个核心，其实对理解沈从文来说正是最为紧要的，而且，只有由此出发才能理解后来沈从文的那些思想。因为作为文学家，他感受到了一个大的东西，这个大的东西一直是他后来思想的一个背景。他为什么后来在四十年代会很痛苦地想很多问题，而且在这些问题上他跟当时所有的人思路都不一样——为什么他想的会和很多人不一样？那是因为他的思想始终有一个文学的背景，有一个从其中感受到的东西，这个东西要比别人大得多，也丰富得多。这样的话，从他的文学谈起，倒是一个很好的入口。

张新颖：你说他感受的那个大的东西是什么？这个要好好谈谈。我先说你刚才说到的"发现自我"，这个说法很有意思。"发现自我”，单纯来看这个字面的话，其实是没有什么新意的。我们从五四以来一代一代的作家，普遍都有一个发现自我的过程。不过，如果和沈从文对比的话，很多五四以来的作家，发现的自我其实是“假”的。为什么这么讲呢？其实他们发现的自我是现代理论催生出来的，其实是一个现代理论产生的自我，而不是“真”的这个自我。五四以来都有一个“启蒙—觉醒”的过程，觉醒之后他发现了一个自我，就是说一个个体的自我，这个自我是从哪里来的？是先有一个新理论，然后才产生出来。他这个自我建立的基础很难说是在自己身上，而是建立在一种理论的基础上，然后才有了这样一个自我。这是一个非常普遍的情况，不是个别现象。

如果把这样一个普遍情况和沈从文去比的话，沈从文这个发现自我就非常有意思。他的自我的发现，你不能说就没有受五四启蒙的影响，但基本上他的思路不是以现代理论为基础的。张文江老师讲《庄子·寓言》篇讲到人要“得其自”，也就是发现自我——但这个自我不是事先预设好的，那个方式是要“沿路追溯自己生命的来历”，我觉得“沿路”这个词用得非常好。沿着生命的来路和踪迹去追溯自己是从哪里来的，形成了一个怎样的自我，这也正是沈从文的方式。他的根源不是一个理论的出发点，他是一点一点沿着自己生命怎样走来的轨迹进行追索，这样一个自我是比较实在的，比较坚实的。所以我在讲沈从文的时候，第一讲就是讲《从文自传》，这个自传讲的就是一个“得其自”的过程。《从文自传》是叙述自己生命来路的过程，由这样的来路也就找到和确立了这样一个自我。

为什么要找到和确立自我？一个三十岁的人找到和确立自我，不是回顾，而是面向将来的，是为应付将来各种各样局面而准备好一个自我。这个三十岁的人写自传，和一个功成名就的人写自传是非常不同的，和一个老人写自传也非常不同，他是写在自己事业的出发点上，为自己的事业准备好这么一个人，而不是写在事业和生命的归结点上。

发现自我是五四的一个主调和潮流，但怎么发现，从哪里发现，发现了什么，这里面有很多很有意思的问题。

刘志荣：我说的这个“自我的觉醒”当然不是五四意义上的“自我的觉醒”，这个“自我的觉醒”也就是刚才所说的“得其自”，得到那个“有自也而可，有自也而不可；有自也而然，有自也而不然”的“自”。这个“自我的觉醒”，或者不用五四的词，就用朴素一点的词说，“发现自己”吧，同时也便是他的“文学的觉醒”——我们不能脱离沈从文的文学来谈他如何“发现自己”的，因为伴随着他“追寻自己生命的来路”的，是出现了一整个的世界和“我”与世界关系的新的方式——当然这个“新”仅仅是指在“新文学”中，与“新文学”相比是“新”的。

这个文学的觉醒，还不是说他的写作出现了和别人不一样的特点——如果仅仅说特点，好像还是说在同一个系统中，沈从文发现了一些自己独特的“个性”，然后把这个“个性”进一步推演、发扬光大，这样讲，又把沈从文讲到了当时流行的文学里，还是把他讲小了，不是这样；实际上，我要说的是，在他那儿，出现了跟一整个时代流行的文学其实都不一样的一种文学，而这种文学，其实是超出了当时流行的文学理解的。

如果仅仅从表象上来看，沈从文“发现自己”和他的“文学觉醒”之后，他的写作——比如说《丈夫》《雨后》《柏子》，还有《萧萧》——明显地和别人不一样，这种不一样当然你可以总结出来很多特点，但从这些具体的东西中跳出来看，我觉得你从他的写作里会发现一点：他所写的那个世界，要比别人的世界更丰富，更有生气——但用“更丰富”“更有生气”这些比较性的、描述性的说法好像还是没有说清楚问题，换个说法吧：他所呈现的这个世界，里面的人啊，事啊，包括他所体会到的自然，都是一种蓬蓬勃勃生长的状态，而这种状态，不是一种用理论、用自己狭隘的感觉修剪过的状态。这样的话，你会看到一个很有意思的地方：沈从文的“发现自己”和他的“文学觉醒”，并不是按照某种五四时期流行的理论，他完全是从自己的实感出发，而从这个实感经验出发发现的世界，里面有很多东西是用流行的理论话语说不清楚的。而且，当你从自己的实感出发，发现了这个世界时，你不会把自己放得很大或者放得很高，在这个世界里那些很卑微的人——比如说他写的妓女啊，士兵啊，还有那些很卑微的生命，这些生命和你的生命是一样的，虽然他是在另外一种状态里，但他也有自己的生机，并不完全是被习俗、自己的处境等各种东西束缚住的。沈从文的文学觉醒一开始，就把握住了这个东西，也不能说是“把握”——是他感受到了这个东西，他就把这个东西给写了出来。

所以，在沈从文的文学发现的这个世界里，你可以感受到他不是要把一个流行理论的东西，或者把自己“个性”的东西，套在这个世界上面，不是这样，他不是要去束缚这个世界，而是让这个世界自己表现自己——完全是用自己的力量表现出来。我觉得读他的东西能清楚地感受到这些。

从这里出发，我们就可以反省五四时期的“自我”观念了。你说得很对，这个“自我”是理论唤起来的“自我”，或者说得更不好听一点，就是理论制造的“自我”——这个“自我”不是本来就有的，它是我们五四时期从西方输入的一些观念、一些话语等等制造出来的东西，所以，当时流行的“个人的觉醒”“自我的觉醒”等等话语，并不是一种觉醒，而是一种制造，而当这种东西制造出来并被普遍接受之后，它就要通过制造各种流行话语和建构各种知识体系，掩盖自己的“来历”，把自己说成是“自然”的东西，从而，使得“创造”被说成是一种“发现”。

为什么说这种发现是“假”的呢？因为它的前提里已经包含了这些东西——这些制造出来的“我”啊，“个性”啊，包括后来移植和发展出来的各种很复杂的挖掘、表现心理的技巧等等，它们自身已经包含在自己的理论前提里。而这种东西，肯定是一种限制；不但是一种限制，我们其实是可以从其中考察出一种五四以来的思维方式的。这种思维方式：一是把“制造”出来的东西说成是“发现”的东西，从而不言自明地获得了合法性；进而，跟这个相辅相成，它把自己暗含的理论模式和由之生发的理论话语，套到自然的东西上面，把一个理论的东西套到现实的、自然的世界上面。这种思维方式，我觉得，正是沈从文在其文学觉醒之后要超出和摆脱的东西——不管他是自觉的还是不自觉的。虽然他也有和五四合拍的地方，但如果要说他和别人不一样的地方，或者说他的“自我觉醒”“文学觉醒”的话，其实指的正是他的文学方式超出了这些东西、打破了这些东西，跟这些东西划清了界限——从这个开始讲下去，他的思想什么的就都能把握住。

张新颖：如果我挑剔一点的话，觉得可以不用“觉醒”这个词，因为“觉醒”这个词是一个很典型的五四词汇。或者可以说沈从文的自我其实一直没有觉醒——他不需要这样一个觉醒过程，他可能一开始就是那样的。

当然，你可以说，这个觉醒是从“五四的觉醒”里边再觉醒；但实际上不是，你如果这样讲，可能把沈从文讲得很复杂。你这样讲就好像是说，沈从文对五四的那套模式有一个反省，然后再觉醒。其实没有的。他是模模糊糊，几乎靠本能就达到了他的那个状态。为什么靠本能就能达到那个状态？他的本能里面有一种对自己的实在经验的忠诚，我觉得一个人忠诚于自己的实感经验，有的时候是很可能抵御非常强大的理论的侵蚀的。

讲到他的文学世界，我觉得有一点可以细讲，就是沈从文小说里的人，和五四以来小说里的人不一样。不一样的地方，首先就在于，作者和作品里面的人的关系，他不比他们大，他不比他们优越，他也没有站在另外一个世界里面，他就和他们处在一块儿，处在同一个世界里；还有一点，在五四以来的新文学里面，人是处在不同的等级上的，最上面的是先觉者、启蒙者，往下一点有正在启蒙过程当中的人，等待启蒙的人，再往下一点是愚昧的人，怎么启蒙也没用的人。几乎所有的人都可以放到这个序列里，这个序列可以涵盖一切人；从五四往后一直到今天，不同的阶段这个序列等级的划分标准会发生变化，但基本上总是有一个序列，人是安置在这个序列里的。比如说当代小说里面写正面人物、反面人物，写得复杂一点，有中间人物——中间人物已经叫复杂了。到今天，我们说到小说人物的复杂性，差不多还仍然是这种性质的复杂，在一个序列里面的复杂，在一个模子里面的复杂。沈从文他没有这个模子，他不把他作品里的人放到这么一个序列里，你说他作品里的人为什么有生气，给人以生长的感受、蓬蓬勃勃的感受，因为他们不在模子里面。

刘志荣：讲到这点是对的，不过我还是认为沈从文有一个觉醒的过程的，不是五四意义上的“觉醒”，而是有一个沈从文的文学之所以成为沈从文的文学的那个东西出现的过程，在这之前，沈从文做过很多的尝试，但只有到他开始追寻“自己的来路”后才开始真正有了自己不一样的文学。我开始有这个感受是讲《萧萧》的时候，《萧萧》这篇小说怎么讲也讲不明白，它的魅力所在，怎么讲也和学生说不清楚。这个说不清楚的东西在什么地方呢？这个小说你是可以用五四话语来解释的，但这么一解释，你就会发现味道完全不对了。如果从沈从文的角度去思考，也许可以说：他在写这个人的时候是贴着这个人物去感受的，这样，如果用五四话语去讲，只能讲出它简单粗浅的地方；它的那个细微的地方——也是比较重要的地方，这样的解释完全把握不住，但这些东西，沈从文是给你表现出来了。

当然，单纯把沈从文说成是贴着他的人物、他的世界来写的，这样说也有点不完满。可能和你说的不一样，我觉得沈从文不仅在他所写的那个世界之中，他同时也在这个世界之外。他有两个世界：他能够感受到他所写的那个世界，甚至其中最细微曲折的地方都能感受得到；但他又能够跳出这个世界，感受到完全淹没在这个世界之中的人不一定能够清楚意识到的悲哀的一面。这两面重合起来，可能就会是像《萧萧》啊，《丈夫》啊等所写的这样一个文学世界。这样的丰富、细微的感受，和觉醒者、未觉醒者那样的生硬的等级差别是完全不同的；不过他虽然完全能感受这个世界，但却没有被这个世界所限制——从这里，我们可以看到沈从文身上的生气；而你如果要进一步去追溯这种生气的来源的话，我觉得，正是他所发现、所置身、所写作的这个世界给予他的——这样说可能就比较绕了：他没有被这个世界所限制，正是说明他体会到了这个世界中的生气。

这样思考下去的话，你会发现，沈从文最大的优点还不仅在于他的文学比较丰富、味道比较复杂（当然这些地方都是很了不起的地方，因为如果你用五四的方式或者理论制造出的话语方式去写人的话，肯定会把人写简单，最后人就会化为一个符号），而在于他能发现和体现他的那个世界里的生气。他笔下的人物，从都市人的眼睛里看去，生活在一个很狭小的世界里，这个世界，从五四的话语来看是有一些很糟糕、很愚昧的习俗，不过你要表现“人”而不是要表现“符号”，就不能到这些习俗为止，而是要看到，虽然有这些习俗和其他种种限制，但“人”终究是不会完全被这些东西限制住的。看不到这一点，就看不到生气，眼睛里看出去的都是死的东西，甚至会把活的东西看死了。

所以，我觉得体会到了这种生气，正是沈从文最了不起的地方。他的人物是在习俗的限制之中，但人的生命的力量，终究还是不会被限制住的，这就在那些普通的人身上，就在日常生活里面就有表现，没有一个习俗会真的完全限制他，比如说萧萧怀孕之后吧，依照习俗怎么处理是一种样子，实际表现出来的却是另外一种样子——人终究不是机器。如果是五四话语的话，就只会看到习俗的一面，这样看就看简单了，看到的不是一个人，而是一个符号。

张新颖：其实《萧萧》写得好，就是后面写得好。事情发生以后，这个好。我们被训练出来会在阅读上期待出了事情后萧萧命运的变化，然后由萧萧的命运唤起对社会、习俗、文化的批判，但是没有，沈从文让那种典型的五四批判话语及其衍生的文学叙述模式落了空。这个落空好。

刘志荣：前面也写得好。前面描述的那个世界非常有意思，比如说爷爷描述“女学生”啊，他们想象城里面的人是什么样子啊，等等，非常生动。我跟学生讲，《萧萧》我讲不明白，但我一点也不惭愧，因为汪曾祺是沈从文的学生，写作上也很受沈的影响，但他也说这个小说他讲不明白，一直觉得好但说不清好在哪里。

张新颖：还有一点我特别想谈的，你说的他的那个世界，我有一个很强烈的感觉，就是沈从文的文学世界比人的世界大。基本上五四以来的文学世界是人的世界。五四以来的文学，一直到现在，你不管它说社会制度也好，说文化也好，说权力也好，说集体、个人、欲望也好，说它们之间各种各样的关系也好……所有的这些东西，基本上都是人的世界里的事情，基本上没有人之外的东西。新文学开始时候有理论名篇《人的文学》，中间又有“文学是人学”等等，在五四的传统里面，新文学的传统里面，这些说法都是对的，而且在具体的环境下，都有相当大的贡献。但是一旦跳开五四，就会发现，这个太局限了。如果文学的世界就是人的世界的话，那么这个文学就小了。这样一比较，就会发现沈从文的文学的大了，他的文学世界，要大于人的世界。人在这个世界里，就是一个点，就是中国传统山水画里的那个人啊，而且这个人，特别小。所以讲《边城》，一定不能把它讲成翠翠的故事，《边城》翻译成外文的时候，有翻译成《翠翠的故事》的，这么一来它又变成一个人的世界了——它不是的，这里面是有“天地”这样的概念的，而有了“天地”这样的概念之后，你再重新去看沈从文的话，就会发现很多问题了。如果让我用一句话来说《边城》写的是什么的话，我认为写的就是“天地不仁，以万物为刍狗”。我曾经跟林白说《边城》写的就是“天地不仁”，她一下子就觉得非常震撼，觉出这个以往只认为是很精美的作品的震撼性力量。如果只是在人的世界里来理解这个作品，是不能解释翠翠的故事的，也不能解释整个作品的悲哀。

再比如说，沈从文的景物描写，很浅，不深刻，没有深度——它为什么没有深度呢？我觉得，它好就好在没有深度。因为他意识到——其实不是“景物”，“景物”是我们现代人的一个说法，其实它是“天地运行”这样的东西，或者说就是“自然”了——“天地有大美而不言”，很大的东西，大到你没办法去说它了，你没办法对这样一个东西有深度。“天地有大美而不言”，你一定要言出一个深度来，这个，只有现代人才会有这样的冲动，而沈从文他是没有这个冲动的……

刘志荣：“有深度的风景”，它的起源就是柄谷行人在《日本现代文学的起源》中讲的“透视法”，在文学中——至少在东亚，完全是一个近代的设置。

你刚才讲到五四文学是一个“人的世界”，其实它不光是一个“人的世界”，更是一个现代意义上的“人的世界”，而且是一个在现代意义上把人当作一般主体之后的世界——就是说，以“作为一般主体的‘人’”作为这个世界的基础或者根基之后的世界。这样讲，会很自然地从沈从文的文学过渡到他的思想。海德格尔不是讲过吗：当人成了一般性的主体之后，世界就被他把握为图像——世界是作为人的表象给呈现出来，而在这样呈现出来之后，所谓的现代的进程，它就是对被图像化的世界征服与改造的过程。在这个征服与改造的过程中，出现了各种各样的东西，比如说，思想不再是对根基的追问，而成了各种“世界观”之间的争斗，而这种种“世界观”，本质上都同出一源——因为“世界观”这样的思想方式，本身便都建立在作为一般性主体的人对世界的图像化上面；又比如说，出现了海德格尔很恐惧的那种“庞然大物”，量的增长变成了一种新的质——我联想到的有譬如说各种巨大的“利维坦”式的民族国家，还有我们都饱受其蹂躏的各种超级大国，以及各种跨国的商业机构，等等——这种东西的出现，它是建立在人是一般主体的基础之上的，但最后，人没法把握它了；进而，在这样一个把世界作为图像规划与征服的过程中，人最后也变成了规划的对象，人成了某一种高级目的的质料——这样，现代的悖论一下子就出现了，它从把人作为一般性的主体出发，最后，人沦落为材料，这我们现在理解起来非常容易，因为我们已经经历了一个很长的历史发展，很多东西已经比较清楚。

从这个思路去看沈从文的“自然”，或者我们传统的“天地人”的宇宙的话，就比较有意思了。这里的人、人类历史乃至一草一木，正是“天地运行”的产物，一面是“天地不仁，以万物为刍狗”，时位已过，执之则失；但另一面则是“生生不息”，天地化生的力量永无尽已。“天地不仁”，从人的角度去感受，便会出现深沉的悲哀——这就是《边城》的那个故事，但即使这个故事里面，也有生生不息的东西——而“天地不仁”与“生生不息”，我觉得这本来就是“天地运行”的两面。当人置身在这样的天地之中，他本身就是这个世界的一分子的时候，他能够体会到天地运行那种大的力量——包括从人的角度所体会的悲哀的一面和生生不息的一面，他都会有所体会，有所表现。从这个思路去看，我觉得沈从文的好处，便是他跳出了这个被规划的、建立在人是一般主体的基础之上的“现代世界”，置身在广大的天地里面，从这个角度去看，不但现代图像化的世界的弊病他会看得很清楚，而且，这样一来，人在天地之间的悲哀和他所体现的天地的生机——那种永不止息的生气，他也会有相当的体会。

张新颖：你讲得比较深。可以从浅一点讲起，我就说沈从文的自然或者说景物描写——你把它说成是景物之后，已经是人变成主体了，人变成主体之后，自然就成了景物，景物就是背景，因为它是为人服务的嘛。我们老师讲写作课的时候，会讲所谓的背景描写、景物描写，都是为人作陪衬的。这样一讲的话，有些东西就讲不通了，比如说，古代文学的世界，很多地方就讲不通了，像杜甫的“万里悲秋常作客，百年多病独登台”，前面是“无边落木萧萧下，不尽长江滚滚来”，我们现代人一讲，“无边落木萧萧下，不尽长江滚滚来”，就讲成了是为杜甫，为这个穷困潦倒、登高悲秋的形象，为他这个人的心境服务的；但杜甫本人一定不会是这样想的，杜甫才没有这样狂妄呢。杜甫一定不会想到，这样一个世界，是衬托他的，是为他这么一个人服务的，他不会想到这么一种以自我为中心的关系。也许有人会问：你又不是杜甫，怎么就敢说杜甫不会这么想呢？因为那个时候，海德格尔讲的那个意义上的作为一般主体的人还没有诞生，杜甫的人，还是人在天地间的人，而不是把天地、把自然把握为对象的人。人在天地间，这里面有这个人和这个世界的运行，这个运行，你说是“生生不息”，太生生不息了，这个是多么强大的力量啊。“无边落木萧萧下”，虽然是秋天的意象了，虽然和悲伤啊，忧愁啊相关联，但实际上是非常强大有力的这么一个东西啊，“不尽长江滚滚来”，这么一个东西。古人说《登高》这首诗，有说是“精光万丈，力量万钧”，不是随便说说的，这里面就有对天地运行生生不息的感受。而人和这个世界的生息其实是沟通的，这里面有这么一个信息的沟通循环，绝对不是一个为另一个陪衬这么一个问题。这个例子当然我举得比较简单，但是可以移过来说沈从文和自然的关系。

刘志荣：简单来说，这就是一个“不隔”的问题，人和他所置身的自然、历史“不隔”的问题。如果人仅仅成了一个“主体”，只是仅仅把世界化为图像企图进行把握、征服时，人跟他的世界就“隔”了。当一个人变成一个大写的人时，他就变小了；当一个人只是一个置身在天地之间的人时，他好像变小了，但他其实是大了。

在杜甫的诗里，他好像是一个点，但这个点里包含了所有的信息，因为他跟自己的整个经历，跟历史，跟天地，是通的。我觉得是这么一回事。

张新颖：如果按照现代人的理解，杜甫在诗里把自己写得又穷，又病，落魄凄凉——总而言之是很不堪的状况，而且又在那样一个背景下，按照现在的理解，这样一个人，他是非常渺小的，非常可怜的，但是你看他的《登高》的时候，你会觉得他是非常大的一个人，他不是一个主体，但是他是非常大的，而我们现在的人，是不可能散发出这么一个存在信息的。所以，你所说的当一个人是一个主体的时候，他是非常小的，当他还没有成为一个主体的时候，他反倒有可能是大的，我觉得这个是非常有意思的一个问题。当我们是主体的时候，你刚才讲的，在实际的过程中，我们慢慢会变成一个材料；当他不是主体的时候，他为什么会变得比较大呢——其实也不是比较大，他的信息跟“天地运行”的信息是相通的，这样他自然就大起来了，不是我要大就大起来了，他是自然就这样的。他虽然是一个穷困潦倒的老头，但他一下子就大了，那种大是很真切的感受。

刘志荣：对。因为他一下子沟通了“生生不息”的东西，一下子跟“天地运行，生生不息”通了。从这个讲到沈从文的文学世界，你比如《边城》里的翠翠，沈从文其实并没有很多集中的描写，幸好他没有这么做，因为如果他只是描写翠翠的话，她的那种生命力，体现不出来；正因为翠翠不仅仅是翠翠，她跟她整个的世界气脉相通，这样，她的身上，便有山水、天地之灵气——整个《边城》世界的生气，全部灌注到她身上去了。这样，她才是我们看到的那么一个有力的、有生命的形象。

《边城》似乎写的是“天地不仁”，但反过来讲，“天地不仁”，也就是“天地之大德曰生”，也就是生生不息，《边城》的世界不让我们产生往而不返的悲痛，就是因为它有生气，悲哀的时候也有生机。小说的结尾真是妙笔生花，真是厉害：那个人“也许永远不回来了，也许‘明天’回来！”这里面有沈从文未明言的希望和理想，那个世界（包括人和世界的那种关系），也许失去了，也许“明天”就回来了……

三、从文学到痛苦的思想

刘志荣：从这里，我们可以很容易地过渡到沈从文的思想。正因为感受到了那种生机，正因为感受到现代规划的巨大弊病且并不认为一切已经被这种规划完全确定，沈从文常常会自觉不自觉地和别人发生争论。

比如，你如果从三十年代开始看，沈从文好像很喜欢论争。他为什么会参与或者挑起那么多的论争，我觉得这里有很多迫不得已的成分：因为在那样的环境中，以他那样的对世界的感受，便会处处觉得不对。比如说对海派的批评，对“赋得‘抗战’”的批评，包括四十年代对时局的批评，都有切迫不得已于言的因素。

这个因素沈从文想得不清楚，但我觉得他是明显感受到了，因为所有他批评的那些东西，根本上来说，就是一种现代规划的力量。譬如，不论文学的商业化还是政治化，都与进入“现代”之后，对文学的理解愈来愈狭隘、文学的领域愈来愈狭窄有关。譬如，文学首先被理解为一门艺术，而“艺术”则更被理解为“体验”，而这种“体验”的价值是由它的“独特”“特异”来决定的，最后，文学便变成了提供、出卖这种“独特”和“特异”的体验的东西。这还算比较好的情况，更糟糕的情况在于，既然文学不过变成了出卖“特异”的东西，那么出版商也便会参与到艺术生产里头去，由于其对市场的反应比较敏锐，他经常会强有力地参与某种潮流和热点的制造当中去，而写作者也会自觉不自觉地被挟裹到里面，然后，他还会以为自己所写的是自己“独特”的东西。

不仅“体验”可以因其“独特”而有市场价值，思想，乃至

“世界观”这样的现代产物，也可以，当然其出卖方式除了商业之外，还可以有另外一种方式。这样，文学除了可以卖给你某种体验，某种奇景，还可以卖给你某种思想——对于商业来说，它可以不管你的“意识形态”（“意识形态”这种东西本来也是应该追问的），只管你的市场价值：如果“左翼文学”好卖，它就给你掀起一个“左翼”的热潮，如果“都市文学”好卖，它就给你一个“都市文学”的热潮……现代政治的因素也愈益深入地加入文学之中，而现代商业和现代政治这两者，表面上非常不同，我觉得在根底上却同出一源，它们在根本上都是现代规划的力量，当这样的东西主宰着文学的生产之后，文学也就成了材料，或者现代规划的一种工具……

张新颖：其实和人一样，当被规划为材料的时候，文学就变成一个材料了，规划的方式是靠缩小它来规训它，首先把它变成一个门类，把文学变成很多的门类当中的一个门类……

刘志荣：然后再把这个门类缩小，变成一种宣传政治的东西，或者体现商业价值的这么一种东西。

张新颖：你讲把文学变成一种现代规划的材料，点明这一点很重要。沈从文表现出来的，你刚才也说了，他在文字上表现的主要是反对文学的商业化、政治化以及商业化和政治化的合谋。今天看这样的思想时，可能会觉得很一般，好像不能表达一个思想者在这样一个问题上其实是有着很深的思考的，也就是你说的，沈从文在这个问题上有他的独特体会，所以他在这个问题上有不得不发的那种东西；但是他表达出来，反对文学的商业化、反对文学的政治化，这个很容易沦为口号，其实不仅仅是沈从文这样说啊，很多作家都这样说。我觉得还是要把属于沈从文的那种东西揭示出来。沈从文作为一个思想者不被人重视，大家一看文章的这个表面啊，就是那个反商业化、反政治化啊，这样一来，就把他的思想简化为类似于口号的东西，就没办法进行探讨。所以我觉得我们的任务是要把这个简单的表述下面的那个东西揭示出来。

刘志荣：反对商业化、政治化，这些东西只是现象，根本上来说，他所反对的是这些现代规划和宰制阻隔了文学原发时的生气，那种文学与世界连通的生气。我们且不论“文”的起源，且不论“天文”“地文”“人文”，且不论“文学”只是“人文”中一个很小的部分，且不论现代意义上的“文学”又对之进一步狭隘化……如果遗貌取神，有生命力的“文学”，不论它的领域已经多么狭窄，它一定会对原发时的生气有所感通，有所体现。而这种生气，也就是“天地有大美而不言”“生生之谓易”的那种东西，它体现在人身上，一个表现便会是“文学”。这样的文学，不需要刻意提倡某种理论，便不得不尔，它是不能被限制、阻碍、固定的，一旦把它固定了，生气窒碍，便成了死的东西——沈从文是对这种情况有所感应，才会出现他那些激烈的批评言辞。

而这种思想，也相通于他对人的理解。沈从文对人的理解，一般也容易被简单化，譬如你单纯看《从现实学习》那篇文章，他批评的两种青年人的形象：一种似乎被各种现代宣传打了麻醉剂，一种类似小“华威先生”，在现代空气中如鱼得水——他说这两种人相同的，是对自己的生命“不自觉”。这种批评，一不小心就会把它讲成呼唤人的主体意识这么一个东西，而这个东西放在五四的传统里也是顺理成章的。但你如果把这种思想放在他的文学背景来看，这个东西一下子就大了：他所讲的并不是表面的意思，并不单纯是对五四所倡导的人的独立意识的体会，而是对人身上的生气，置身在世界里面的人的生气的体会——正因为有这种生气，人才不应该是那种昏昏沉沉、打了麻醉剂的样子的。不必刻意提倡“独立意识”，生命本来就不应该是那种昏昏沉沉、被麻醉了的样子。沈从文企图把他的这种思想说出来——但这个东西，其实是很难清楚地说出来的，加上他为了贪方便又没有受过理论训练，用了很多现代流行的词汇，搞得更不清楚，很容易被混淆，很容易放到启蒙思想里去读解——但参照沈从文的文学，便会发现，那是很明显的一种误读。

由于用了很多别人的词，沈从文所说的东西，常常并不是字面的意思，不是一般理解的那种东西。比如说，许多人喜欢用“人性”“爱与美”“为人性建一个希腊小庙”等来总结沈从文的思想，或者用蔡元培的“以美育代宗教”这种思想来总结沈从文的思路——这些说法在沈从文的文章里，字面上都有依据，看起来都是对的，但也完全不对，因为这样的说法和沈从文的气味不合——不合的地方，就是因为没有把这些说法放在沈从文的文学的背景下来看。从这个背景去看的话，沈从文所反对的、所提倡的，非常清楚，因为从这里可以得到他的思想的整体……比如说他之所以认为人不应该是他看到的那个样子，那是因为他有一个很大的对那个世界的感受——人在天地之间的那种感受——在里面，从这里看，他所谓的“人性”便不是某种抽象的普遍的属性，不是某种固定的东西，他所谓的人性的“自觉”“人性重建”等等，讲的也便不是人的“主体”意识的重建，而是说人所体现的那个“天地运行，生生不息”的力量，那个人在天地、自然之中的生命的力量，不要限制住，不要用各种各样的现代规范把它给搞死了。

张新颖：你这样说可能还是不太清楚，所以我觉得必须很具体地来谈一些问题。比如说对“人”的理解，比如说“人性”这样的词。沈从文也用"人性"这样的词，别人也用，但一般用这个词基本上在五四的环境里和传统里，一直到八十年代，到九十年代，到今天，我们谈"人性"的时候，总是有意无意把它跟它的对立面联系起来，而一般所说的"人性"的对立面是指那个比如说来自政治的、来自制度的东西，又比如说是跟阶级性、社会性的对立等等。就是把这样那样的东西作为对立面，作为束缚；而所谓束缚"人性"的东西也是人制造出来的，所以我们在这个意义上谈"人性"，也就是在人的世界里谈"人性"。而当沈从文说"人性"的时候，其实他指的是人在天地之间跟天地运行相交流、相沟通的这样一个东西，是不一样的。但是我们习惯上用大家都说的一个词来泛泛解释，所以当他在文学里说要写"人性"的时候，一般也这样说，其实说的是两回事。再比如说，你讲到"美育""以美育代宗教"这样一个问题，我觉得还可以具体来讲一讲。

刘志荣："以美育代宗教"这种思想，我觉得还是现代人把"人"看得太了不起后才会有的思想，似乎在根底上有某种窒碍不通的地方。为什么呢？"美育"这个东西，如果是在"礼乐教化"的意义上来理解的话，这个思想可以是对的，因为"礼乐教化"可以教给人和他的世界打交道的方式，它可以涵养人，让他体会到他本身是跟世界完全相通的，从而使他体会到更高的东西；但如果仅仅在现代的意义上理解“美育”，把它抽象出来，认为用现在的艺术就可以培育人性，代替“宗教”，我觉得从根本上来说，阻碍了生命向上的道路，没法成立——刚才我们已经说过，现代的艺术是把艺术理解为体验，如果是这样的“以美育代宗教”的话，它只能把“宗教”之类的东西个人体验化，但不会把更高的东西连通起来。它没法代替宗教，因为完全是两回事情——宗教有没有问题，要不要把它打碎，能不能把它内中好的东西开出来，是另一回事。

若明白点说，“以美育代宗教”的问题在于：你悟到一个很高的、很好的东西的时候，你可以把它体现在艺术里；但单纯从艺术入手，倘另无所悟，绝对达不到这个东西。如果真的悟到了，把它体现在宗教里或艺术里，都无所谓，但也不能有执着，执着则有失——不过真的想到了这里，也就不会提“以美育代宗教”了，因为都不在这二者里。

“以美育代宗教”也不是沈从文的思想，他只是在一篇文章里讲蔡元培时论及。从沈从文的文学和思想整体来看，他是企图接触到更高的层面上的，但这个东西你用现代的“艺术”“美育”来讲是讲不通的。

张新颖：那你觉得沈从文的这个文学是一个什么东西呢？在他的思想里面又有什么呢？

刘志荣：刚才已经提到过：这个文学就是生命的文学。这个文学，就好像英雄的伟业或者圣哲的思想，都是一种生命自然的觉醒、表现和流露，只不过它表现到了文学上面而已——生命本身自觉、发展到什么程度，是另一个问题。从写作领悟到生命，这在很大程度上已经成了沈从文思想的一个背景。他后来又讲"神""神性"等等，是企图由此再上出一层——当然他并不是在宗教意义上说的，他也并不懂宗教，这也并不重要，重要的是他还想再上出一层，虽然没有成功，但的确有所感悟，比如《从现实学习》里讲到夜观星空的一段，读来真有康德的"头上灿烂星空"的感觉。

正因为有这种感受和领悟，"人性"这个词，沈从文对它的用法其实和大家不太一样，这一点刚才已经讲过。……沈从文讲的"人性"或者之类的东西，是活的，有生命的，流动的，变化的，你能把它抽象为"普遍人性"的某种特点吗？没这回事。生命的东西就是流动变化的——其实，沈从文用"生命"这个词也用得非常多，而且这个东西跟他的苦恼是直接联系起来的。不过这里的关系我也有些说不清楚。

张新颖：你说沈从文的文学就是生命的文学，我好像就等着这句话，虽然我不知道你会这样说，也不能确定这样说是不是特别准确。我等着的是对沈从文的文学本源的认识，显然这个本源连接着生命。竹内好在那篇《作为思想家的鲁迅》的文章里，说鲁迅的文学，是质询文学本源的文学，所以，人总是大于作品。我想说，沈从文的文学，也有他自己的关于文学本源的意识和坚持，如果文学背离了这个本源，他会非常痛苦。他的反对商业化和政治化，反对现代规划对文学的规训和宰制，出发点就是这个文学的本源。这个连接着生命的文学本源是一个莽莽苍苍、生机活泼的大世界，他是从这个大世界的立场来反对对文学的限制、缩小、扭曲、利用。我们今天也有从"纯文学"的立场来反对商业化和政治化的，可是如果这个"纯文学"的立场没有对于文学本源的探寻和意识，把"纯文学"当成一个不证自明的前提来接受的话，那么首先就自己把自己限制、缩小、封闭起来，由此出发而反对什么，一定是非常无力的。

再就是你讲到生命的苦恼，他作为一个思想者，我特别看重的就是这个思想者精神上的痛苦。沈从文从三十年代中期到整个四十年代，精神上的痛苦甚至是混乱，原因可能比较多，其中一个呢，就是他的那个"自"，"得其自"的"自"，成就了他的文学，一路走到高点，到《湘行散记》《边城》，他已经走到高点了。在这个时候，他要重新面对一个世界，特别是抗战爆发后，很多问题一下子就来了。

过去他是不大考虑问题的，我觉得他的文学之所以有成就，就是不大考虑问题，所以我一开始就说他的文学不是因对五四话语的反省才产生的；但是他现在开始考虑问题了，这和个人的精神困难和情感苦恼有关，但更和现代民族国家的危机有关。但是他用他那么一个自我来面对这么大的问题，面对纷繁混乱的现实，他一下子发现是不行的，在现实的汪洋大海中没顶了。他坦承自己在精神上的迷失，也记录下了无从摆脱的生命痛苦，昆明时期的散文《烛虚》《潜渊》《长庚》《生命》和《绿魇》《白魇》《黑魇》《青色魇》有非常痛切的表述。

刘志荣：我觉得还有一个问题，我们刚才在讲沈从文文学的时候，没讲清楚。前边讲的“天地运行，生生不息”，沈从文是感受到了，但他没有领悟到很明白的地步。所以他所感受的东西，和现实里的状况发生冲突后（这种冲突是必然的），他自己很用力地去想，但又想不明白，于是处处会感到窒碍难受。这样的情况下，他没办法化解它。

其实沈从文感受到也非常忧心的现代民族国家的危机，和他自身的感受是直接冲突的。现代意义上的“民族国家”，本身便是现代规划的一部分，它假定每个人都是国家的一分子，是要把个人抹平的。在现代民族国家的危机里面，沈从文理性上是站在民族国家这一方面的，但是他的感受里却有与此严重冲突的地方：因为不管是一个人还是一个生命，他不会受这种规划的限制的。他当时参与的争论，比如说文学是否与抗战有关的争论，本来直接是和现代民族国家的危机有关的争论，但沈从文为什么会突然反对把文学简单直接地与抗战联系？我觉得是他感受到的生命的东西和他理性上也不反对的现代民族国家的建制，中间有严重的冲突——尤其这种建制在现代中国又表现为那么一种方式；此后四十年代与左翼的争论，其实也是和民族国家，和现代设计的冲突。这是很大的冲突，但是如果沈从文真的对“天地运行，生生不息”领悟得很清楚的话，这种冲突就不会成为阻碍——人的规划、设计、宰制，虽然好像是很了不起的东西，似乎真的可以把世界笼罩住，把生命限制住，但它还是在“天地运行”里面的，没什么了不得的；天地、生命，也终归是它限制不了的。如果沈从文想到这个地步的话，不会那么痛苦的。

张新颖：那我觉得他幸亏没有想到这个地步。如果他到了你说的那么通的境界，就不会留下这么深刻的带着生命痛感的思想痕迹了。

刘志荣：从文学领域讲，这样说也许是对的。沈从文还是比较偏于文学，他的思想也还是比较偏于文学化的思想，从这个方面看，正是因为他痛苦，才比较有价值。三十年代中期起，沈从文的思想感情直接体现为一种很痛苦的状态。他想到的东西方方面面，除了很抽象的、说不清的东西像“神”“神性”之类外，还比如说，他想到了文学最高的表现应该是什么样子，也想到了民族国家的危机到底是什么原因，人怎么会变成现在这个样子，会堕落成这个样子，以后到底应该怎么办，等等。

张新颖：按照他思想的发展线索，从三十年代中期到四十年代结束，其内部的紧张是越来越厉害的。你想想看，持续了这么长的时间。沈从文的秉性，是那种凡事一定要做到底的，不到黄河不死心，一定要发展到最后精神崩溃的地步。我们一般人不会发展到那个地步，走到一半就退回来了，此路不通，算了。可是沈从文不。他的文学阶段也是这样，“得其自”，他一定要把那个“自”推到最高峰，但是到最高峰他一定是走不下去的，于是就重新面对世界；而当他面对自身危机的时候，他又把这个危机发展到最高峰。他的改变不是半途改变，都是走到死胡同了，顶着墙了，没办法了才改变的。

刘志荣：我们都思考过沈从文的“疯狂”，这个里面有很多具体的原因，但所有这些具体的因素之中，应该有一个比较关键的纠葛、一个缠绕的地方。

张新颖：“疯狂”跟整个四十年代以来的精神混乱是很有关

系的，太累了。你说的那个现代规划、现代的宰制，困扰沈从文这么长时间的东西。这个我要和一九四九年后联系起来讲。一九四九年后的东西，它不过是现代宰制的一种极端的体现而已，它不是另外一种东西。

刘志荣：对，就是这个东西。这里我就想起你提到过司马长风讲《长河》的时候，说：他看到小说里那个保安队长去找天天的时候，感到“无边的恐怖”。为什么以前你会觉得司马长风用“无边的恐怖”这样的形容太夸张？为什么现在重新看又会觉得他说得很好？保安队长只不过是现代规划的一个代表，而这个东西要霸占天天，要把那个世界完全吞噬，所导致的感受，当然是“无边的恐怖”。这就联系到沈从文曾经体会到的那个充满了自发的生命力的世界，但这个世界在一步步被大家认为是正确的东西所侵蚀。

张新颖：这个世界处在严密的包围当中，而这个包围圈正一步一步缩小，慢慢地要消灭掉。

刘志荣：包围、束缚、消灭或者归化，就是这么一回事。我觉得这是导致他思想紧张的核心的东西。

如果你看抗战后的《从现实学习》等一系列文章，沈从文对民族啊，国家啊，有他自己的一套想法。他有一个人性重建、民族重建的想法，他的那个想法很与众不同——他是在讲我们从事文学、从事文化工作，怎么样使这个民族重新焕发他的幻想、热情和活力。这应该是一直萦绕在他脑子里的想法，那时候他不论讲什么事情，绕来绕去都会绕到这个问题上去，比如说他讲黄永玉的父亲、讲黄永玉的画，也会讲到这里去……这个想法，不是大家讲的给人性搞一个小庙，把我们设想的比较好的人性的方面都供到里面去。这个想法，我觉得用一个比较传统的说法，是如何补这个民族的元气的问题，就是说，如何找到生命的根本，如何培植这个根本，然后在这个基础上才有可能出现一个比较合乎生命本身的需要的这么一个社会。讲到这里，我觉得作为思想者的沈从文，好像讲的是一些琐细问题，也讲不大清楚，其实背后思考的是很大的问题，也有一个很了不起的思路，而这个思路和人家的思路完全不一样。

张新颖：这里你说民族的幻想、活力，这个概念很类似于鲁迅说“迷信可存”的“迷信”的概念，这个东西是跟一个民族的根本连在一起，是跟一个民族生活的完整性连在一块。这个东西是说不清的，而这个东西在现代，是一定会慢慢地被消灭掉的——或许我讲得过于绝对？或者可以反过来讲：一个民族的活力、幻想、元气、“迷信”，是无论如何也不可能被消灭掉的？

“天地之大德曰生”？我不是很有信心。

刘志荣：讲到鲁迅这里，我觉得现在谈他们比较相通的地方可以讲得相对比较清楚了：早期鲁迅对于我们的古文化，不是一概否定的。他是说这个东西后来堕落了，所以他要去找根源，去找朴素之民的“白心”，然后便是你在讨论鲁迅思想时曾经重点讨论过的“伪士当去，迷信可存”这个思想，这个思想精彩的方面集中起来讲（它肯定有弊端，但这个弊端这里暂且不提），便是：个人的主体性的树立应该是整个国家的主体性的树立的基础，但这里的“主体性的树立”，不可以理解为与世界对立、隔绝，要对之施行主宰的这么一种主体的树立，这个“主体性的树立”可以换用另外一种说法，就是生命向上的力量，同时又是独立不惧的力量，但这个独立不惧又不是跟外界隔着的，不是把自己分离出来的那么一种独立……简单地说，就是：生命的那种向上的力量，它不是在别人那儿，也不是在别的地方，就在你自己身上。就是说，人在天地之间，自身就体现着“生生不息”的活力，这种力量不是你到旁边去找就能找到，而是在你自己身上就有的，体会到了自己身上的这种力量、权利，你才能体会到别个的力量和权利，然后才会有有效的会通。如果体会不到这种力量，到外边去找这么一种东西，又去找那么一种东西，找来找去，自己身上本来就有的力量始终没感受到。感受不到自己的力量和权利，别个的力量和权利你也体会不到，更谈不上尊重——用现在的词汇来说，便是，自己成不了“主体”，也不会把别人当作“主体”，更不会把天地万物也当作“主体”——而这些东西，本来应该是“互为主体”的关系。

张新颖：在这里，你最好就避免用“主体”这个词。这个是很难讲明白的。一讲到民族的根本啊，个人的根本啊，沈从文自己也讲不明白，他用幻想啊，用信仰啊，幻念啊这样一些东西来讲，他讲这些东西，跟鲁迅特别像。我就觉得这两个人在文学的深处、思想的深处是特别相通的。我讲沈从文，就有意识把他和鲁迅参照着来讲。

刘志荣：我很早就觉得，沈从文和鲁迅虽然有过过节，但是在思想很深的地方，确实是相通的。讲到这里，他为什么对现代宰制那么反感，就有点明白了：因为现代的宰制，说穿了是在追逐幻象，追逐人类自己制造出来的幻象，不但不是从人的生命最深处生发出来，更是给生命的发展设置了重重阻碍，套上了层层枷锁。它不是生命本己的东西，只能是对外边的东西的追逐——当然这个外边的东西可以表面上很崇高，但其实也可以是很堕落的东西的，一样的。

张新颖：这个在《长河》里面其实有很深的表现：长河两岸的人民要不断面对从外面“来了”的东西，一会儿这个来了，一会儿那个来了，这些来了的东西每个都有一个名字，但这些名字其实是“小名”，概括出一个“大名”就是“现代”，“现代”来了。沈从文对“现代”来了是用很夸张的、漫画的笔法来写的。从他的思想根源来讲，他的漫画手法是有道理的，他根本上不相信这些东西，他看这些东西的时候，不是用概念去讨论理论问题——因为我们知识分子会讨论现代、现代化、现代性，他根本不讨论，他就是看实际生活里的现象，一看到是这个样子，他就这么来写。

刘志荣：这种不断的“来了”，也就是“逐外”。“逐外”，中国人是不陌生的，一点不陌生，所以他一看到这个就比较反感。不光现代宰制是逐外，沈从文写到在昆明时看到的堕落现象，很多人去追求“法币”、酒色，也是逐外——这些东西对我们一点也不陌生。而这两种东西，根本上是一样的：你去追逐一个外面的东西，越追逐越迷失，你本心的东西、生命的东西，就在追逐里面迷失了，迷失之后，其实是很糟糕的东西，你会认为是好的东西。沈从文看到的种种堕落的情势，人不像人的情况，根源上是一个，找不到自己的东西，体会不到生命的东西，然后去外面瞎搞。这是让沈从文很紧张的一种情势……

四、偏离时代却走入历史文化深处的个人实践

张新颖：我觉得沈从文这个人有一种能力，一种绝处再生的能力，这种能力，当然是综合因素形成的。一九四九年他精神“失常”以致崩溃，有时候我甚至这么想，他幸亏精神崩溃了，如果他没有崩溃，像我们普通人一样，他一九四九年以后就不会有这么大的成就，他做文物不会做得这么坚定。这个也说不清，就类似凤凰涅槃啊。一定要死过一次，然后再活过来，才是真的活过来了，否则就是半死不活的。很多人在那个特殊时代里就是半死不活的。我觉得他就是死过一次再活过来的，不可能再把他打倒了。我在看他下放时的书信时，感觉特别强烈。下放的时候他的文物研究不能进行了，连一本参考书也没有，可是他还是凭着记忆写了那么多东西。本来人家是不要你做任何事情的，他本身又老又病，血压平常就是两百二，可他一定要做个什么。他下放的时候写了很多旧体诗，为什么要写这么多诗呢？一点也不是文人的风雅，而是那时候觉得文物研究没法进行了，就要做一件能够做的事，所以他说他写旧体诗是酝酿再一次改业。他是把这个当成事业去做的。他的精神里有非常强的生命力，非常强的再生能力。他自己说是乡下人的生命力……这个一般是很难，要是一朵花，这么折腾，很快就死了。

刘志荣：为什么他会这么样？抽象一点讲，你可以说他生命力强，跟野草一样，野草是不容易死的，一朵花很容易就死了。但这个还是太抽象。

张新颖：具体地谈，不过具体地谈还是抽象。我觉得有一个观念很重要，就是“有情”，这个“有情”是支撑他生命实践的一个不可或缺的东西。你看他做文物研究，他对文物是“有情”的；你看他的文学，他老是写家乡的那条河，因为他太爱它了。他为什么那么困难的情境下还要去做文物呢？因为文物一件一件的在他看来是活的东西，而这一件一件的文物，这些一个一个活的东西，在他那里可以连成一条河的，是人的创造、人的智慧、人的文化的一条河，他可以连成这么一条河。他对这条历史文化的长河爱得深沉。

刘志荣：你讲过他的文物研究和文学是相通的……

张新颖：对，我觉得它就是一回事情。

刘志荣：说到“有情”，其实也是他和人家不一样的地方。比如说到四川参加土改，他在晚上读《史记》，颇有会心之处，写给张兆和的信中，独到之处，是把“事功”和“有情”对照起来，“事功为可学，有情则难知”，“有情”是很难觉察的，在历史下面，但少了这个，历史就少了很重要的部分。从这里去讲，他的文学和他的文物研究都不过是他的“有情”的表现，但这里还有可讲的，就是他的文学和文物研究，都是对别人忽略了的普通人的“有情”的关注：他的文物研究做的都是人家不要的，衣服啊，绸缎花纹啊，各种小的东西，“花花朵朵、坛坛罐罐”，是很普通的文化产品，不是精英的东西；他的文学也是这样，写的不是什么“帝王将相、才子佳人”，就是很普通的、人家忽视的、遗忘的人和事，但这些东西就是历史深处的、有情的。这个东西我们过去认为不重要，顶多说他写的是牧歌，或者说他写的是偏僻边地的东西——似乎是仅供人猎奇的，但实际上并不是偏僻的东西，就是普通人的东西，至关重要，但一般人不注意的东西。沈从文为什么会对这种东西“有情”？确实是值得我们进一步思考的问题。

张新颖：他的文物研究关注的是那些普通的东西，他从这些普通的东西上能够看到普通人的生活，体会到普通人的情感。他对这个是一往情深的。他看到银锁银鱼，会想象到小银匠一面因事流泪，一面用小钢模敲击花纹；看到小木匠和小媳妇做手艺，能发现做手艺人的情绪和手艺之间的紧贴或者游离。他用心于工艺美术，用心于物质文化史，对普通人的哀乐和智慧“有情”，和一般的关注文人字画什么的有很大距离。根本上看，这个文物研究的着眼点，其实也是他的文学的着眼点。

说到“有情”，我们会发现现代教育是有些问题的。沈从文在四十年代也反省了这个现代教育，它有一个缺失：情感教育，没有情感教育。情感教育不是教你谈恋爱，而是养成你对历史文化和万事万物的情感。在我们的教育当中，是把这个给排斥掉的，这是不符合现代规划的一个东西。现代规划不需要这个，我们在现代教育环境里成长起来的人，对万事万物是没有感情的；我们只对现代教育培养出来的，它要我们有感情的东西才产生感情。比如说，我们对现代的国家有感情，我们对现代化的想象有感情，对光辉灿烂的人类未来有感情，或者对什么什么有感情。我们有感情的东西都是理论允许我们对它有感情的，而这个理论，它是不会让你对千百年来没有被记载的普通人的喜怒哀乐有感情，这个本来就是被现代划出去的东西。

刘志荣： 我们为什么对现代的建制那么有感情呢？我觉得穆旦有段诗说得很好：

> 因为它是从历史的谬误中生长，
> 我们由于恨，才对它滋生感情，
> 但被现实所铸成的它的形象

只不过是谬误底另一个幻影：

让我们哭泣好梦不长。

这段诗我觉得我们现在比较容易明白，中国现代史上那些大的规划，乃是因为有迫在眉睫的民族危亡的危险，我们才对它们滋生感情。而那种本来的、自然的生命里面生长出来的东西，对普通的万事万物的感情，或者用沈从文的话来说就是朴素的“爱”，却被忽视、被磨平了。但实际上这是缺少不了的。而各种现代规划产生出来的东西，事实上你是没法对它有自然生发的、不可须臾离之的那种感情的。沈从文刚好是在这个方面感受比较深，这其实是很了不起的，就是他所说的：“有情”看起来好像没什么，甚至好像是很软弱的，可以忽略的，但真的少了这个，历史就少了非常重要的部分，就不再是原来的样子了。

讲到这里，我觉得沈从文在一九四九年以后所写的未完稿的《抽象的抒情》非常重要，这篇文章有点像为某个大会准备的发言稿，有点提意见性质，又有点防卫性质，好像是故意把自己的理论淡化了一点，但有一个地方他是非常清楚的：他讲伟大的文学艺术，是可以让人类的感情互相流通灌注的，所以几千年前的东西到现在还能感动人……还是把艺术看作生命流通灌注的体现。他的文物研究，还有文学写作，相通之处，我觉得正是在这一点上有所体会。

张新颖：《抽象的抒情》还谈到，在那个时代，文学艺术中千百年来的创造热情、动力和理想都被摧毁了，在这种情境下，一个作家，不外两种出路：他不写，他胡写。不管是不写，还是胡写，他都“完了”。沈从文自己选择的是不写，这个不写是对不胡写的坚持，但他不写为什么就没“完了”呢？因为他重新找到了一个知识分子创造事业的方式，找到了实现生命意义的有效方式。表面看起来他从事文物研究是避世的、消极的，实质是另一个层次上的积极。

具体到他的研究，表面上他关注的多是不起眼的东西，做琐细的工作，好像没有太大的价值，而等到时间长了，慢慢就显出价值来。

刘志荣：说到这里，我就想到，他对细小的、普通的、我们很容易模糊过去的人、事、物的关注，其意义也许正在于一点一点的“积渐”方面：比如，当我们要追逐一个外边的、“伟大”的目标时，我们会觉得这种东西太小，不重要，先放到一边去；那种感情太普通，不重要，也把它放到一边去……但慢慢放了很多很多之后，回头一看，我们成了“非人”了。但沈从文一直是对这些细微的、根本的东西有感情：文学方面一点一点写了那么多，文物研究方面又一点一点做了那么多，现在看，他在这两方面的成就都是很了不起的，但这都是很细小的工作积累的，这种细小的工作，我觉得，夸大一点说吧，就是在一点一点积累我们这个民族的元气。对自然、对人、对周围万事万物的感情，一旦没有了，或者一点一点把它损失了，这是很大的损失；但一点一点积累了，即使是在很糟糕的一个环境里吧，它也未必不会产生出好的东西来。

张新颖：对沈从文的文物研究，从学术本身的角度来看，我们毕竟是外行，还是让专家们去评价；但沈从文在一九四九年以后从事文物研究，不仅需要从学术角度评价，你把他的文物研究作为一个行为来看，作为一个知识分子在一个动荡的时代进行实践的方式来看，他这样的选择是非常值得探讨的。

刘志荣：有一点很有意思：他在四十年代，是一个很糟糕的环境，他会那么紧张，会思考那么多的问题；五十年代环境更加糟糕，他反而比较平静。

张新颖：他精神崩溃以后，慢慢恢复好了；然后这个心情就逐渐平静下来了。当然了，他也在不断地发牢骚，但基本上主要的心态是平静下来了，我觉得这个是一个奇迹。这个平静的原因，根本上是他重新找到了自己创造事业的方式。

刘志荣：四五十年代转折关头，他写了很多“一代人有一代人的夙命”啊之类的东西，可能正是在这个时候，从极度精神紧张导致的绝望中清醒过来后，他一下子明白了自己的命运。一旦真明白了自己的命运，他就不会再像前一个时期，想不通也硬是要想，做不到还是要努力去做。在这之后，他也许会是这么一种心态：一点一点去做吧，能做多少是多少，天地运行，生生不息，人类干过那么多蠢事，但你要他一下子消灭，也没那么容易。好多东西貌似弱小，还是有力量的。

张新颖：他决定到历史博物馆研究文物，家里两个读中学的孩子跟他闹，觉得社会在这么向前发展，你却到古旧的东西里打转转，很落后，跟不上时代。其实一百多年来，我们中国人一直都很担心自己跟不上时代。而这一百年来的中国社会历史，几乎就可以说是时代挟裹一切的历史。从伟人豪杰到凡夫俗子，几乎都有一种唯恐被时代抛弃的无意识恐惧，大家自觉地追赶时代，自觉地投入到时代的洪流中去，尽管心里都清楚没有几个人能呼风唤雨，引领时代，可是至少也要做到与时俱进，随波逐流。有普遍的不自觉恐惧，也有普遍的自觉追求，有这样的思想意识做基础，时代对人的影响、改造就容易进行，而且进行得完全彻底，势不可挡。社会和时代的角落是被人鄙视和摈弃的。

沈从文恰恰找到了一个角落的位置，而且并不是在这个角落里苟延残喘，是安身立命。处于时代的洪流之外的人也并非绝无仅有，可是其中多数是逃避了时代洪流，自己也无所作为的。沈从文却是要在滔滔的洪流外做出实在的事业。

我把沈从文的选择称为一个知识分子的实践，但毋庸讳言，沈从文是有些瞧不上一般所谓的知识阶级的，对比于他这个“乡下人”，知识阶级似乎本能地就具有得风气之先、闻风而动的本领，灵巧应变，适应趋时；而他几乎一贯地固执己见，晚年一篇未写完的自述题为“无从驯服的斑马”。多少具有反讽意味的是，恰恰是知识分子，多少年来一直强调独立性、自主选择、自我坚守等等。因此就尤其值得反省：以往知识分子所强调的独立性，对于个人与时代之间的关系的选择，对于自我在时代中的位置的确立，是不是进行过质询和探问？一九四九年以后，沈从文的角落位置和在角落里的作为，应该能够为我们提供一些启示；否则的话，我们就只能停留在对他工作成就的赞叹和对他命运的感慨上。

拉拉杂杂说了这么多，还意犹未尽，还有许多地方没有说到，说到的地方也有很多的意见没有确切的定论，还有很多意思没有说清楚却召唤着我们去尽量弄清楚，去获得更多更深的理解——我想，重读沈从文之所以有价值，有吸引力，也正在于此吧。

二〇〇五年四月，复旦大学

第一讲

•

《从文自传》：
得其“自”而为将来准备好一个自我

一、为什么要写自传

《从文自传》写于一九三二年八月，那时作者在青岛大学国文系做讲师，暑假期间用三个星期就写了出来，但到一九三四年七月才由上海第一出版社出版；从一九四〇年十月到一九四一年初，作者在昆明又进行了校改，一九四三年十二月开明书店出版改订本。这本自传从问世以来由多家出版社印行过多种不同版本，二〇〇二年北岳文艺出版社《沈从文全集》据开明书店改订本编入。

写这本自传的时候，作者刚过三十岁，虽然已经发表和出版了大量作品，成为备受瞩目的作家，但《边城》《湘行散记》这样的标高之作还没产生，个人的“文学地位”还正处在有待进一步确立的过程中。为什么这么“早”就“急于”写自传呢？

一九八〇年，作者为自传的重新发表写了篇《附记》，说：“一个朋友准备在上海办个新书店，开玩笑要我来为‘打头阵’，约定在一个月内必须完成。这种迫促下出题交卷，对我并不习惯。但当时主观设想，觉得既然是自传，正不妨解除习惯上的一切束缚，试改换一种方法，干脆明朗，就个人记忆到的写下去，既可温习一下个人生命发展过程，也可以让读者明白我是在怎样环境下活过来的一个人。特别是在生活陷入完全绝望中，还能充满勇气和信心始终坚持工作，他的动力来源何在。”[1]

除了这个直接的原因，还因为作者个人一贯坚持不懈的写作探索，正碰上了一个“学习情绪格外旺盛”，“工作效率之高，也为一生所仅有”的阶段：“当时我正在青岛大学教散文习作。本人学习用笔还不到十年，手中一枝笔，也只能说正逐渐在成熟中，慢慢脱去矜持、浮夸、生硬、做作，日益接近自然。为了补救业务上的弱点，我得格外努力。因此不断变换作品的内容和形式，用不同方法处理文字组织故事，进行不同的试探。”[2]应了朋友的约稿，这时候的“试探”，结果就是一本自传。

可是，如果从沈从文此前此后的文学创作历程来看，乃至从他完整的生命行程来看，《从文自传》的产生究竟有什么不一般的意义，为什么是在这个时候产生的，显然还需要更充分的发掘和阐明。

这样的问题及其问题的解答，应该是隐藏在作品里面的。

二、地方性

《从文自传》共十八篇，写到作者离开湘西闯荡进北京就

---

1 沈从文：《从文自传·附记》，《沈从文全集》第13卷，太原：北岳文艺出版社，2002年，366—367页。

2 同上注，366页。

戛然而止。那是一九二三年，作者二十一岁。一开篇，作者说，“拿起我这枝笔，想写点我在这地面上二十年所过的日子，所见的人物，所听的声音，所嗅的气味”，这些“日子”“人物”“声音”“气味”，综合而成“我真真实实所受的人生教育”，而所有的一切，都是发生在湘西及其周围边地（黔北、川东、湘西之间）的。也就是说，这本自传的地理中心是湘西。

强调这一点有什么特别的意义么？

《从文自传》的第一篇是《我所生长的地方》，而提到那个“边疆僻地小城”，“我应当照城市中人的口吻来说，这真是一个古怪地方！”[1]在这里，沈从文预先假设了他的读者——“城市中人”——的反应，这就与当事人自己的反应形成了一个强烈的对比：对于就生长在那个地方的人来说，他是不会觉得自己熟悉的家乡有什么离奇古怪的。这样一来，作者的“地方性意识”以及在这种意识下有意强化的“地方性差异”就突出出来。事实上，整部自传从始至终都贯穿着这么一种对比：作者叙述在这片土地上所经历的种种，对作者自己来说，都是极平常、自然的事，而对于读者来说，就可能产生完全相反的感受了。这种贯穿全书的对比是隐蔽的，因为作者除了一开篇提了一句“城市中人的口

---

1 沈从文：《从文自传·我所生长的地方》，《沈从文全集》第13卷，243页。

吻”外，并没有直接去写读者的反应；但他想象得出读者的反应，而且，越是在想象中看着读者的惊讶神情，他自己的叙述就越是不惊不乍，自然洒脱。

那么，把自己的根扎在这片土地上的人，在这片土地上接受了真实人生教育的人，他和别的地方的人，特别是“城市中人”的“差异性”，也就自然地显现出来了；由此也就可以说，在沈从文这里，“地方性意识”和“地方性差异”与个人意识和个人差异是相连相通的。

沈从文的“读者意识”是很明显的，他写这部自传的一个目的就是“让读者明白我是在怎样环境下活过来的一个人”；不过，如果说他写这本书就是为了给“城市中人”看看，震惊他们一下，就有些片面和简单了。他的“地方性意识”和“地方性差异”以及与此相联的个人意识和个人差异，并非只是为了“对比”和“震惊”而进行夸大的结果，而确实产生于特殊的地理、历史和现实。

“我所生长的地方”凤凰，它的来历确实有些不同寻常：“只由于两百年前满人治理中国土地时，为了镇抚与虐杀残余苗族，派遣了一队戍卒屯丁驻扎，方有了城堡与居民。”[1]此地处在黔北、川东、湘西间极偏僻的角隅上，名叫镇筸，又名凤凰厅，民

---

[1] 沈从文：《从文自传·我所生长的地方》，《沈从文全集》第13卷，243页。

国后改成县治，名凤凰县。这个小城，从存在的因缘上讲，与大部分因交通、物产、经济活动、政治活动等因缘而存在的城市之间的不同，就非常明显了。“试将那个用粗糙而坚实巨大石头砌成的圆城，作为中心，向四方展开，围绕了这边疆僻地的孤城，约有四千到五千左右的碉堡，五百以上的营汛。碉堡各用大石块堆成，位置在山顶头，随了山岭脉络蜿蜒各处走去，营汛各位置在驿路上，布置得极有秩序。这些东西在一百七十年前，是按照一种精密的计划，各保持相当距离，在周围数百里内，平均分配下来，解决了退守一隅作蠢动的边苗叛变的。两世纪来满清的暴政，以及因这暴政而引起的反抗，血染赤了每一条官路同每一个碉堡。到如今，一切完事了，碉堡多数业已毁掉了，营汛多数成为民房了，人民已大半同化了。落日黄昏世界，站到那个巍然独在万山环绕的孤城高处，眺望那些远近残毁碉堡，还可依稀想见当时角鼓火炬传警告急的光景。这地方到今日，已因为变成另外一种军事重心，一切皆用一种迅速的姿势，在改变，在进步，同时这种进步，也就正消灭到过去一切。”[1]

从特殊的地理、历史和现实中走出来的一个人，走到一个阶段，为自己“温习一下个人生命发展过程”，比起为给别人看看离奇和古怪来，当然是更为根本和内在的精神需求。

---

1 沈从文：《从文自传·我所生长的地方》，《沈从文全集》第 13 卷，243、244 页。

三、小孩读大书

《从文自传》大致可以分成两部分，前一部分的背景在小城凤凰，从有记忆起写起，到高小毕业，主要是一个小学生的生活，重点却不是读书，而是逃学读社会这本大书，作者自己说这一部分可以称作“顽童自传”；就读社会这本大书这一条主线索而言，后一部分与前面的叙述一脉相承，作者离开了凤凰和家庭，进入更大也更加严酷的社会，十五岁就开始当小兵，随部队辗转湘西、川东，在各种各样的见闻和遭遇中成长，逐渐产生出自我的意识和越来越走向明确的追求。

沈从文出生在一个军人世家，这样的家世在当地是一份光荣和骄傲，家里人曾期盼他将来成为个将军。但是他的军人爸爸，“一面只作将军的好梦，一面对于我却怀了更大的希望。他仿佛早就看出我不是个军人，不希望我作将军，却告给我祖父的许多勇敢光荣的故事，以及他庚子年间所得的一分经验。他以为我不拘作什么事，总之应比作个将军高些”。那么他做了些什么事呢？逃学，游荡，说谎，实在伤了军人父亲的心。可是这一切不受拘束的行为，却在在表露了沈从文从小小年纪就开始了的对一本自然、社会的大书的强烈兴趣和冲动。他“学会了顽劣孩子抵抗顽固塾师的方法，逃避那些书本去同一切自然相亲近”。他认为，这样的生活“形成了我一生性格与感情的基础”，“当我学会了用自己眼睛看世界一切，到一切生活中去生活时，学校对于我便已毫无兴味可言了”。[1]《我读一本小书同时又读一本大书》写的就是一个儿童用自己的眼睛看世界的具体情形，特别突出的是身心亲近自然的真切感受，同时还有对于日常人事和生活现象的强烈兴趣，譬如上学路上经过的各种小铺面、小作坊，每天都可以看到的民间手艺，诸如此类。

作者叙述自己逃学、说谎的“顽劣事迹”，本意却不仅仅是要表现一个“顽劣”的性格，而是要描述和说明自己因此而得到的教育。这种教育，不同于旧式私塾的教育，也不同于新式学校制度的教育，这种教育的概念要宽阔得多，也更根本，更有深入骨髓的影响。它是以自然现象和人生现象为一本永远也读不完的大书而进行的不停息的自我教育过程。“尽我到日光下去认识这大千世界微妙的光，稀奇的色，以及万汇百物的动静。”“我的心总得为一种新鲜声音，新鲜颜色，新鲜气味而跳。我得认识本人生活以外的生活。我的智慧应当直接从生活上得来，却不需从一本好书一句好话上学来。”[2]

几乎从一开始，这颗向宽广世界敞开的小小心灵，就被这个没有边界的世界带进了永远不会满足也就永远停不下来的没有边

---

1 沈从文：《从文自传·我读一本小书同时又读一本大书》，《沈从文全集》第 13 卷，251 页。

2 同上注，252、253 页。

界的探寻过程中，在这个过程中，小小的心灵变得越来越充实，越来越阔大。“我生活中充满了疑问，都得我自己去找寻答解。我要知道的太多，所知道的又太少，有时便有点发愁。就为的是白日里太野，各处去看，各处去听，还各处去嗅闻：死蛇的气味，腐草的气味，屠户身上的气味，烧碗处土窑被雨以后放出的气味，要我说来虽当时无法用言语去形容，要我辨别却十分容易。蝙蝠的声音，一只黄牛当屠户把刀剸进它喉中时叹息的声音，藏在田塍土穴中大黄喉蛇的鸣声，黑暗中鱼在水面泼剌的微声，全因到耳边时分量不同，我也记得那么清清楚楚。因此回到家里时，夜间我便做出无数希奇古怪的梦。这些梦直到将近二十年后的如今，还常常使我在半夜里无法安眠，既把我带回到那个‘过去’的空虚里去，也把我带往空幻的宇宙里去。”“在我面前的世界已够宽广了，但我似乎就还得一个更宽广的世界。”[1]

作者沉浸在童年的记忆里，但他一直不曾忘记他的这部自传要有前后一贯的自觉意识，这样才可以从过往的经验中解释现在的自己，解释自己的形成和确立。所以他常常会从对记忆绘声绘色的描述中“跳开”，说：“二十年后我‘不安于当前事务，却倾心于现世光色，对于一切成例与观念皆十分怀疑，却常常为人生远景而凝眸’，这分性格的形成，便应当溯源于小时在私塾中的

1 沈从文：《从文自传·我读一本小书同时又读一本大书》，《沈从文全集》第 13 卷，261 页。

逃学习惯。”或者说：“我感情流动而不凝固，一派清波给予我的影响实在不小。我幼小时较美丽的生活，大部分都与水不能分离。我的学校可以说是在水边的。我认识美，学会思索，水对我有极大的关系。”[1]关于水，作者后来专门写过《我的写作与水的关系》等文章。

四、看杀人

《我读一本小书同时又读一本大书》写到看尸体，上学绕路到牢狱旁，“若从杀人处走过，昨天杀的人还不收尸，一定已被野狗把尸首咋碎或拖到小溪中去了，就走过去看看那个糜碎了的尸体，或拾起一块小小石头，在那个污秽的头颅上敲一下，或用一木棍去戳戳，看看会动不动。若还有野狗在那里争夺，就预先拾了许多石头放在书篮里，随手向野狗抛掷，不再过去，只远远的看看，就走开了”。[2]

叙述得这样“若无其事”，读者却会心惊。

但更惊心动魄的不久就来了。接下来的一篇《辛亥革命的一课》，对于这个小孩子来说，是看了一个月的杀人。“革命”失败的

[1] 沈从文：《从文自传·我读一本小书同时又读一本大书》，《沈从文全集》第 13 卷，252 页。

[2] 同上注，256 页。

早晨，“我就在道尹衙门口平地上看到了一大堆肮脏血污人头，还有衙门口鹿角上，辕门上，也无处不是人头。……云梯木棍上也悬挂许多人头，看到这些东西我实在希奇，我不明白为什么要杀那么多人。我不明白这些人因什么事就被把头割下。我随后又发现了那一串耳朵，那么一串东西，一生再也不容易见到过的古怪东西！叔父问我：‘小东西，你怕不怕？’我回答得极好，我说‘不怕。’”[1]

这还只是开始。城防军分头派兵下乡捉人，“捉来的人只问问一句两句话，就牵出城外去砍掉”。“当初每天必杀一百左右，每次杀五十个人时，行刑兵士还只是二十，看热闹的也不过三十左右。有时衣也不剥，绳子也不捆缚。就那么跟着赶去的。”被杀的、杀人的、看热闹的，这三者之间的数字对比不能不说是奇观。被杀的差不多全是苗乡的无辜农民，杀到后来，杀人的一方似乎有点不忍了，就想了个决定杀还是不杀的办法：“委托了本地人民所敬信的天王，把犯人牵到天王庙大殿前，在神前掷竹筊，一仰一覆的顺筊，开释，双仰的阳筊，开释，双覆的阴筊，杀头。生死取决于一掷，应死的自己向左走去，该活的自己向右走去。一个人在一分赌博上既占去便宜三分之二，因此应死的谁也不说话，就低下头走去。”[2]

---

1 沈从文：《从文自传·辛亥革命的一课》，《沈从文全集》第 13 卷，269 页。

2 同上注，270—271 页。

“我”呢？“一有机会就常常到城头上去看对河杀头，每当人已杀过赶不及看那一砍时，便与其他小孩比赛眼力，一二三四屈指计数那一片死尸的数目，或者又跟随了犯人，到天王庙看他们掷筊。看那些乡下人，如何闭了眼睛把手中一付竹筊用力掷去，有些人到已应当开释时还不敢睁开眼睛。又看着些虽应死去还想念到家中小孩与小牛猪羊的，那分颓丧那分对神埋怨的神情，真使我永远忘不了。”

“我刚好知道‘人生’时，我知道的原来就是这些事情。”[1]

以后，当作者十六七岁，在部队里当小兵期间，看杀人的经验就一次又一次地重复。这部自传后半部分的《清乡所见》《怀化镇》，对杀人多有叙述和描写。另外他的作品《我的教育》《黔小景》《黄昏》《新与旧》等，都涉及砍头杀人情景。在现代中国文学史上，还没有哪个作家这么多次地写到这么大规模的砍头式杀人，也没有哪个作家能控制得这么“不动声色”地写看杀人。

鲁迅在《〈呐喊〉自序》中讲了幻灯片事件，那是在日本仙台医学专门学校，“有一回，我竟在画片上忽然会见我久违的许多中国人了，一个绑在中间，许多站在左右，一样是强壮的体格，而显出麻木的神情。据解说，则绑着的是替俄国做了军事上

---

1 沈从文：《从文自传·辛亥革命的一课》，《沈从文全集》第13卷，271页。

的侦探，正要被日军砍下头颅来示众，而围着的便是来鉴赏这示众的盛举的人们”。[1]这个留学生深受刺激，弃医从文，现代中国文学因此而有了鲁迅及其作品。《药》里拿来治病的蘸了烈士鲜血的馒头，《铸剑》里自愿割下和被割下的三颗头颅在沸水中的啮咬追逐的大战，以及杂文里一而再、再而三论及的“神往”或“满足”于杀人场面的“看客”，这些，是谈论鲁迅作品时经常会说到的话题。

王德威有一篇文章叫《从“头”谈起——鲁迅、沈从文与砍头》，讨论两人不同的砍头故事所代表的现代中国写实文学的不同路线。[2]鲁迅对杀人示众场面所“象征”的意义耿耿于怀，他最痛感和激愤的就是国民的愚弱和麻木，如此就只能做毫无意义的示众的材料而被杀和“鉴赏”这杀戮盛举的“看客”。这是鲁迅“国民性”批判中尤为用力和集中的方面，他的尖利和深刻也使“看客”成为现代中国文学和思想中能够不断引起“众议”的“经典形象”和“经典问题”。

如果按照鲁迅的说法，沈从文俨然也是一个“看客”。《怀化镇》里说：“我们部队到那地方除了杀人似乎无事可作。我们兵

1 鲁迅：《〈呐喊〉自序》，《鲁迅全集》第 1 卷，北京：人民文学出版社，1981 年，416 页。

2 参见［美］王德威：《从“头”谈起——鲁迅、沈从文与砍头》，《想象中国的方法：历史·小说·叙事》，北京：生活·读书·新知三联书店，1998 年。

士除了看杀人，似乎也是没有什么可作的。”“由于过分寂寞，杀人虽不是一种雅观的游戏，本部队官佐中赶到行刑地去鉴赏这种事情的实在很不乏人。”而且，看过之后，“总有许久时间谈到这个被杀的人有趣味地方，或又辗转说到关于其他时节种种杀戮故事”。鲁迅大概是没有亲眼看过杀人的，他看的是幻灯片和报纸上万人争看杀头的新闻，通过“媒介”得来的“信息”，已经令他反应激烈；沈从文是亲眼看的，而且看得那么多，反倒是“平静”的。他不仅看得多，而且常见匪夷所思的情景，譬如说，“白日里出到街市尽头处去玩时，常常还可以看见一幅动人的图画，前面几个兵士，中间一个十二三岁的小孩子，挑了两个人头，这人头便常常是这小孩子的父亲或叔伯，后面又是几个兵，或押解一两个双手反缚的人，或押解一担衣箱，一匹耕牛。这一行人众自然是应当到我们总部去的，一见到时我们便跟了去”。[1]

鲁迅和沈从文反应的不同，除了经历、性格、志趣、思想等等方面的个人原因外，是不是还跟看的“方式”有关：通过“媒介”来看，比起在现场的亲眼看，更容易引向情景的“象征”意义，而且往往到头来“象征”的意义比引起“象征”的情景更为重要；在现场的亲眼看，由于其真切性，集中注意的就是现场发生的情景本身。当然，即使是现场的看，也并非不能产生任何一

1 沈从文：《从文自传·怀化镇》，《沈从文全集》第13卷，308—309页、313页。

点由情景而起的“引申”，只是任何的“引申”都是附属性的。

回到鲁迅和沈从文的不同，简单点说，鲁迅通过“象征”性事件看到的是令他忧愤的“国民性”及其现状，而沈从文直接看到的就是杀人。

还有一点，就是鲁迅和沈从文在与生活世界发生关系的时候，他们的对待方式是非常不同的：鲁迅是能够而且善于从平常中看出不平常的极端敏感的天才，而沈从文是把不平常也当作平常来接受的那么一个人；鲁迅是质疑性的，沈从文是容纳性的。在沈从文看来，生活世界的真实就是这样，而鲁迅则要问：这样就对么？“从来如此，便对么？”沈从文当然也不因为生活世界如此便对，但他在质疑对错之前，先接受生活世界本身的“教育”。沈从文也写过发生在北平的杀人和看杀人，但他的叙述确实没有鲁迅那样激烈。他从湘西到北平后，目睹过鲁迅笔下的情景，不过在他的回忆文字里，却是强调它的平常，它的“司空见惯”：“这个文明古都，并且经常还可见到一小队武装人马小跑通过，末后一辆平板大车上，坐了个面目肮脏的赤膊壮汉，作成京戏中上法场的情形，或痴痴呆呆一言不发，或嘶声嚷叫‘砍了头不过碗大一块疤’，‘二十年又是一条好汉’，更自得其乐是‘小孙子，大闺女，来为老子送丧！’恰正是在全国任何一省都是每天发生的悲剧，同样是人人司空见惯的事情，除了少数有闲好事的人，或在街头闲荡的小孩子，跟着车后追去，大多数人都带着一种麻木神情，等待车一过身，就又依旧做他应做的事！”[1]

前面谈到沈从文叙述看杀人表现得“若无其事”“不动声色”“平静”，用这些词的时候都加了引号，因为其中还有需要仔细辨析的问题。作者在事情发生的当时的反应和很多年后作者回忆时的反应，以及作者把这些过往经验写出来给别人看，意识到同时也要给别人看自己的什么样的反应，这之间，是有着微妙差别的。我们从作品里读到的，当然是作者叙述的结果，或者说是作者设计、驾驭、控制叙述的结果。

作者这样叙述，是表明他的冷漠和麻木吗？如果看杀人只是看杀人而没有对自己的实实在在的影响，真正地无动于衷，那么，作者就是一个鲁迅所说意义上的“看客”；与给人的表面印象恰恰相反，作者想表达的却是，看杀人深刻地“教育”了自己，成为建构自己的人事现象中重要的因素；而有这样的因素参与建构的自己这么一个人，当然与没有此类因素参与建构的、没有受过同样“教育”的别的人，有着重要的、无法泯灭的区别。所以，他在叙述怀化镇的生活时说了这么一段话：“我在那地方约一年零四个月，大致眼看杀过七百人。一切人在什么情形下被拷打，在什么状态下被把头砍下，我皆懂透了。又看到许多所谓人类做出的蠢事，简直无从说起。这一分经验在我心上有了一个

1 沈从文：《回忆黄村生》，《沈从文全集》第 27 卷，422—423 页。

分量，使我活下来永远不能同城市中人爱憎感觉一致了。从那里以及其他一些地方，我看了些平常人不看过的蠢事，听了些平常人不听过的喊声，且嗅了些平常人不嗅过的气味；使我对于城市中人在狭窄庸懦的生活里产生的作人善恶观念，不能引起多少兴味，一到城市中来生活，弄得忧郁强悍不像一个‘人’的感情了。”[1]

五、无量快乐

沈从文高小毕业后，家境衰败，为谋出路，当兵离家。

鲁迅一八九八年离开绍兴，入南京江南水师学堂时十七岁，比一九一七年离开凤凰时的沈从文大两岁，对于生活上的这一变化，鲁迅后来写下了一段有名的话："有谁从小康人家而坠入困顿的么，我以为在这途路中，大概可以看见世人的真面目；我要到 N 地进 K 学堂去了，仿佛是想走异路，逃异地，去寻求别样的人们。我的母亲没有法，办了八元的川资，说是由我的自便；然而伊哭了，这正是情理中的事，因为那时读书应试是正路，所谓学洋务，社会上便以为是一种走投无路的人，只得将灵魂卖给鬼子，要加倍的奚落而且排斥的，而况伊又看不见自己的儿

[1] 沈从文：《从文自传·怀化镇》，《沈从文全集》第 13 卷，306 页。

子了。"[1]

沈从文写离家，情绪、心境十分不同。当母亲和人谈及让儿子去当兵的事情时，他正好泡在河水里，第二天就背了个小包袱上路了。"离开了家中的亲人，向什么地方去，到那地方去又做些什么，将来便有些什么希望，我一点儿也不知道。我还只是十四岁稍多点一个孩子，这分年龄似乎还不许可我注意到与家中人分离的痛苦。我又那么欢喜看一切新奇东西，听一切新奇声响，且那么渴慕自由，所以初初离开本乡时，深觉得无量快乐。"[2]一个即将展开的新世界和对宽阔自由生活的憧憬，唤起的会是一个少年的"无量快乐"！

其实一个小兵动荡不安的军中生活充满了艰难和辛酸，但对那颗不知餍足地渴求新鲜养分来滋育和扩充的心灵来说，他的注意力多被自然与人事的现象及其体会占去了。"各种生活营养到我这个魂灵，使它触着任何一方面时皆若有一闪光焰。""凭一种无挂无碍到处为生的感情，接近了自然的秘密。我爬上一个山，傍近一条河，躺到那无人处去默想，漫无涯涘去作梦，所接近的世界，似乎皆更是一个结实的世界。"[3]"那地方既有小河，我当然也欢喜到那河边去，独自坐在河岸高崖上，看船只上滩。那些

1 鲁迅：《〈呐喊〉自序》，《鲁迅全集》第 1 卷，415—416 页。

2 沈从文：《从文自传·辰州》，《沈从文全集》第 13 卷，296 页。

3 沈从文：《从文自传·保靖》，《沈从文全集》第 13 卷，339、337 页。

船夫背了纤绳，身体贴在河滩石头上，那点颜色，那种声音，那派神气，总使我心跳。那光景实在美丽动人，永远使人同时得到快乐和忧愁。当那些船夫把船拉上滩后，各人伏身到河边去喝一口长流水，站起来再坐到一块石头上，把手拭去肩背各处的汗水时，照例总很厉害的感动我。”这些经验、体会、感动，不会浪费，一点一滴都融进了一个成长着的生命里面，就连换防路上过了些用木头编成的渡筏，“那些渡筏的印象，十年后还在我的记忆里，极其鲜明占据了一个位置”。[1]《从文自传》校改的时候，沈从文特意在说到茶峒的渡筏后加了一句：“《边城》即由此写成。”[2]

有意思的是，同一段经历，在后来的不同时期、不同情境中回想起来，感受会很不一样，或者说，感受的侧重点很不一样。在一九八〇年的自传《附记》里，沈从文就说，读这部自传，“部分读者可能但觉得‘别具一格，离奇有趣’。只有少数相知亲友，才能体会到近于出入地狱的沉重和辛酸”。又说自己在湘西的经历是“二十年噩梦般的恐怖黑暗生活”。[3]而在一九四九年写的《一个人的自白》里，沈从文写了一段与鲁迅的感慨可说是同出一辙的话：“有谁在旧军阀时代，未成年时由衰落过的旧家

---

1 沈从文：《从文自传·一个大王》，《沈从文全集》第13卷，345—346页。

2 同上注，344页。

3 沈从文：《从文自传·附记》，《沈从文全集》第13卷，367页、368页。

庭，转入到一个陌生杂牌部队，作过五年以上的小护兵司书的没有？若你们中有那么一个人，会说得出生活起始，将包含多少酸辛。这也是人生？就是人生。我就充分经验过这种人生。这里头包含了一片无从提及的痛苦现实。你们女人中有作过小丫头童养媳的没有？作过□□小商店的学徒，必须侍候许多人烟茶，并将一切小过失推置于她身上承担的职务没有？若有那么一个人，也会说得出相似不同痛苦生活经验。”但他接下去说：“否定因之在我生命中生长。我的生命并没有对困辱屈服。我总要想方法抵抗，不受这个传统力量和环境征服或压倒。‘旧家世’固然容易使一个纨绔子堕落，却帮助了我个人在困难绝望中挣扎。一面随环境流转，一面从学习上找新机会。”[1]

重要的是有了这个“否定”，把困苦屈辱逆转成生命中正面、积极、肯定的力量和追求。

六、对于人类智慧光辉的领会

建构生命的另一种东西在成长的过程中不断变换着形式出现，而且日益显示其重要性和沉潜的影响力，这种东西，沈从文把它和人事生活、自然现象这两类并列，称为人类智慧的光辉。

---

1 沈从文：《一个人的自白》，《沈从文全集》第27卷，9页。

沈从文在军中作司书，碰到司令部姓文的秘书官晒书，“我看到他有两本厚厚的书，字那么细小，书却那么厚实，我竟吓了一跳”。文秘书说这是宝贝，天下什么都写在上面，“这样说来更使我敬畏了。我用手摸摸那书面，恰恰看到书脊上两个金字，我说：‘《辞源》,《辞源》。’”文秘书不仅让他知道了有《辞源》这样的书，还诱发几个人合订了一份《申报》。不被允许翻看《辞源》那宝书的时候，他就看《秋水轩尺牍》《西游记》，或者练字，描画戏台前的浮雕。[1]

有一段时间，他因为所在部队全军覆没被遣散，到芷江投亲，舅父黄巨川同姨父熊捷三每天作诗，他替他们抄诗，开始学写小楷字。不久就自己做点半通不通的五律七律，恰巧又自以为爱上了一个女孩子而且为那女孩子所爱，就无日无夜作情诗，结果是被骗去很多钱。在这个时期，接触到外国文学，那是姨父家中的两大箱商务印行的《说部丛书》，“这些书便轮流作了我最好的朋友。我记得迭更司的《冰雪姻缘》《滑稽外史》《贼史》这三部书，反复约占去了我两个月的时间。我欢喜这种书，因为它告给我的正是我所要明白的。它不如别的书说道理，它只记下一些现象。即或它说的还是一种很陈腐的道理，但它却有本领把道理包含在现象中。我就是个不想明白道理却永远为现象所倾心的人”。[2]

---

[1] 沈从文：《从文自传·姓文的秘书》,《沈从文全集》第 13 卷，316—317 页。

[2] 沈从文：《从文自传·女难》,《沈从文全集》第 13 卷，323 页。

接着又去当兵。有谁能够想象，这个小兵的包袱里，有一本值六块钱的《云麾碑》，值五块钱的《圣教序》，值两块钱的《兰亭序》，值五块钱的《虞世南夫子庙堂碑》，还有一部《李义山诗集》。“这份产业现在说来，依然是很动人的。”[1]

后来，他在筸军统领官陈渠珍身边作书记约半年，日常的事务中有一件是保管整理大量的古书、字画、碑帖、文物，“这份生活实在是我一个转机，使我对于全个历史各时代各方面的光辉，得了一个从容机会去认识，去接近”。“无事可作时，把那些旧画一轴一轴的取出，挂到壁间独自来鉴赏，或翻开《西清古鉴》《薛氏彝器钟鼎款识》这一类书，努力去从文字与形体上认识房中铜器的名称和价值。再去乱翻那些书籍，一部书若不知道作者是什么时代的人时，便去翻《四库提要》。这就是说我从这方面对于这个民族在一段长长的年分中，用一片颜色，一把线，一块青铜或一堆泥土，以及一组文字，加上自己生命作成的种种艺术，皆得了一个初步普遍的认识。由于这点初步知识，使一个以鉴赏人类生活与自然现象为生的乡下人，进而对于人类智慧光辉的领会，发生了极宽泛而深切的兴味。”[2]

对于人类智慧光辉的领会，使人的性格发生了一些改变，特别是内部精神生活有了剧烈的变动，一个具体的表现是，“觉得

1 沈从文：《从文自传·一个大王》，《沈从文全集》第13卷，343页。
2 沈从文：《从文自传·学历史的地方》，《沈从文全集》第13卷，355、356页。

异常寂寞”。“我需要几个朋友，那些老朋友却不能同我谈话。我要的是个听我陈述一分酝酿在心中十分混乱的感情。我要的是对于这种感情的启发与疏解，熟人中可没有这种人。”可是不久姨父聂仁德来了，他就去听这个姨父谈“宋元哲学”，谈“大乘”，谈“因明”，谈“进化论”。“但这么一来，我的幻想更宽，寂寞也就更大了。”“我总仿佛不知道应怎么办就更适当一点。我总觉得有一个目的，一件事业，让我去做，这事情是合于我的个性，且合于我的生活的，但我不明白这是什么事业，又不知用什么方法即可得来。”[1]

就在这个时候，一个转机来了。沈从文调进陈渠珍办的报馆作校对，从长沙来了个受五四运动影响的印刷工人，带来好些新书新杂志，沈从文很快就对新书“投了降”，“不再看《花间集》，不再写《曹娥碑》，却喜欢看《新潮》《改造》了”。“为了读过些新书，知识同权力相比，我愿意得到智慧，放下权力。我明白人活到社会里应当有许多事情可作，应当为现在的别人去设想，为未来的人类去设想，为自己一点点理想受苦，不能随便马虎过日子，不能委屈过日子了。”[2]

他痴呆想了整四天，做出一个决定，到北京去。没过多久，他就在北京西河沿一家小客店的旅客簿上，写下——“沈从文年

---

1 沈从文：《从文自传·学历史的地方》，《沈从文全集》第 13 卷，357—358 页。

2 沈从文：《从文自传·一个转机》，《沈从文全集》第 13 卷，362 页。

二十岁学生湖南凤凰县人”，“便开始进到一个使我永远无从毕业的学校，来学那课永远学不尽的人生了”。[1]

由上面简单的叙述，我们来简单分析一下沈从文离开湘西时已经初步形成的知识文化结构。如果用大的知识文化概念，当然应当包括他从人生和自然中直接得来的东西，这是他个人生命经验中异常丰富而独特的东西，也是他自己强调了一生的东西；如果用小的概念，也就是通常用的概念，那也可以说，沈从文领受的人类智慧的光辉是非凡的，这其中，有中国古代的历史和艺术，他把在陈渠珍身边作书记的军部称为“学历史的地方”；当然有中国古代文学，也有意外碰到的西洋“说部”；还有刚刚开始接触便产生实际影响的“新文化”。无论如何，对这个高小毕业的军中小兵，绝不可以用学历来衡量他的知识文化。

这样我们也就可以明白，当沈从文刚刚开始写作的时候，连标点符号也不会用，又不懂白话文法，这虽然是事实，是他自己说的事实，但这事实却不表明他没有“文化”，只是表明他没有掌握新式标点、白话文法等新兴的文化形式和规则而已。我们热衷于传奇，直到今天仍然不时见到沈从文以小学文化而成为大作家、足见他创作上的天才等说法，《从文自传》却早就写出了一个小兵对人类历史文化知识的孜孜以求和悉心领会。

1 沈从文：《从文自传·一个转机》，《沈从文全集》第13卷，365页。

当二十一岁的军中书记从中国古代文物和艺术品中感受人类智慧的光辉时，当三十岁的小说家的自传写到“学历史的地方”来回忆这段经历时，他一定没有想到，他的后半生，是历史博物馆的馆员，一个文物工作者，最终取得辉煌成就的物质文化史专家和学者。当沈从文的传奇讲到这一节，其实应该想到生命的奇妙，想到生命远因的埋藏和延续，想到《从文自传》为未来的历史埋下的伏笔。

七、自传面向将来

写自传是回忆过去，是为了重温和整理以往的经验和历程而投诸写作行为。一般而言，这样的写作行为是面向过去的。

但是，我们一开始就提出，沈从文三十岁的时候就写自传，他个人内在的动因是什么？当这部自传结束的时候，我们发现，传主的形象已经确立起来，他经历的一切构成了一个独立、独特的自我；可是这个自我还没有施展，他将有什么样的作为还要留待后来。

也许可以说，正是借助自传的写作，沈从文从过去的经验中重新“发现”了使自我区别于他人的特别因素，通过对纷繁经验的重新组织和叙述，这个自我的形成和特质就变得显豁和明朗起来。

《庄子·寓言》讲“有自也而可”，就是说每一个人都有他自己的来源和历史，这个来源和历史造就了他现在的状态。所以一个人要认识自己，必得认识自己的“自”，那就需要沿着自己生命的来路去追索生命的来源和历史，这个沿途追索的过程，也就是重新探求生命来历的过程。这个过程，是有自觉意识的；这个过程的完成，是得其“自”。《从文自传》的写作，也正是沿途追索自己生命的来历。自传的完成，就是对这个自我的确认的完成。过往的经验和历程之所以有意义，之所以要叙述和值得叙述，就是因为要靠这个过程才能把自我确立起来。所以要确立这样一个自我，是为已经可以触摸到的将来而准备的。

基本上可以说，沈从文在三十岁的时候，通过《从文自传》的写作，找到了自己。

在此之前，沈从文写作十年，虽然发表了数量很多的作品，其中也有《柏子》《萧萧》《丈夫》等优秀的短篇小说，但就整体而言，还不能说他已经找到了自己，他自己进行的多种多样的文学实验，也表明他还处在不断探索的阶段。

但《从文自传》的完成，使他达到了另一个境界。找到了自己之后，最能代表自己个人特色的作品就呼之欲出了。果然，《边城》《湘行散记》接踵而来。巧的是，读者是在同一年份——一九三四年——见到这三部作品，《从文自传》七月出版，《边城》十月出版，《湘行散记》虽然要到一九三六年三月才结集出书，其中篇章的陆续发表，却是从一九三四年开始的。

沈从文的学生汪曾祺说《从文自传》是“一本奇妙的书”，“这是一本文学自传。它告诉我们一个人是怎样成为作家的，一个作家需要具备哪些素质，接受哪些‘教育’”。[1]又说：“沈先生这本书实可称为一本‘美的教育’。我就是从这本薄薄的小书里学到很多东西，比读了几十本文艺理论书还有用。”[2]

从文学，从作家成长的角度来看，汪曾祺说得非常好。而且当时沈从文写这本书时自觉的意识里面，一个人是怎么成为作家的，确实可能是中心。可是今天，我们回看沈从文的一生，如果仅仅把这本书的意义局限在文学里面，就可能把这本自传看“小”了。

对于更加漫长的人生来说，自我确立的意义就不仅仅是文学上的了；这个确立的自我，要去应对各种各样的挫折、苦难和挑战，要去经历多重的困惑、痛苦的毁灭和艰难的重生，在生命的终结处，获得圆满。

1 汪曾祺：《与友人谈沈从文》，《晚翠文谈新编》，北京：生活·读书·新知三联书店，2002 年，170、171 页。

2 汪曾祺：《沈从文的寂寞》，《晚翠文谈新编》，189 页。

第二讲

《湘行书简》：

一条河与一个人

一、奇特的写作情景

一九三四年一月七日，沈从文从北平启程回家乡凤凰，探望病危的母亲。这是他一九二三年离开湘西后第一次返乡，历时近一个月，其中路上走了二十五天，在家住了三天。行程中，沈从文给张兆和写了近五十封信，回到北平后，这些书信经过整理加工，以系列散文的形式发表，后结集成《湘行散记》。

《湘行散记》里的篇章，一九三四、一九三五年都已经发表，书是一九三六年商务印书馆初版的。但《湘行散记》的“底本”，沿途书信，却要到一九九一年由沈虎雏整理、编辑成《湘行书简》，编入《沈从文别集·湘行集》，一九九二年由岳麓书社出版。《沈从文全集》即据岳麓书社初版文本收入。

《湘行书简》以沈从文刚离北平时张兆和写给沈从文的三封信为“引子”，以沈从文回到北平后给大哥沈云六的一封信为“尾声”，中间主体部分是沈从文写给张兆和的信，计三十四封。这些信，除一两封外，都是在湘西沅水的小船上写的。水上旅程从桃源起始，到再回桃源结束，小船在一条河里上行或者下行，沈从文坐在小小的船舱里，心随情境流转，同时也就落笔把所闻所见所感所想写下来，报告给新婚不久的妻子。

这样的写作情景——在一条河上，在河上的一条小船里，一天连着一天，写一封接着一封的长长的信——是稀见的；更为奇妙的是，这条流动不息的河，不仅构成了这些书简的外部写作环境，而且成为这些书简的内部核心成分，不妨说，这些书简就是关于这条河的。所写一切，几乎无不由这条河而起，甚至连写作者本身，其精神构成，也往往可见这条河的参与和渗透。

> 看看船走动时的情形，我还可以在上面写文章，感谢天，我的文章既然提到的是水上的事，在船上实在太方便了。倘若写文章得选择一个地方，我如今所在的地方是太好了一点的。不过我离得你那么远，文章如何写得下去。“我不能写文章，就写信。”我这么打算，我一定做到。我每天可以写四张，若写完四张事情还说不完，我再写。[1]

二、没有定见、定位、定向、定范围的“看”

沈从文是个喜欢“看”的人。他曾经说：“我就是个不想明白道理却永远为现象所倾心的人。我看一切，却并不把那个社会价值搀加进去，估定我的爱憎。我不愿向价钱上的多少来为百物作一个好坏批评，却愿意考查它在我官觉上使我愉快不愉快的分量。我永远不厌倦的是‘看’一切。宇宙万汇在动作中，在静止

[1] 沈从文：《湘行书简·小船上的信》，《沈从文全集》第11卷，120页。

中，我皆能抓定她的最美丽与最调和的风度，但我的爱好却不能同一般目的相合。我不明白一切同人类生活相联结时的美恶，另外一句话说来，就是我不大能领会伦理的美。接近人生时我永远是个艺术家的感情，却绝不是所谓道德君子的感情。”[1]

“看”，却并不在“看”的时候为一般的社会价值所局限，这样“眼光”才放得开；同时，因为并不以在现象之外的一般社会价值为个人的立足点，为评判现象的尺度，这样也就抛弃了自以为是的优越感和自以为置身事外的位置，而是在宇宙万汇的动静之中“看”宇宙万汇的动静，个人的“看”也就融入宇宙万汇的动静之中。所以沈从文的“看”，突出的并不是“看”的个人和“看”的“有色眼镜”，而是直接“看”到的现象。本来这并不应该是一个需要特别提出来讨论的问题，但事实上，在现代中国文学中（甚至应该扩大到更广泛的领域），通过“看”所显示出来的，往往并不是直接“看”到的现象，而是“看”的行为本身，是“看”的个人及其“看”的理论装备和价值预设；这样的“看”，实质上恐怕是“看”不到自身以外的东西的，至少，并不能不经过理论和价值的中介而直接“看”到自在的现象。

当然，这里的“看”指的并不只是“眼睛”这一官的功能，而是代表全部“官觉”的感受，举凡颜色、声音、气味等等，皆

1 沈从文：《从文自传·女难》，《沈从文全集》第 13 卷，323 页。

在其中。

沈从文“看”到了些什么呢？

他在路上“看到个帖子很有趣”，就一字不改地抄下来：“立招字人钟汉福，家住白洋河文昌阁大松树下右边，今因走失贤媳一枚，年十三岁，名曰金翠，短脸大口，一齿凸出，去向不明。若有人寻找弄回者，赏光洋二元，大树为证，决不吃言。谨白。”并说：“这人若多读些书，一定是个大作家。”[1]

你也许会觉得，这似乎没有什么意思；那么，再看：

> 三三，这河面静中有个好听的声音，是弄鱼人用一个大梆子，一堆火，搁在船头上，河中下了拦江钓，因此满河里去擂梆子，让梆声同火光把鱼惊起，慌乱的四窜便触了网。这梆声且轻重不同，故听来动人得很。……
>
> 我小船泊的地方是潭里，因此静得很，但却有种声音恐怕将使我睡不着。船底下有浪拍打，叮叮当当的响。时间已九点四十分，我的确得睡了……
>
> 弄鱼的梆声响得古怪，在这样安静地方，却听到这种古怪声音，四丫头若听到，一定又惊又喜。这可以说是一首美丽的诗，也可以说一种使人发迷着魔的符咒。因为在这种声

1 沈从文：《湘行书简·在桃源》，《沈从文全集》第 11 卷，116 页。

音中，水里有多少鱼皆触了网，且同时一定也还有人因此联想到土匪来时种种空气的。三三，凡是在这条河里的一切，无一不是这样把恐怖、新奇同美丽揉和而成的调子！[1]

或者还是没有什么感觉，那么，再看看这样的情形：

我小船停了，停到鸭窠围。中时候写信提到的“小阜平冈”应当名为“洞庭溪”。鸭窠围是个深潭，两山翠色逼人，恰如我写到翠翠的家乡。吊脚楼尤其使人惊讶，高矗两岸，真是奇迹。两山深翠，惟吊脚楼屋瓦为白色，河中长潭则湾泊木筏廿来个，颜色钱黄。地方有小羊叫，有妇女锐声喊“二老”，“小牛子”，且听到远处有鞭炮声，与小锣声。到这样地方，使人太感动了。四丫头若见到一次，一生也忘不了。你若见到一次，你饭也不想吃了。

……

现在已八点半了，各处还可听到人说话，这河中好像热闹得很。我还听到远远的有鼓声，也许是人还愿。风很猛，船中也冰冷的。但一个人心中倘若有个爱人，心中暖得很，全身就冻得结冰也不碍事的！这风吹得厉害，明天恐要大

1 沈从文：《湘行书简·潭中夜渔》，《沈从文全集》第 11 卷，178—179 页。

雪。羊还在叫，我觉得希奇，好好的一听，原来对河也有一只羊叫着，它们是相互应和叫着的。我还听到唱曲子的声音，一个年纪极轻的女子喉咙，使我感动得很。我极力想去听明白那个曲子，却始终听不明白。我懂许多曲子。想起这些人的哀乐，我有点忧郁。因这曲子我还记起了我独自到锦州，住在一个旅馆中的情形，在那旅馆中我听到一个女人唱大鼓书，给赶骡车的客人过夜，唱了半夜。我一个人便躺在一个大炕上听窗外唱曲子的声音，同别人笑语声。这也是二哥！那时节你大概在暨南读书，每天早上还得起床来做晨操！命运真使人惘然。[1]

你也许感觉着点什么了，但不是很明晰；那么就再看下去：

假若你见到纸背后那个地方，那点树，石头，房子，一切的配置，那点颜色的柔和，你会大喊大叫。不瞒你，我喊了三声！……这时一点儿风没有，天气且放了晴，薄薄的日头正照在我头上。我坐的地方是梢公脚边，他的桨把每次一推仿佛就要磕到我的头上，却永远不至于当真碰着我。河水已平，水流渐缓，两岸小山皆接连如佛珠，触目苍翠如江南

1 沈从文：《湘行书简 · 夜泊鸭窠围》，《沈从文全集》第 11 卷，151、153—154 页。

> 的五月。竹子、松、杉，以及其他常绿树皆因一雨洗得异常干净。山谷中不知何处有鸡叫，有牛犊叫，河边有人家处，屋前后必有成畦的白菜，作浅绿色。小埠头停船处，且常有这种白菜堆积成A字形，或相间以红萝卜。三三，我纵有笔有照相器，这里的一切颜色，一切声音，以至于由于水面的静穆所显出的调子，如何能够一下子全部捉来让你望到这一切，听到这一切，且计算着一切，我叹息了。我感到生存或生命了。三三，我这时正像上行时在辰州较下游一点点和尚洲附近，看着水流所感到的一样。我好像智慧了许多，温柔了许多。[1]

读到这里，你也许可以感受到那使他“智慧了许多，温柔了许多”的东西，你明白这一点；可是，你不明白的是，为什么他说“感到生存或生命了”？这一句话是不是太突兀了？为什么那些自然景物和自然化的普通人生活的日常景象，会让他“感到生存或生命”呢？

这些问题留到后面。

这里我们先来看更“表面”的问题。沈从文是在一条移动的船上“看”景物的，他描述景物是即时性的，就是随着船的移动

1 沈从文：《湘行书简·过新田湾》，《沈从文全集》第11卷，212—213页。

边“看”边写，这个特点，从景物这方面来讲，是没有一个限定的范围，不是“看”某一处或几处的景物，而是船走到哪里“看”到哪里；从“看”这方面讲，是没有一个固定的视角，也没有一个固定的方向，这样的“看”不是“透视”，而是在不断变换的位置上“看”向不同的地方。从内在的“看”的观念上来说，我们在前面讲过，沈从文喜欢“看”却不为一般社会价值限定“眼光”，也就是心中没有“定见”；而从外在的“看”的方式来说，又是没有“定位”“定向”“定范围”的，这就使得沈从文的景物描写很“活泛”，流动不居，不是“死”的。有人说沈从文的景物描写清澈透明，但也很“表面”，没有“深度”，如果这个话不是用来挑剔和指责的，我倒同意；非但同意，而且要说这也正是沈从文的“好”。从“看”来说，“深度”是“焦点透视”产生的，要产生出“深度”，一定要有“定见”“定位”“定向”“定范围”，也就是说，一定要把“眼光”所及的东西对象化，用“眼光”去“占有”景物，使景物屈从于“眼光”，以便“攫取”景物而产生出解释的“深度”。沈从文的“看”，却不是“占有”式的，他虽然未必达到庄子所说的“使物自喜”的境界，却也庶几近之，因为有意无意间习得了“至人无为，大圣不作，观于天地之谓也”的观物方式。

这样的观物方式，因在一条船上的客观环境而表现得特别突出，但即便是在其他作品中，沈从文的景物描写其实也是如此。

一般说来，沈从文的景物描写很受推崇，不过多数人只是从用字、用词的贴切和语言的独特性等方面来说明他的景物描写之好，诚然不错，但根本还在观物方式以及观物的传达方式上。就此而言，沈从文从传统中国的观感传达方式上受惠多多，且深入骨髓。

三、沈从文作品里的人，与启蒙的新文学里的人不同

沈从文在桃源雇了一条小船，水手三人，舵手五十多岁，前舱板一个大人，一个孩子，“两个人的职务是船在滩上时，就撑急水篙，左边右边下篙，把钢钻打得水中石头作出好听的声音。到长潭时则荡桨，躬起个腰推扳长桨，把水弄得哗哗的，声音也很幽静温柔。到急水滩时，则两人背了纤索，把船拉去，水急了些，吃力时就伏在石滩上，手足并用的爬行上去”。[1]

沈从文谈起这些水手，似乎有说不完的话。他兴致勃勃地听他们说“野话”——城里人会把这叫作“脏话”，沈从文却称为“野话”，“野”和“脏”的区别就太大了；他仔仔细细地计算他们每天可得多少钱；他知道每天两毛钱从天亮拉到天黑的船夫在这条河里有三十万，他熟悉他们的希望、高兴和不高兴。“他们

1 沈从文：《湘行书简·小船上的信》，《沈从文全集》第 11 卷，120 页。

的希望只是多吃一碗饭，多吃一片肉，拢岸时得了钱，就拿去花到吊脚楼上女人身上去，一回两回，钱完事了，船又应当下行了。天气虽有冷热，这些人生活却永远是一样的。他们也不高兴，为了船搁浅，为了太冷太热，为了租船人太苛刻。他们也常大笑大乐，为了顺风扯篷，为了吃酒吃肉，为了说点粗糙的关于女人的故事。他们也是个人，但与我们都市上的所谓‘人’却相离多远！一看到这些人说话，一同到这些人接近，就使我想起一件事情，我想好好的来写他们一次。我相信我若动手来写，一定写得很好。但我总还嫌力量不及，因为本来这些人就太大了。”[1]为什么说这些人“太大了”呢？过后不久，他说起这些人的生活，又写道：“真可以说是庄严得很！”[2]

“大”，“庄严”，可不是不知情的廉价的赞美。沈从文很清楚，水面上人生活很悲惨，就连船主做鸦片烟生意也无利可图，地方经济一天比一天坏。水不只是美丽的景致，它的可怕处水手们最懂得。他船上的那个一毛钱一天的小水手，过险滩时一下子被篙子弹到水里，侥幸被救起后抱着桅子荷荷地哭。“我现在方明白住在湘西上游的人，出门回家家中人敬神的理由。从那么一大堆滩里上行，所依赖的固然是船夫，船夫的一切，可真靠天

[1] 沈从文：《湘行书简 · 水手们》，《沈从文全集》第 11 卷，129 页。

[2] 沈从文：《湘行书简 · 忆麻阳船》，《沈从文全集》第 11 卷，134 页。

了。”[1]纵然如此，这些人的日常生活，依然有声有色，在沈从文看来，这是“多动人的图画！”“提到这些时我是很忧郁的，因为我认识他们的哀乐，看他们也依然在那里把每个日子打发下去，我不知道怎么样总有点忧郁。正同读一篇描写西伯利亚方面农人的作品一样，看到那些文章，使人引起无言的哀戚。我如今不止看到这些人生活的表面，还用过去一份经验接触这种人的灵魂。真是可哀的事！我想我写到这些人生活的作品，还应当更多一些！”[2]

中国新文学的发生，是和“人的文学”的倡导为一体的，而新文学对“人”的发现，又是与现代中国的文化启蒙紧密纠缠在一起的。在相当长一段时间里，新文学担当了文化启蒙的责任，新文学作家自觉为启蒙的角色，在他们的“人的文学”中，先觉者、已经完成启蒙或正在接受启蒙过程中的人、蒙昧的人，似乎处在不同的文化等级序列中。特别是蒙昧的人，他们占大多数，从而构成了中国社会文化的基本状况。而这个基本状况是要被新文化改变甚至改造的，所以这蒙昧的民众就成为文学的文化批判、启蒙、救治的对象。

如果按照这样一个大的文化思路和文学叙事模式，沈从文湘

1 沈从文：《湘行书简·滩上挣扎》，《沈从文全集》第 11 卷，169 页。

2 沈从文：《湘行书简·夜泊鸭窠围》，《沈从文全集》第 11 卷，152 页。

西题材作品里的人物，大多应该处在被启蒙的位置。但沈从文没有跟从这个模式。他似乎颠倒了启蒙和被启蒙的关系，他的作品的叙述者，和作品中的人物比较起来，并没有处在优越的位置上，相反这个叙述者却常常从那些愚夫愚妇身上受到“感动”和“教育”。而沈从文作品的叙述者，常常又是与作者统一的，或者就是同一个人。

在这个意义上，沈从文下面的这段话就不能仅仅被看作是自负：

> 这种河街我见得太多了，它告我许多知识，我大部提到水上的文章，是从河街认识人物的。我爱这种地方、这些人物。他们生活的单纯，使我永远有点忧郁。我同他们那么“熟”——一个中国人对他们发生特别兴味，我以为我可以算第一位！……我多爱他们，五四以来用他们作对象我还是唯一的一人！[1]

更核心的问题，还不在于沈从文写了别人没有写过的这么一些人，而在于，当这些人出现在沈从文笔下的时候，他们不是作为愚昧落后中国的代表和象征而无言地承受着“现代性”的批判，他们是以未经“现代”洗礼的面貌，呈现着他们自然自在的

1 沈从文：《湘行书简·河街想象》，《沈从文全集》第 11 卷，132—133 页。

生活和人性。

不过，作为新文学作家的沈从文，身处启蒙的大潮中，有时也不免受其熏染，以致产生疑惑。他的小船因为需要加了个临时纤手，是个老头，看到那个老头为一点点钱那么出力，他就想："这人为什么而活下去？他想不想过为什么活下去这件事？"继而联想到："我这十天来所见到的人，似乎皆并不想起这种事情的。城市中读书人也似乎不大想到过。可是，一个人不想到这一点，还能好好生存下去，很希奇的。三三，一切生存皆为了生存，必有所爱方可生存下去。多数人爱点钱，爱吃点好东西，皆可以从从容容活下去。这种多数人真是为生而生的。但少数人呢，却看得远一点。为民族为人类而生。这种少数人常常为一个民族的代表，生命放光，为的是他会凝聚精力使生命放光！我们皆应当莫自弃，也应当得把自己凝聚起来！"[1]

多数人不追问生命的意义而活着，少数人因为自觉而为民族的代表，使生命放光，这是比较典型的五四新文化的思维和眼光。

但是很快，就在当天下午的信里，沈从文就否定了自己中午时候的疑问。这个时候的沈从文，到达了自己第一次出门离家

1 沈从文：《湘行书简·横石和九溪》，《沈从文全集》第 11 卷，184—185 页。

“混日子”的辰州河段，他站在船上看水，也仿佛照见了本真的自己：

三三，我因为天气太好了一点，故站在船后舱看了许久水，我心中忽然好像彻悟了一些，同时又好像从这条河中得到了许多智慧。三三，的的确确，得到了许多智慧，不是知识。我轻轻的叹息了好些次。山头夕阳极感动我，水底各色圆石也极感动我，我心中似乎毫无什么渣滓，透明烛照，对河水，对夕阳，对拉船人同船，皆那么爱着，十分温暖的爱着！我们平时不是读历史吗？一本历史书除了告我们些另一时代最笨的人相斫相杀以外有些什么？但真的历史却是一条河。从那日夜长流千古不变的水里石头和砂子，腐了的草木，破烂的船板，使我触着平时我们所疏忽了若干年代若干人类的哀乐！我看到小小渔船，载了它的黑色鸬鹚向下流缓缓划去，看到石滩上拉船人的姿势，我皆异常感动且异常爱他们。我先前一时不还提到过这些人可怜的生，无所为的生吗？不，三三，我错了。这些人不需要我们来可怜，我们应当来尊敬来爱。他们那么庄严忠实的生，却在自然上各担负自己那分命运，为自己，为儿女而活下去。不管怎么样，却从不逃避为了活而应有的一切努力。他们在他们那分习惯生活里、命运里，也依然是哭、笑、吃、喝，对于寒暑的来临，更感觉到这四时交递的严重。三三，我不知为什么，我感动得很！我希望活得长一点，同时把生活完全发展到我自己这份工作上来。我会用我自己的力量，为所谓人生，解释得比任何人皆庄严些与透入些！三三，我看久了水，从水里的石头得到一点平时好像不能得到的东西，对于人生，对于爱憎，仿佛全然与人不同了。我觉得惆怅得很，我总像看得太深太远，对于我自己，便成为受难者了。这时节我软弱得很，因为我爱了世界，爱了人类。三三，倘若我们这时正是两人同在一处，你瞧我眼睛湿到什么样子！[1]

用文字书写的历史，关注的是诸如战争、暴力、王朝更迭之类的东西，而无视千百年来这些历史之外的人的哀乐、努力和命运，但是这条河却蕴藏了他们的令人感动、令人产生智慧和爱的丰富历史信息。从这个意义上说，真的历史是一条河。河里的石头和砂子，河上的船和船夫，岸边的码头、河街和居民，他们代表了远比相斫相杀的历史更为久远恒常同时又现实逼真的生存和价值。明白了为什么历史是一条河，也就明白前面我们提出的问题：为什么那些自然景物和自然化的普通人生活的日常景象，会让沈从文“感到生存或生命”。

1 沈从文：《湘行书简·历史是一条河》，《沈从文全集》第 11 卷，188—189 页。

四、沈从文的文学世界比人的世界大

在这里我们必须意识到，当沈从文说这条河的时候，不仅仅指的是这条河的自然形态，与这条河有关的一切人事都包含在其中。也就是说，人事并没有从这条河中分离出来，而只是其中的部分。沈从文写这条河，写的不只是我们今天所理解的那个自然，也不只是我们今天所说的人事。自然和人事并没有像在我们今天的理解中那样处于分离的、并立的状态，在沈从文的文学构图中，人事常常就是自然有机的一部分。而当沈从文说历史是一条河的时候，他的历史所指的，也并不仅仅是我们今天所惯见的人事的历史。

这么说，沈从文的文学世界就不仅仅是人的世界，而是要比人的世界大。沈从文就因为常常感受到这个大于人的世界而叹息和忧愁。“我这时真有点难过，因为我已弄明白了在自然安排下我的蠢处。人类的语言太贫乏了。单是这河面修船人把麻头塞进船缝敲打的声音，在鸡声人声中如何静，你没有在场，你从任何文字上也永远体会不到的！我不原谅我的笨处，因为你得在我这枝笔下多明白些，也分享些这里这时的一切！三三，正因为我无法原谅自己，我这时好像很忧愁。在先一时我以为人类是个万能的东西，看到的一切，并各种官能感到的一切，总有办法用点什么东西保留下来，我且有这种自信，我的笔是可以作到这件事情的。现在我方明白我的力量差得远。毫无可疑，我对于这条河中的一切，经过这次旅行可以多认识了一些，此后写到它时也必更动人一些，在别人看来，我必可得到‘更成功’的谀语，但在我自己，却成为一个永远不能用骄傲心情来作自己工作的补剂那么一个人了。我明白我们的能力，比自然如何渺小，我低首了。这种心境若能长久支配我，则这次旅行，将使我人事上更好一些……”[1]

近代以来我们所理解的自然，是被我们对象化、图像化了的自然，所以我们虽然欣赏和赞叹沈从文的景物描写之美，欣赏和赞叹沈从文作品中的自然美，却全然不能领会他的自然观中与“天地有大美而不言”相联的天地大美，当然也就更不能理解与“天地不仁以万物为刍狗”相联的天地不仁。天道，地道，人道，人道仅居其间，我们却只承认人道，只在人道中看问题，只从人道看自然，自然也就被割裂和缩小为人的对象了。但其实，天地运行不息，山河浩浩荡荡，沈从文的作品看起来精致纤巧，却蕴藏着一个大的世界的丰富信息，自然在他的作品中，岂止是这样那样的景物描写？

沈从文对一个比人大的世界的感受，与五四以来唯人独尊的观念正相对。五四以来的文学的世界，基本也就是人的世界，个

1 沈从文：《湘行书简·过新田湾》，《沈从文全集》第 11 卷，213—214 页。

人、集体、社会，权力、制度、文化，这之间的纠缠、联结和冲突，无不是人的世界的纠缠、联结和冲突。沈从文的文学里却有比人大的世界。沈从文的大，也在于他的世界的大。他为什么老是要说他对人的理解和城市中人、和读书人的理解不同呢？一个根本的原因是，城市中人、读书人对人的理解，只是在人的世界中理解人，而他却在对一个比人大的世界的感受中理解人。

五、在这条河上的过往生命经验和他的文学

沈从文在这条河上思绪万千，感情激动，有时会到不能自已的程度。这条河和他过去的生命连结得太深刻了，重游故地，不能不是对过去生命的经验温习。有时候他恍惚就回到了过去："我仿佛还是十多年前的我，孤孤单单，一身以外别无长物，搭坐一只装载军服的船只上行，对于自己前途毫无把握，我希望的只是一个四元一月的录事职务，但别人不让我有这种机会。我想读点书，身边无一本书。想上岸，又无一个钱。到了岸必须上岸去玩玩时，就只好穿了别人的军服，空手上岸去，看看街上一切，欣赏一下那些小街上的片糖，以及一个铜元一大堆的花生。灯光下坐着扯得眉毛极细的妇人。回船时，就糊糊涂涂在岸边烂泥里乱走，且沿了别人的船边'阳桥'渡过自己船上去，两脚全是泥，刚一落舱还不及脱鞋，就被船主大喊：'伙计副爷们，脱

鞋呀。’到了船上后，无事可做，夜又太长，水手们爱玩牌的，皆蹲坐在舱板上小油灯下玩牌，便也镶拢去看他们。这就是我，这就是我！三三，一个人一生最美丽的日子，十五岁到廿岁，便恰好全是在那么情形中过去了，你想想看，是怎么活下来的！万想不到的是，今天我又居然到这条河里，这样小船上，来回想温习一切的过去！”[1]

这里面，当然有对身世、命运的感慨之至，却不仅仅止于此。对过往经验的回想和叙述，也就是对过往经验的一种肯定形式，这种肯定，再深一层，就是对过往经验所造就的自我的肯定。在沈从文的意识里，他的自我不是脱离了这种经验、生活有了转机之后才产生、成长和发展起来的，不是，他的自我的确立，其实发生于被后来的生活埋藏起来的早年经验里，这条河上的经验是其中特别重要的部分。当小船上行，还没到辰州的时候，沈从文就迫不及待地在信里说到这个地方，他离开凤凰出门当兵，就是这个地方，他的小说《柏子》停船的地方也就是这里。“我的教育大部分从这地方开始，同时也从这地方打下我生活的基础。一个人生活前后不同，记忆的积累，分量可太重了。不管是曹雪芹那么先前豪华，到后落寞，也不管像我那么小时孤独，近来幸福，但境遇的两重，对于一个人实在太惨了。我直到

1 沈从文：《湘行书简·夜泊鸭窠围》，《沈从文全集》第 11 卷，153 页。

如今，总还是为过去一切灾难感到一点忧郁。便是你在我身边，那些死去了的事，死去了的人，也仍然常常不速而至的临近我的心头，使我十分惆怅的。至于你，你可太幸福了。你只看到我的一面，你爱我，也爱的是这个从一切生活里支持过来，有了转机的我，你想不到我在过去，如何在一个陌生社会里打发一大堆日子，绝想不到！”[1]

沈从文的文学，也植根于过往的生命经验。他在书信里多次提到他小说里的人物，他说到柏子和翠翠的时候，给人一种特别的感觉，觉得就是在说一个现实中的人，一个他生活和生命里的人。你听听他说话的口气：“三三，我已到了‘柏子’的小河，而且快要走到‘翠翠’的家乡了！”[2]“我的船昨天停泊的地方就是我十五年前在辰州看柏子停船的地方。”[3]“柏子上岸胡闹那一天，正是飞毛毛雨的日子。”[4]这似乎有点把文学和现实“混淆”，但是从这亲切的“混淆”当中，你不是能够觉察到沈从文的文学和现实经验之间的那种不一般的紧密性吗？

这条河上的过往经验塑造和确立了自我，如今在这条河上，沈从文对自己的文学，对自己文学的将来，充满了强烈的自信。

---

1 沈从文：《湘行书简·泊杨家岨》，《沈从文全集》第 11 卷，175 页。
2 沈从文：《湘行书简·泸溪黄昏》，《沈从文全集》第 11 卷，195 页。
3 沈从文：《湘行书简·虎雏印象》，《沈从文全集》第 11 卷，192 页。
4 沈从文：《湘行书简·泊杨家岨》，《沈从文全集》第 11 卷，174 页。

他在小船上校《月下小景》，“细细的看，方知道原来我文章写得那么细。这些文章有些方面真是旁人不容易写到的。我真为我自己的能力着了惊。但倘若这认识并非过分的骄傲，我将说这能力并非什么天才，却是耐心。我把它写得比别人认真，因此也就比别人好些。我轻视天才，却愿意人明白我在写作方面是个如何用功的人”。[1]“《月下小景》不坏，用字顶得体，发展也好，铺叙也好。尤其是对话。人那么聪明！二十多岁写的。”[2]快到辰州的时候，他产生了一个想法：“我想印个选集了，因为我看了一下自己的文章，说句公平话，我实在是比某些时下所谓作家高一筹的。我的工作行将超越一切而上。我的作品会比这些人的作品更传得久，播得远。我没有方法拒绝。我不骄傲，可是我的选集的印行，却可以使些读者对于我作品取精摘尤得到一个印象。”[3]这是沈从文第一次提到印选集的想法，两年后，厚厚的《从文小说习作选》由上海良友图书印刷公司出版。

这条河成就着他，成就着他的文学。对着他远方的妻子，沈从文毫无顾忌地表达他对家乡这条河的“偏爱”和感念。他写道：“我总那么想，一条河对于人太有用处了。人笨，在创作上是毫无希望可言的。海虽俨然很大，给人的幻想也宽，但那种无

1 沈从文：《湘行书简·泊缆子湾》，《沈从文全集》第11卷，140页。
2 沈从文：《湘行书简·今天只写两张》，《沈从文全集》第11卷，143页。
3 沈从文：《湘行书简·横石和九溪》，《沈从文全集》第11卷，181—182页。

变化的庞大，对于一个作家灵魂的陶冶无多益处可言。黄河则沿河都市人口不相称，地宽人少，也不能教训我们什么。长江还好，但到了下游，对于人的兴感也仿佛无什么特殊处。我赞美我故乡的河，正因为它同都市相隔绝，一切极朴野，一切不普遍化，生活形式生活态度皆有点原人意味，对于一个作者的教训太好了。我倘若有什么成就，我常想，教给我思索人生，教给我体念人生，教给我智慧同品德，不是某一个人，却实实在在是这一条河。”[1]

六、私人信件和公开文本

《湘行书简》是写给新婚妻子的，是私人信件，不是用来公开发表的；公开发表的另有文本，那就是散文名作《湘行散记》。对着一个具体的人而且是亲密爱人说话，和对着匿名的公众读者说话，自然是不一样的，这就造成了这两个文本之间的差异。叙述时的口吻、感情、方式，甚至是用字、用词，都会不同；而叙述内容在取舍上的不同，是最明显的。

《湘行散记》原初的版本收文十一篇，其中《一个戴水獭皮帽子的朋友》《桃源与沅州》《箱子岩》《五个军官与一个煤矿工人》《老伴》《一个爱惜鼻子的朋友》这几篇里的地理与人事，在

[1] 沈从文：《湘行书简·滩上挣扎》，《沈从文全集》第11卷，171—172页。

书简中或只是简单地提过，或一句也没提。

《一个多情水手与一个多情妇人》和《虎雏再遇记》两篇，则是对书简中写到的情景和故事的扩充与发展，使之能够从书简连绵的叙述中独立出来，丰满自足。在后来编者题为《鸭窠围清晨》的信里，沈从文写道：清早起来，“只听到人隔河岸‘牛保，牛保，到哪囊去了？’河这边等了许久，方仿佛从吊脚楼上一个妇人被里逃出，爬在窗边答着‘宋宋，宋宋，你喊那样？早咧。’‘早你的娘！’‘就算早我的娘！’最后一句话不过是我想象的，因为他已沉默了，一定又即刻回到床上去了。我还估想他上床后就会拧了一下那妇人，两人便笑着并头睡下了的”。就是这么简单的情景，几声对话，却很触动沈从文，他接下去说：“这分生活真使我感动得很。听到他们的说话，我便觉得我已经写出的太简单了。我正想回北平时用这些人作题材，写十个短篇，或我告给你，让你来写。写得好，一定是种很大的成功。”[1]也许正是这个时候的感触和冲动，让他后来写出了《一个多情水手与一个多情妇人》，长七八千字，不仅写了牛保，还写了书简里没有的小妇人夭夭。

在这里我有个怀疑，就是《一个多情水手与一个多情妇人》编到散文集里，我们一般会把它当成纪实性的，但如果把书信和

1 沈从文：《湘行书简·鸭窠围清晨》，《沈从文全集》第 11 卷，160—161 页。

这个作品仔细对照的话，会发现这个作品里繁衍出来的很多东西，可能具有很大的虚构性质。在以纪实面貌出现的这个作品中，“我”作为叙述者和事实的见证人，是始终在场的，但书简并不能提供这方面的支持。书简中间有一页约九百字的缺失，这缺失的一页是否能提供支持呢？特别是，“我”曾经上岸，坐到人家的屋子里，碰见了小妇人夭夭，并且听别人说了她的故事，这样的经历到底是事实上发生的还是作者的创作，确实很难断定。作者最初动了写这样作品的念头时说，“我正想回北平时用这些人作题材，写十个短篇”，这里的“短篇”，理解成短篇小说，是顺理成章的。

不过我提出这个怀疑，并不是一定要把《一个多情水手与一个多情妇人》当成小说，而是要指出散文集里的这篇作品可能具有很大的虚构性；不仅如此，我还想进一步说，也许正是这可能存在的虚构性成就了这篇作品，使它能够丰满起来，独立出来，否则，它就只能是书简里的一个片断性的情景，几句没头没尾的对话，一个不甚了然的人物。

如果我再大胆一点，我还要说，可能在《湘行散记》的其他某几个篇章里，也多少存在着程度不等的虚构成分。作者多年后写《〈长河〉题记》，提到《湘行散记》，就说是“属小说游记”；[1]

---

[1] 沈从文：《〈长河〉题记》，《沈从文全集》第10卷，5页。

但我更想说的是，正是这些可能存在的恰当妥帖的虚构，非但没有造成《湘行散记》真实性的降低，反而把在某时某地事实上不够充分的真实，发展到它可能发展到的充分程度，换句话说，就是真实得到了实现。就此而言，虚构也成为成就《湘行散记》的一种成分，当然也得警惕，不可夸大这种成分的作用。

《湘行散记》里其余的三篇，《鸭窠围的夜》《一九三四年一月十八日》《辰河小船上的水手》，所写与书简大致相同，是书简相关内容的剪裁、整理、补充、修饰，而有时候干脆就是直接从书简里照搬过来的。这三篇，再加上《一个多情水手与一个多情妇人》，我以为是《湘行散记》里写得特别好的几篇。而相关的内容在书简里，也是书简中特别精彩的部分；它们在《湘行散记》里的“重现”，让人觉得理该如此。

最后还是回到书信这种形式的私人性质上来。这本来是“三三专利读物”，里面有儿女情长，有感人至深的爱的表达，非常自然。如果没有这么爱着的一个人，没有这么一个收信人和读信人，即使爱写信如沈从文，还会不会写出这么些信来，是大可怀疑的。但是，就是在这些因爱而产生的信里面，我们常见的那种儿女情长的私话却是很少的，沈从文写了那么多，不计巨细，细微如船舱底下流水的声音，重大如民族、生命、历史，甚至大到一个比人的世界更大的世界，而当这一切出现在书简里，同样也非常自然。现在我们常常谈到私人空间、个人空间的问题，这样特意地提出来强调，其实是把私人空间、个人空间狭窄化了，与一个更广阔的世界割裂了。私人空间、个人空间可以有多大呢？私人的爱的空间可以有多大呢？私人性质的写作、个人化写作，它的空间有多大呢？《湘行书简》可以做一个讨论的例子。

第三讲

●

《边城》：
这个世界有它的悲哀，却在困难中微笑

一、哪些因素酝酿了《边城》

《边城》最初连载于《国闻周报》第十一卷第一至四期（一九三四年一月一日至二十一日）、第十至十六期（三月十二日至四月二十三日），一九三四年由上海生活书店初版，一九四三年九月开明书店出版改订本。《沈从文全集》据开明书店改订本编入。

《边城》写的是湘西边境靠近川东的小城茶峒，不是沈从文的家乡小城凤凰。沈从文二十岁时随部队移防川东，经过这里，见过用木头编成的渡筏，他在《从文自传》里特意提到这种渡筏："那些渡筏的印象，十年后还在我的记忆里，极其鲜明占据了一个位置。（《边城》即由此写成。）"[1]括号里的话，当是自传校改的时候加上去的。沈从文一生见过许许多多的船，但那样的渡船，他跟汪曾祺说，平生只看见过一次，就是在茶峒附近的棉花坡。[2]

写作《边城》的缘起，首先得追溯到作者在茶峒这个地方的经验。"民十随部队入川，由茶峒过路，住宿二日，曾从有马粪城门口至城中二次，驻防一小庙中，至河街小船上玩数次。开拔日微雨，约四里始过渡，闻杜鹃极悲哀。是日翻上棉花坡，约高

1 沈从文：《从文自传·一个大王》，《沈从文全集》第 13 卷，344 页。

2 汪曾祺：《沈从文和他的〈边城〉》，《晚翠文谈新编》，197 页。

上二十五里，半路见路劫致死者数人。山顶堡砦已焚毁多日。”这些话，是作者一九四八年题写在《边城》初版样书上的一段文字的开头部分，这段文字作为《新题记》，遵照作者生前的要求，编入全集。[1]

《边城》原有《题记》，但多数时候不被重视；一些作品选本在选《边城》的时候也只有正文，不选《题记》。《新题记》收入全集前没发表过，却含有关于《边城》创作的重要信息。

在上面那段话后，《新题记》接着写：“民二十二至青岛崂山北九水路上，见村中有死者家人‘报庙’行列，一小女孩奉灵幡引路。因与兆和约，将写一故事引入所见。”此番情景，《水云》第四节有过交代：“故事上的人物，一面从一年前在青岛崂山北九水旁所见的一个乡村女子，取得生活的必然，一面就用身边黑脸长眉新妇作范本，取得性格上的素朴良善式样。一切充满了善，充满了完美高尚的希望，然而到处是不凑巧。既然是不凑巧，因之素朴的良善与单纯的希望终难免产生悲剧。”[2]这个印象一定是非常深刻的，在未曾完稿的自传的一章《关于西南漆器及其他》中，他又有描述：“还是一次去崂山玩时，路过一小乡村中，碰到人家有老者死亡，报庙招魂当中一个小女儿的哭泣，形

1 沈从文：《〈边城〉新题记》，《沈从文全集》第 8 卷，60 页。以下《新题记》引文同出该页。

2 沈从文：《水云》，《沈从文全集》第 12 卷，111 页。

成《边城》写作的幻念。记得当时即向面前的朋友许下愿心：'我懂得这个有丧事女孩子的欢乐和痛苦，正和懂得你的纯厚与爱好一样多一样深切。我要把她的不幸，和你为人的善良部分结合起来，好好用一个故事重现，作为我给你一件礼物。你信不信？"[1]

《湘行散记·老伴》回忆起作者刚当小兵时在泸溪县的一些事情，那时的伙伴中有一个叫"傩佑"，看中了城街上绒线铺的女孩子，"那女孩子名叫'翠翠'，我写《边城》故事时，弄渡船的外孙女，明慧温柔的品性，就从那绒线铺小女孩脱胎而来"。十多年后重游故地，来到绒线铺前，一个叫小翠的女孩辫发上缠着一缕白绒线，她妈妈翠翠刚死了不久。"我被'时间'意识猛烈的掴了一巴掌。"[2]

《新题记》又接着说："九月至平结婚，即在达子营住处小院中，用小方桌在树荫下写第一章。在《国闻周报》发表。入冬返湘看望母亲，来回四十天，在家乡三天，回到北平续写。二十三年母亲死去，书出版时心中充满悲伤。"

值得注意的是，《边城》的写作过程，因为中间插入回乡看望病危的母亲而中断。在返湘前，沈从文刚结了婚，既有世俗的名誉，又获得了梦寐以求的爱情。达子营新居还来了一位年轻的

---

1 沈从文：《关于西南漆器及其他》，《沈从文全集》第 27 卷，26 页。

2 沈从文：《湘行散记·老伴》，《沈从文全集》第 11 卷，293、296 页。

客人巴金，沈从文把书房让给客人创作《雷》和《电》的前半部分，自己则在院中小方桌上，“一面让细碎阳光晒在纸上，一面也将我某种受压抑的梦写在纸上”。“我准备创造一点纯粹的诗，与生活不相粘附的诗。”[1]可是，母亲的病危使这温馨幸福的氛围不得持续。沈从文一九三四年一月七日启程返乡，这是他离乡十年来第一次回湘西；回到北平不久，就收到大哥信，得知母亲二月十三日病故，丧事也办了。续写《边城》是在这样的事情发生后进行的。到四月十九日，《边城》写完，四月二十四日写成《题记》。

《新题记》最后总结说：“二十年来生者多已成尘成土，死者在生人记忆中亦淡如烟雾，惟书中人与个人生命成一希奇结合，俨若可以不死，其实作品能不死，当为其中有几个人在个人生命中影响，和几种印象在个人生命中影响。”

以三百多字的《新题记》为主要线索，综合其他文本，大致可以探知是哪些人事、哪些因由，合在一起发酵、酝酿了《边城》。之所以要费力这样做，不是为了“考证”《边城》的现实来源，更不想把它“坐实”；同时也不是为了说明小说创作的方法，鲁迅在《我怎么做起小说来》里说，他写人物，“往往嘴在浙江，脸在北京，衣服在山西，是一个拼凑起来的脚色”。[2]《边

1 沈从文：《水云》，《沈从文全集》第12卷，110、111页。

2 鲁迅：《我怎么做起小说来》，《鲁迅全集》第4卷，513页。

城》的写作也可以证明这一点，但这不是我们关心的重点。

我们要关心的是，这些发酵、酝酿了《边城》的因素的性质：这些性质渗透进作品，在作品中起着微妙而重要的作用。因而，对这些因素的性质的理解，也极大地影响着对作品本身的理解。

“闻杜鹃极悲哀”，“见路劫致死者数人。山顶堡砦已焚毁多日”；碰见老者死亡，小女儿报庙招魂哭泣，想到把“不幸”和为人的“善良”结合起来，“好好用一个故事重现”；当年的“翠翠”已死，“小翠”又长成母亲的模样；“将我某种受压抑的梦写在纸上”，“创造一点纯粹的诗”；“母亲死去，书出版时心中充满悲伤。”——用不着概括，这些经验、记忆、情绪和思想的性质，就已经形成集中而强烈的感受了。

二、翠翠和翠翠生活的世界

单就情节来说，《边城》写的是翠翠的故事；翠翠的故事后面，隐现着翠翠父母的故事。

翠翠的故事很简单：茶峒山城一里外的小溪边，看渡船的老船夫和外孙女翠翠相依为命；茶峒城里船总顺顺的两个儿子，大老天保和二老傩送，都看上了翠翠。翠翠爱二老傩送，不爱大老天保。天保失望之下驾船离家，失事淹死；傩送因为哥哥的死在心里结了疙瘩，也驾船出外了。雷雨之夜，老船夫死了，就剩下翠翠一个人。翠翠心里想着的那个人，也许永远不回来了，也许“明天”回来。

刚开始，你不会想到翠翠的故事最终发展到这么哀伤的地步。

作者一落笔写翠翠，就是美而动人的：“翠翠在风日里长养着，故把皮肤变得黑黑的，触目为青山绿水，故眸子清明如水晶。自然既长养她且教育她，为人天真活泼，处处俨然如一只小兽物。人又那么乖，如山头黄麂一样，从不想到残忍事情，从不发愁，从不动气。平时在渡船上遇陌生人对她有所注意时，便把光光的眼睛瞅着那陌生人，作成随时皆可举步逃入深山的神气，但明白了面前的人无机心后，就又从从容容的在水边玩耍了。”[1] 美丽可爱的少女形象，在文学里并不能算少，但翠翠的美和动人，却有些不同。作者突出的是她的“自然性”，或者你就是把她称为“自然人”也无妨——作者甚至把她写成自然里的小动物。“自然既长养她且教育她”，那就是说，她从里到外，都得自于这青山绿水的自然，与之和谐一致。“教育”是沈从文喜欢用的一个词，他用这个词的时候，常常说的是人从自然现象和人事经验中的学习所得，区别于我们通常说的从书本、学校、知识系

[1] 沈从文：《边城》，《沈从文全集》第 8 卷，64 页。

统里接受文化的行为。他说“自然教育她”，就是肯定她精神上熏陶和浸透了“自然的文化”；但从“文明社会”的“文化”观来看，未尝不可以把她说成无知无识，心智未开：如若她见了人有“机心”，不是就要举步逃入深山么？知识和心智发展出“机心”，就是“文化”走向狭隘的标志了。如果我们说一个“自然人”没有“文化”，那是因为我们的“文化”概念太小了，限制了我们的视野和判断。今天的“文明社会”不是在努力学习“自然的文化”，学习与自然和谐相处，却也未必就学得好吗？

我们以翠翠为圆心，来看她生活世界的周围。最中心的生活当然是她和老船夫在溪边渡口的日常光景：

> 风日清和的天气，无人过渡，镇日长闲，祖父同翠翠便坐在门前大岩石上晒太阳。或把一段木头从高处向水中抛去，嗾使身边黄狗从岩石高处跃下，把木头衔回来。或翠翠与黄狗皆张着耳朵，听祖父说些城中多年以前的战争故事。或祖父同翠翠两人，各把小竹作成的竖笛，逗在嘴边吹着迎亲送女的曲子。过渡人来了，老船夫放下了竹管，独自跟到船边去，横溪渡人，在岩上的一个，见船开动时，于是锐声喊着：
>
> “爷爷，爷爷，你听我吹——你唱！”
>
> 爷爷到溪中央便很快乐的唱起来，哑哑的声音同竹管

> 声，振荡在寂静空气里，溪中仿佛也热闹了些。实则歌声的来复，反而使一切更寂静。[1]

翠翠与老船夫共享这寂静安闲的生活，但老船夫和翠翠却不同。可以把翠翠叫作“自然人”，却不能这样叫老船夫，因为“教育”老船夫的，除了自然，还有人事。他和翠翠在同样的山水里，却比翠翠多了人世的阅历和沧桑的经验。这是其一；其二，同时也因为阅历和经验，他所感受的自然，也不像翠翠那样单纯明朗，而多了些复杂和沉重的成分以及莫可名状的感受。

比这个生活圆圈更大的，就是茶峒山城的生活了。在这个世界里出现了船总顺顺和他的两个儿子天保、傩送，出现了端午节划船比赛，出现了茶峒日常的人事和普通的场景。茶峒的风土人情，并不像我们在一般小说里看到的那样，仅是作为故事的“背景”来写的，它本身就是小说要着力描述的重点和中心，它和故事出现在同一个层面，而不是“附属”或“陪衬”在故事的后面。这就是为什么上面说《边城》写的是翠翠的故事时，前面要加个限制，“单就情节来说”。小说的名字叫《边城》，如果换成“翠翠的故事”，就简单了许多，单薄了许多。“边城”不只是一

1 沈从文：《边城》，《沈从文全集》第 8 卷，65 页。

个地理环境，它还是一种不同的文化、一种不同的价值的象征。写《边城》，就是写"中国另外一个地方另外一种事情"。[1]"边城"不是为了翠翠才存在的，"边城"是和翠翠一道出现在作品里，共同成就了这个作品，因而也共同确立了各自在文学中的存在的。甚至也可以说，翠翠是"边城"的一个点、一条线、一支动人的曲子，或者说，翠翠是"边城"的一个例子、一个代表。沈从文作品里的景物描写，风土叙述，人情刻画，往往不是"背景"而是"前景"，不是"陪衬"而是"主体"，这是一个非常突出的特点，并不限于《边城》。

流经"边城"的河叫酉水，"两岸多高山，山中多可以造纸的细竹，长年作深翠颜色，迫人眼目。近水人家多在桃杏花里，春天时只需注意，凡有桃花处必有人家，凡有人家处必可沽酒。夏天则晒晾在日光下耀目的紫花布衣袴，可以作为人家所在的旗帜。秋冬来时，人家房屋在悬崖上的，滨水的，无不朗然入目。黄泥的墙，乌黑的瓦，位置则永远那么妥贴，且与四围环境极其调和，使人迎面得到的印象，实在非常愉快"。[2]

边地风俗淳朴，淳朴到做妓女，"也永远那么浑厚"。沈从文选择写妓女来突出边地人情，实在有挑战世俗社会价值的意思，但这挑战，换个人来处理，就极有可能处理得突兀，僵硬，而在

---

1 沈从文：《〈边城〉题记》，《沈从文全集》第 8 卷，58 页。

2 沈从文：《边城》，《沈从文全集》第 8 卷，67 页。

沈从文写来，却非常自然，自然到让人觉得，在这个地方做妓女就一定是这个样子。他写妓女多靠商人维持生活，恩情所结，却多在水手。写妓女和水手的感情，简直就是写一种奇特而朴素的爱情。“感情好的，别离时互相咬着嘴唇咬着脖颈发了誓，约好了‘分手后各人皆不许胡闹’；四十天或五十天，在船上浮着的那一个，同在岸上蹲着的这一个，便皆呆着打发这一堆日子，尽把自己的心紧紧缚定远远的一个人。尤其是妇人，情感真挚痴到无可形容，男子过了约定时间不回来，做梦时，就总常常梦船拢了岸，那一个人摇摇荡荡的从船板到了岸上，直向身边跑来。或日中有了疑心，则梦里必见那个男子在桅子上向另一方面唱歌，却不理会自己。性格弱一点的，接着就在梦里投河吞鸦片烟，性格强一点的，便手执菜刀，直向那水手奔去。”[1]

这里可以见出沈从文叙述的一个典型而重要的特征。他写的不是某一个具体的妓女和水手，也不是具体的某时某刻的场景，他写的是复数，是常态，但奇妙的是，这对于复数和常态的叙述却异常逼真。不同于一般对复数人物和常态情景叙述的平板和面目模糊，沈从文的叙述，能以非常生动鲜活的细节和特殊性处理，达到复数人物和常态情景的具体性。这样的叙述特征，在沈从文的许多作品里都能见到。在这里他通过写复数妓女的常态生

---

[1] 沈从文：《边城》，《沈从文全集》第8卷，70页。

活而见山城的风俗人情，也见一种不同的道德、价值和文化。“短期的包定，长期的嫁娶，一时间的关门，这些关于一个女人身体上的交易，由于民情的淳朴，身当其事的不觉得如何下流可耻，旁观者也就从不用读书人的观念，加以指摘与轻视。这些人既重义轻利，又能守信自约，即便是娼妓，也常常较之知羞耻的城市中人还更可信任。”[1]叙述的话头一转，“挑衅”般地扯出“读书人的观念”“城市中人”来，可不是无端起事：即使我们姑且承认沈从文的《边城》是他用文字造的一个桃花源，那这个桃花源，也不是用来做逃避的去处的，它具有积极的反叛性。

它要“挑衅”和反叛的世界，在翠翠的生活世界之外。翠翠生活世界的圆周，最大就只是“边城”的世界。

三、这个世界，有它的悲哀

这个风景如画、人情美好的世界，有它的悲哀。这个悲哀可从人事上说，也可从自然上说。说到最后，人事上的悲哀和自然上的悲哀可以归一。

在小说的第一章，作者就交代了翠翠母亲的故事：她和一个军人唱歌相熟后有了私情，军人服毒自杀，她在生下孩子之后也

1 沈从文：《边城》，《沈从文全集》第 8 卷，70—71 页。

追随赴死。到第七章，翠翠母亲的故事第二次出现。第一次出现是叙述者直接对着读者讲的，不经过小说中的人物；第二次是出现在老船夫的意识和思想里，他眼看着翠翠越来越像母亲，心里就不免记起旧事。到第十一章，第三次出现，这是老船夫以为明白翠翠的心事的时候，“便把眼睛向远处望去，在空雾里望见了十六年前翠翠的母亲，老船夫心中异常柔和了。轻轻的自言自语说：‘每一只船总要有个码头，每一只雀儿得有个窠。’他同时想起那个可怜的母亲过去的事情，心中有了一点隐痛，却勉强笑着”。他告诉翠翠大老托人来做媒，“翠翠不作声，心中只想哭，可是也无理由可哭。祖父还是再说下去，便引到死过了的母亲来。老人话说了一阵，沉默了。翠翠悄悄把头撂过一些，见祖父眼中业已酿了一汪眼泪。翠翠又惊又怕，怯生生的说：‘爷爷，你怎么的？’”[1]第四次、第五次是紧接着出现在第十二章、十三章里，三章的连续出现，而且一次比一次清晰地指向某个似乎难以逃开的阴影。第十二章，老船夫隐约觉得翠翠爱二老不爱大老，“再想下去便是……想到了这里时，他笑了，为了害怕而勉强笑了。其实他有点忧愁，因为他忽然觉得翠翠一切全像那个母亲，而且隐隐约约便感觉到这母女二人共通的命运”。[2]说到“共通的命运”这地步，对老船夫来说，不祥和悲哀的感觉其实已经

1 沈从文：《边城》，《沈从文全集》第 8 卷，111、112 页。

2 同上注，114 页。

全部出来了。那么翠翠呢？在第十一章，老船夫和翠翠说起她母亲的事，但接下来只写了翠翠对祖父流泪的惊怕；第十三章，才有了翠翠对母亲故事的感受。一方面是，祖父“说了些那个可怜母亲的乖巧处，同时且说到那可怜母亲性格强硬处，使翠翠听来神往倾心”。更有一方面是，“翠翠抱膝坐在月光下，傍着祖父身边，问了许多关于那个可怜母亲的故事。间或吁一口气，似乎心中压上了些分量沉重的东西，想挪移得远一点，才吁着这种气，可是却无从把那种东西移开”。[1]

叙述到这个地方，翠翠母亲的故事在小说中的存在，就一步一步地推进到最高程度了。一开始，它只存在于叙述者“客观”的叙述中；第二步，它出现在老船夫的心里，并在他的心里逐渐强化，越来越占有位置，直至达到对命运的预感；第三步，它到了翠翠的心里，成为压迫着她的无从挪移的沉重的东西。由于年少懵懂，翠翠对它的感知不可能与老船夫的感知等同，但是它既然已经成为翠翠无法移开的东西，就会一直等着她明白的一天。写到这种程度，就没有必要再写了，所以接下来一直到第二十章老船夫死去，都没有再提翠翠母亲的故事。最后的第二十一章，杨兵马跟翠翠说到她的父母，而且说到老船夫的事，说到围绕着翠翠所发生的一切翠翠先前不知道的种种，凡是以前不明白的，

1 沈从文：《边城》，《沈从文全集》第 8 卷，121 页。

这会儿全明白了。明白了，也就长大了。明白了什么呢？我们一开始把翠翠叫作“自然人”，她受的“教育”是自然的“教育”；现在，我们得说，她受到了人事的“教育”，这其中，一定包含着对命运的感知。

小说中几次提到杜鹃，似乎都不引人注意。但既然沈从文多年后仍然记得年轻时过茶峒“闻杜鹃极悲哀”，我们不妨来看看小说中杜鹃出现在何种情境中。第十一章，老船夫想到翠翠母亲心中隐痛却勉强笑着时，翠翠正从山中黄鸟杜鹃叫声里，以及其他声音里，想到各种事情，其时来做媒的人刚走。第十三章，黄昏时，别的鸟都休息了，“只杜鹃叫个不息”。“翠翠看着天上的红云，听着渡口飘乡生意人的杂乱声音，心中有些儿薄薄的凄凉。”杜鹃的叫声和凄凉的感觉连在一起了，“于是，这日子成为痛苦的东西了。翠翠觉得好像缺少了什么。好像眼见到这个日子过去了，想要在一件新的人事上攀住它，但不成”。祖父不知道翠翠这时候的心境，只顾摆渡，翠翠忽然哭起来，“很觉得悲伤”，此时，“杜鹃又叫了”。[1]杜鹃的叫声引起悲哀和伤感，这当然不是沈从文的“发明”，但沈从文把它写进这么一个仿佛永远妥帖和谐的环境里，写进一个刚刚开始接触一点人生上事情的少女的感受和意识里，就不是重复文学滥调，而是他个人心思的

---

1 沈从文：《边城》，《沈从文全集》第8卷，118、120页。

文学表达了。

我在这一讲开始的部分，引述过沈从文关于《边城》的这么几句话："一切充满了善，充满了完美高尚的希望，然而到处是不凑巧。既然是不凑巧，因之素朴的良善与单纯的希望终难免产生悲剧。"本来，这似乎是个容易圆满起来的故事，翠翠和二老彼此喜欢，如果一开始就直接表达出来了，好像没有谁会反对；但偏偏是，两人的心思，要经过许多的环节和曲折才流露出来，这中间，就牵连进许多的人与事。老船夫最为操心，反被认为为人弯弯曲曲；大老因为跟二老用唱歌的方式竞争无望，就离家跟船去了，名字取老天保佑意思的他却失事而死；哥哥死了，二老的歌也不唱了，翠翠只在梦里朦朦胧胧听过一回，第二天要真真实实地听，却没等来。因不凑巧而误会，结疙瘩，结果只好是悲剧。

为什么在人事的安排上，从翠翠父母的事到翠翠的事，都那么不能如人意呢？这个问题，老船夫很深地想过。"祖父是一个在自然里活了七十年的人，但在人事上的自然现象，就有了些不能安排处。"翠翠母亲从认识那个兵到丢开老的和小的，陪那个兵死去，"这些事从老船夫说来谁也无罪过，只应'天'去负责。翠翠的祖父口中不怨天，心中却不能完全同意这种不幸的安排"。[1]

---

1 沈从文：《边城》，《沈从文全集》第8卷，90页。

“天”这个概念，在《边城》这部作品中非常重要。“天”不是自然，在沈从文的思想里，自然和人事是并列在同一个层面的两种现象，人可以在自然中“长养”、接受自然的“教育”，也可以在人事中历练、接受人事的“教育”，“天”却是笼罩自然和人事的东西，它有意志、有力量安排人事，干预人间。更重要的是，“天”的意志并不在乎人的意愿。即所谓天地不仁，以万物为刍狗。

在众多关于《边城》的评论中，沈从文似乎只首肯过刘西渭（李健吾）的一篇，这篇文章里有这么一段：“作者的人物虽说全部良善，本身却含有悲剧的成分。唯其良善，我们才更易于感到悲哀的分量。这种悲哀，不仅仅由于情节的演进，而是自来带在人物的气质里的。自然越是平静，‘自然人’越显得悲哀：一个更大的命运影罩住他们的生存。这几乎是自然一个永久的原则：悲哀。”[1]

这一段话，每一句是一层意思，所有的意思又交织在一起，仔细想起来很复杂。如果人物本身就含有悲剧成分，那么悲剧就不是——或者至少不完全是——在事情的发展变化过程中产生的，也就是说，即使能够改变事情发展变化的过程，也未必就能够避免悲剧；人物自来的气质里就有悲哀，那是因为，自来就有一个笼罩着他们的命运；可是悲哀为什么会是自然“永久的原则”呢？

1 李健吾：《〈边城〉——沈从文先生作》，郭宏安编：《李健吾批评文集》，珠海：珠海出版社，1998 年，56 页。

如果反过来，用小说的叙述为这段评论做个“注释”的话，这样一个简单的情境就够了：在第二章，描述茶峒地势，凭水依山筑城，河街房子莫不设有吊脚楼，“某一年水若来得特别猛一些，沿河吊脚楼，必有一处两处为大水冲去，大家皆在城上头呆望。受损失的也同样呆望着，对于所受的损失仿佛无话可说，与在自然安排下，眼见其他无可挽救的不幸来时相似”。[1]“无可挽救的不幸”之所以“无可挽救”，是因为它出自高于人事能力的意志，“边城”人对此只能“无话可说”，“呆望着”。他们“呆望”不幸，也即是对天地不仁的无可奈何的体会、默认和领受，“呆望”的神情，也因为体会、默认和领受而可以说是自身悲剧成分和自来悲哀气质的外现。

自身悲剧成分和自来悲哀气质既然是把天地不仁“内化”为个人命运的结果，那么，天地不仁在这里就不是一种表面的感慨，一种责任的推诿，一种无知无识的愚昧，一种知识和逻辑的推论。这个世界有它的悲哀，这个世界自来就带着悲哀的气质在体会、默认和领受。

四、用文字包裹伤痕，在困难中微笑

一九三六年，上海良友图书印刷公司出版《从文小说习作

1 沈从文：《边城》，《沈从文全集》第 8 卷，66 页。

选》，《习作选集代序》里谈到《边城》，说："这作品原本近于一个小房子的设计，用少料，占地少，希望她既经济而又不缺少空气和阳光。我要表现的本是一种'人生的形式'，一种'优美，健康，自然，而又不悖乎人性的人生形式'。我主意不在领导读者去桃源旅行，却想借重桃源上行七百里路酉水流域一个小城小市中几个愚夫俗子，被一件人事牵连在一处时，各人应有的一分哀乐，为人类'爱'字作一度恰如其分的说明。"[1]在这段解释的前面，有这样"指责"读者的话："我作品能够在市场上流行，实际上近于买椟还珠，你们能欣赏我故事的清新，照例那作品背后蕴藏的热情却忽略了，你们能欣赏我文字的朴实，照例那作品背后隐伏的悲痛也忽略了。"[2]那么，作者在作品背后隐藏的，到底是什么呢？

一九四九年，沈从文在命运的转折处写下了一些回顾人生经验的自白性文字，生前都没有发表。其中《关于西南漆器及其他》提到《边城》时说："不幸得很是直到二十四年，才有个刘西渭先生，能从《边城》和其他《三三》等短篇中，看出诗的抒情与年青生活心受伤后的痛楚，交织在文字与形式里，如何见出画面并音乐效果。"又说："这个作品原来是那么情绪复杂背景鲜明中完成的。过去的失业，生活中的压抑、痛苦，以及音乐和图画

1 沈从文：《习作选集代序》，《沈从文全集》第 9 卷，5 页。

2 同上注，4 页。

吸入生命总量，形成的素朴激情，旋律和节度，都融汇而为一道长流，倾注入作品模式中，得到一回完全的铸造。”[1]这就说得比较清楚了，原来这个美丽精致的作品里面，融汇了作者个人“年青生活心受伤后的痛楚”，“过去的失业，生活中的压抑、痛苦”。

叙述得更清楚的，是同时期这一类文字里面的《一个人的自白》。自白分析了个人从小由于家道中落和体质孱弱等而形成的内向型性格，其特征是“脆弱，羞怯，孤独，玩野而富于幻想”，“与自然景物易亲近，却拙于人与人之间的适应”。生活中所受的屈辱，无从抵抗和报复，“即堆积于小小生命中深处，支配到生命，形成一种生命动力来源”，影响到以后。年纪稍长，在部队中只看到一片杀戮，“说现实，我接触的实在太可怕了”。“一面是生活屈辱，一面是环境可怕，唯一能救助我的，仅有一点旧小说，和乡村简单生活和自然景物，小小的农家水磨拜访，掘药，捉鸟，捕鱼，猎狐等等小事，冲淡了现实生活一面。这两者却同样影响到将来的生命或工作，这就是在我作品中对平静乡村人民生命的理解基础。”“也因此，在十年后作品中出现的一切乡下人，即或娼妓，品性无不十分善良，为的是我所见到的那个阶层，本来全是善良的。与外人的关系，甚至于近乎‘家庭’

---

1 沈从文：《关于西南漆器及其他》，《沈从文全集》第27卷，25、27页。

的。因为正需要家时，我已没有家，什么时候由军营走入一个乡村土娼家坐坐，怯怯的坐在一旁，看那些人做做家务事，或帮她们烧烧火，切切菜，在当时，对我正是一种如何安恬与舒适。我需要的也就只是那么一点点温暖，属于人情的本来。我得到可说已十分富饶，它把另外一种生活完全冲淡了，调和了。这点印象既在生命成熟时保留下来，到后自然便占了我作品主要题旨，由《丈夫》《边城》都可见出。里面自然浸润有悲哀，痛苦，在困难中的微笑，到处有'我'！但是一切都用和平掩盖了，因为这也有伤处。心身多方面的困苦与屈辱烙印，是去不掉的。因为无从变为仇恨，必然是将伤痕包裹起来，用文字包裹起来，不许外露。"[1]

《边城》创作于沈从文个人生活的幸福时期，但是作者生命经验的连续性和不可分割性会使生活的分期无效。当我们一开始讨论是哪些因素酝酿了《边城》的时候，就没有把这部作品的形成孤立封闭在某一段时期内；但一开始我们还没有直接指向作者本人的生活痛苦。现在我们应该深切地感受到了，原来《边城》这样的作品蕴藏了作者以往的生命经验，是包裹了伤痕的文字，是在困难中的微笑。"一切都在'微笑'中担当下来了。……这微笑有生活全部屈辱痛苦的印记。有对生命或人生无比深刻的悲

[1] 沈从文：《一个人的自白》，《沈从文全集》第27卷，8页、10—11页。

悯。有否定。有承认。有《旧约》中殉教者被净化后的眼泪。”[1]

“微笑”担当了什么？由自然美、人性美和人情美构成的沈从文小说世界的“微笑”面容，担当了什么？如果不看到这一点，单说沈从文的景物描写如何如何美，人情风俗又如何如何淳朴，就把沈从文小说中的自然和人情看得太简单了。“微笑”背后不仅有一个人连续性的生活史，而且有一个人借助自然和人性、人情的力量来救助自己、纠正自己、发展自己的顽强的生命意志，靠了这样的力量和生命意志，他没有让因屈辱而生的狭隘的自私、仇恨和报复心生长，也是靠了这样的力量和生命意志，他支撑自己应对现实和绝望，同时也靠这样的力量和生命意志，来成就自己“微笑”的文学。

“微笑”的文学对于作者个人有这样的担当，如果把这种担当从作者个人扩大到更广阔的范围呢？沈从文在《题记》里说到“民族复兴大业”，并非只是随便说说的大话，也不是理论的预设，他是从个人的生命经验和文学之间的紧密关联出发而引生这种思想的，这种思想与蕴藏在清新朴实的文字后面的“热情”渗透、交织在一起。由此，我们或许可以理解《题记》最后的话：“我的读者应是有理性，而这点理性便基于对中国现社会变动有所关心，认识这个民族的过去伟大处与目前堕落处，各在那里很

1 沈从文：《一个人的自白》，《沈从文全集》第27卷，11页。

寂寞的从事于民族复兴大业的人。这作品或者只能给他们一点怀古的幽情，或者只能给他们一次苦笑，或者又将给他们一个噩梦，但同时说不定，也许尚能给他们一种勇气同信心！”[1]

1 沈从文：《〈边城〉题记》，《沈从文全集》第 8 卷，59 页。

第四讲

《长河》：“常”与“变”

一、写作的缘起和出版的周折

一九三四年，沈从文第一次回到十多年前离别的家乡湘西，这一经历直接导致了《湘行散记》的诞生；回到北平后续写完成了返乡前已经动笔的《边城》，“创造一点纯粹的诗，与生活不相粘附的诗”。[1]这两部作品成为沈从文湘西题材作品的典范，代表了他成熟的风格和个性特征。

但是，这次返乡经历却使他真切意识到，《边城》的世界已经无法“对应”二十年来发生了深刻变化的湘西现实世界，他在凤凰老家给妻子的信里说：“这里一切使我感慨之至。一切皆变了，一切皆不同了，真是使我这出门过久的人很难过的事！”[2]虽然《边城》仍然按照原来的计划写出，写成了“与生活不相粘附的诗”，却也以悲剧性的结局埋下了他的悲哀和伤感；而且，使他“很难过的事”未能写出，这就为他以后对家乡的书写留下了延展的空间。

对这一点，他当时就产生了明确的想法，所以在《〈边城〉题记》里，预告似的说：“我并不即此而止，还预备给他们一种对照的机会，将在另外一个作品里，来提到二十年来的内战，使一些首当其冲的农民，性格灵魂被大力所压，失去了原来的朴

1 沈从文：《水云》，《沈从文全集》第12卷，110页。

2 沈从文：《湘行书简·感慨之至》，《沈从文全集》第11卷，204页。

质，勤俭，和平，正直的型范以后，成了一个什么样子的新东西。他们受横征暴敛以及鸦片烟的毒害，变成了如何穷困与懒惰！我将把这个民族为历史所带走向一个不可知的命运中前进时，一些小人物在变动中的忧患，与由于营养不足所产生的'活下去'以及'怎样活下去'的观念和欲望，来作朴素的叙述。我的读者应是有理性，而这点理性便基于对中国现社会变动有所关心，认识这个民族的过去伟大处与目前堕落处，各在那里很寂寞的从事于民族复兴大业的人。"[1]

《长河》最初的酝酿，应该就在此一时期。作品却一直没有写出来。

抗战全面爆发后，南下途中，沈从文又一次返乡，在大哥沈云麓沅陵的新家"芸庐"住了几个月，直到一九三八年四月启程去昆明。这一特殊时期短暂的家乡生活，促生了散文集《湘西》和小说《长河》。

《长河》是到昆明两个多月后开始写的。一九三八年七月二十八日，沈从文给还滞留在北平的妻子张兆和写信，告诉说："我已寄望舒文章十页，下期航信还可寄十页。"这文章，指的就是《长河》。戴望舒时任香港《星岛日报·星座》副刊主编，《长河》从八月七日起在该副刊连载，至十一月十九日，共六十七

1 沈从文：《〈边城〉题记》，《沈从文全集》第 8 卷，59 页。

次，未完。信里，沈从文向妻子谈起这部刚刚开头的作品，"我用的是辰河地方作故事背景，写橘园，以及附属于橘园生活的村民，如何活；如何活不下去，如何变；如何变成另外一种人。预备写六万字"。[1]隔了一天，三十日又写一信，一开头就说："已夜十一点，我写了《长河》五个页子，写一个乡村秋天的种种。仿佛有各色的树叶落在桌上纸上，有秋天阳光射在纸上。夜已沉静，然而并不沉静。雨很大，打在瓦上和院中竹子上。电闪极白，接着是一个比一个强的炸雷声，在左边右边，各处响着。房子微微震动着。稍微有点疲倦，有点冷，有点原始的恐怖。我想起数千年前人住在洞穴里，睡在洞中一隅听雷声轰响所引起的情绪。同时也想起现代人在另外一种人为的巨雷响声中所引起的情绪。我觉得很感动。唉，人生。这洪大声音，令人对历史感到悲哀，因为它正在重造历史。"[2]

正是在"现代"的雷声轰响中，带着对变动中的历史的悲哀，沈从文再次书写乡土，书写一个不同于《边城》的"现实"的湘西世界。

刚落笔的时候，《长河》只是一个中篇的构思，可是写作的过程中发现这个篇幅容纳不了变动时代的历史含量，就打算写成多卷本的长篇。中间隔了一长段时间之后，到一九四二年四月，

1 沈从文：《致张兆和》(19380728)，《沈从文全集》第18卷，313页。

2 沈从文：《致张兆和》(19380730)，《沈从文全集》第18卷，316页。

动手补充修改《长河》第一卷，五月，他在写给沈云麓的信里说：“《长河》已成十三万字，不久可付印。”“《长河》有三十万字，用吕家坪作背景。”（“三十万字”指的是预计全部完成后的字数。）“最近在改《长河》，一连两个礼拜，身心都如崩溃，但一想想，该作品将与一百万或更多读者对面，就不敢不谨慎其事了。”[1]到九月八日，又报告说：“上卷约十四万字，不久或可出版。”[2]事实是，桂林明日社正准备出版《长河》第一卷，没料到十四万字书稿被扣，经重庆、桂林两度审查，各有删削，却仍然不能出版。原因是：“从目下检审制度的原则来衡量它时，作品的忠实，便不免多触忌讳，转容易成为无益之业了。因此作品最先在香港发表，即被删节了一部分，致前后始终不一致。去年重写分章发表时，又有部分篇章不能刊载。到预备在桂林印行送审时，且被检查处认为思想不妥，全部扣留，幸得朋友为辗转交涉，径送重庆复审，重加删节，方能发还付印。”[3]这是一九四三年写的《题记》里面的话，“付印”仍然只是设想。一直到一九四五年一月，昆明文聚社终于出版了这部小说，因此前屡遭删节，出版时只剩十一万字。第六章《大帮船拢码头》的中间，竟印了一行“（被中央宣传部删去一大段）”的字样。《沈从文全

1 沈从文：《致沈云麓》（194205），《沈从文全集》第 18 卷，402 页。

2 沈从文：《致沈云麓》（19420908），《沈从文全集》第 18 卷，408 页。

3 沈从文：《〈长河〉题记》，《沈从文全集》第 10 卷，7—8 页。

集》即据文聚社单行本编入，另外增加了新发现的《〈长河〉自注》。

黄永玉在沈从文去世后曾经非常感慨地谈到《长河》："写《长河》的时候，从文表叔是四十岁上下年纪吧！为什么浅尝辄止了呢？它该是《战争与和平》那么厚的一部东西的啊！照湘西人本份的看法，这是一本最像湘西人的书，可惜太短。""写《长河》之后一定出了特别的事，令这位很能集中的人分了心，不能不说是一种损失。真可惜。"[1]

二、"常"与"变"，生活的完整性与"迷信"及习俗

小说写的是辰河中部吕家坪水码头及其附近小村萝卜溪的人与事，时间是一九三六年秋天。从二十世纪初到这个时间，中国社会的巨大变动辐射到这偏僻之地，居住在湘西辰河两岸的人的哀乐和悲欢，就和一个更大世界的变动联系在一起，不可能是封闭的时间和空间里的哀乐和悲欢了。从《边城》这个自足世界的时间和空间，到《长河》风吹草动都与外界息息相关的时间和空间，其性质已经显示出非常不同的特征。

第一章《人与地》，就是写三十年来沿河居民生活世界发生

1 黄永玉：《这一些忧郁的碎屑》，孙冰编：《沈从文印象》，上海：学林出版社，1997年，203页。

变化的大略情形。这里盛产橘柚，陌生人路过橘园，若要买，得到的回答一定是不卖。“入境问俗”，“不卖”和“不许吃”却是两回事，你尽管摘来吃好了：“乡亲，我这橘子卖可不卖，你要吃，尽管吃好了。这水泡泡的东西，你一个人能吃多少？十个八个算什么？你歇歇憩再赶路，天气老早咧。”这样的开篇，先写仲夏橘子开花香馥醉人，九月橘子成熟，随处堆积，如一堆堆火焰；再写让路人管饱吃橘子却不收分文，如此笔致很容易让人产生错觉，以为沈从文又在写他拿手的美丽的自然和淳朴的民风，像《边城》里，过渡人如果抓一把铜钱掷到船板上，老船夫照例一一拾起，追着塞回那人手里。不过这一次，沈从文却想在淳朴的风俗之外，关注另外的问题。所以他紧接着就写，“到把橘子吃饱时，自然同时也明白了‘只许吃不肯卖’的另外一个理由。”原来是橘子太多，不值钱，不好卖。“出橘子地方反买不出橘子，实在说原来是卖不出橘子。有时出产太多，沿河发生了战事，装运不便，又不会用它酿酒，较小不中吃，连小码头都运不去，摘下树后成堆的听它烂掉，也极平常。”[1]战乱影响了橘子的外运，这是显而易见的。

还有不那么显而易见的，小说的叙述却非常明确：“大城市里的中产阶级，受了点新教育，都知道橘子对小孩子发育极有补

---

1 沈从文：《长河·人与地》，《沈从文全集》第10卷，11页。

益，因此橘子成为必需品和奢侈品。四两重一枚的橘子，必花一二毛钱方可得到。而且所吃的居多还是远远的从太平洋彼岸美国运来的。中国教科书或别的什么研究报告书，照例就不大提起过中国南几省，有多少地方，出产橘子，品质颜色都很好，远胜过外国橘子园标准出品。专家和商人既都不大把它放在眼里，因此当地橘子的价值，便仅仅比萝卜南瓜稍贵一些。"[1]

有人或者不以为然，认为叙述中出现这样的话，不过是沈从文这个"乡下人"在城乡对比和城乡对立的情绪中发发牢骚，泄泄怨气。其实不是这么简单。首先，这不是情绪性的；还有，与其说他要表达的是城乡"对比"和"对立"，还不如说他要说的是城和乡之间的紧密关联，是辰河两岸这个偏僻的小地方和大都市、和整个中国的紧密关联。这种关联，即使仅仅表现在可见的物品买卖和价格上，也牵扯到经济、文化和政治等各个方面的影响和作用。沈从文的立场，粗略看起来好像是地方性的，乡土性的，但他不仅是在整个民族国家的广阔视野里看待和思考地方性、乡土性的问题，而且他对现代民族国家建构的想象，并不与对地方性、乡土性问题的倾心关注相对立，相反，他企望能够在矛盾纠结中清理出内在的一致性。从抗战以来到差不多整个四十年代，现代民族国家的建构一直盘踞在他的思想中。

---

1 沈从文：《长河·人与地》，《沈从文全集》第10卷，11页。

接着写这地方的人事。从屈原放逐到此写出《橘颂》两千年来，虽然多少有些改变，却依然不过是随着季节轮换生老病死，一半人在地面上生根，一半人在水面上流转。但是这些年，情形却出现了不一样的变化。这个变化，概而言之，是“现代”来了。“现代”是怎么到了这个地方的呢？从人来看，譬如说，谁家的孩子上进，读书好，考入省立师范学堂，“待到暑假中，儿子穿了白色制服，带了一网篮书报，回到乡下来时，一家大小必对之充满敬畏之忱。母亲每天必为儿子煮两个荷包蛋当早点，培补元气，父亲在儿子面前，话也不敢乱说”。[1]这是一个非常耐人寻味的现象，受了一点“现代”教育的儿子，使古老中国的父亲天经地义的“权威”一下子丧失了，反而“敬畏”起有了一点“现代文化资本”的儿子来。这个现象不是偶然的和个别的，在二十世纪中国总体的“现代”进程中，“现代文化资本”令人生畏起敬的优越性，时时处处可以找到佐证。时光进到二十世纪八十年代，中国出现了一个从他的诗篇里能够感受到四季轮转、风吹的方向和麦子的成长的优秀诗人海子，广大贫瘠的乡村找到了它的歌手；可是，你也许想象不到，“据说在家里，他的农民父亲甚至有点儿不敢跟他说话，因为他是一位大学教师”。[2]“现

---

1 沈从文：《长河·人与地》，《沈从文全集》第 10 卷，15 页。

2 西川：《死亡后记》，《让蒙面人说话》，上海：东方出版中心，1997 年，218 页。

代"的权威，从三十年代的湘西到八十年代的安徽，并没有根本的改变。而儿子呢，"儿子自以为已受新教育，对家中一切自然都不大看得上眼，认为腐败琐碎，在老人面前常常作'得了够了'摇头神气。……到后在本校或县里作了小学教员，升了校长，或又作了教育局的科员，县党部委员，收入虽不比一个舵手高多少，可是有了'斯文'身份，而兼点'官'气"，一来二去，就成了"当地名人"了。既成名人，"思想又新，当然就要'革命'"。[1]"革命"不出两个公式：一是与有"思想"，又"摩登"，懂"爱情"的新女性发生恋爱或婚姻，是谓家庭革命；二是回乡来要改造社会，于是作代表，办学会，印报纸，发议论……到后梦想的"大时代"终于到来，却压力过猛，末了不出两途，或逃亡，或被杀。

沈从文特别注意到妇女的生活情形。本地女孩子的情感教育，不外是听老年人说《二度梅》《天雨花》等才子佳人弹词故事，七仙女下凡尘等神话传说，二八月唱土地戏谢神还愿，戏文中又多的是烈士佳人故事；下河洗菜淘米，上山砍柴打草，容易受年青野孩子歌声引诱。幻想虽多，多数人还是本本分分嫁人过日子。出了不合规矩的事，性格强的，就会像《边城》里翠翠母亲那样自杀；不幸遇到亲族中有人辈分大，势力强，读了几本

---

1 沈从文：《长河·人与地》，《沈从文全集》第10卷，15页。

“子曰”，道德感和虐待狂不可分开，就会纠集人捆了女子去“沉潭”。但这里大多数人不读“子曰”，也就不过问这种事。现在女子中也有了读书人，到省里女子师范或私立中学读了几年书，回家不久必和长辈谈判，说是爱情神圣，家中不能包办终身大事，“生活出路是到县里的小学校去做教员，婚姻出路是嫁给在京沪私立大学读过两年书的公务员，或县党部委员，学校同事”。还有“抱独身主义”的，照例吃家里，用家里；再求上进进了什么大学与同学恋爱同居生孩子的，除却跟家中要钱，再也不会回来了。“这其中自然也有书读得好，又有思想，又有幻想，十八年左右向江西跑去，终于失了踪的，这种人照例对乡下那个多数是并无意义的，不曾发生何等影响的。”“现代”的女子教育在这个地方可见的事实，大致如此。[1]

“现代”是什么？“现代”到底怎么样？此类问题，对于许多知识分子来说，也许首先是理论问题、理念问题、观念问题，再是从理论、理念、观念到实践的问题；沈从文“乡下人”的思路却不同，对他来说，实际的耳闻、目睹、身受的“亲证”，具体的现象和确实的状况，比抽象空洞的理论、理念、观念重要得多，更准确地说，后者必须在与现实具体情境的摩擦中，产生出经得起检验的有效性。由此而进入观察和辨识，沈从文得到的是

[1] 沈从文：《长河·人与地》，《沈从文全集》第10卷，17—21页。

非常沉痛的经验。他在《题记》里说："'现代'二字已到了湘西，可是具体的东西，不过是点缀都市文明的奢侈品，大量输入，上等纸烟和各样罐头，在各阶层间作广泛的消费。抽象的东西，竟只有流行政治中的公文八股和交际世故。大家都仿佛用个谦虚而诚恳的态度来接受一切，来学习一切，能学习能接受的终不外如彼或如此。"时髦青年也好，普通学生也好，"共同对现状表示不满，可是国家社会问题何在，进步的实现必需如何努力，照例全不明白"。所能做的，不过是"挥霍家中前一辈的积蓄，享受现实，并用'时代轮子''帝国主义'一类空洞字句，写点现实论文和诗歌，情书或家信"。少数"想要好好的努力奋斗一番的，也只是就学校读书时所得到的简单文化概念，以为世界上除了'政治'，再无别的事。……个人出路和国家幻想都完全寄托在一种依附性的打算中，结果到社会里一滚，自然就消失了"。[1]

高蹈的对于"现代"理论的依附性，对于"简单文化概念"的依附性，或者是世俗的对于"政治"的依附性，都无从与现实经验和个人内心发生深切的关系，因其依附性，不可靠是必然的。这让人联想到鲁迅早年的"伪士当去"论。写于一九〇八年的《破恶声论》对引进的、流行的新理论进行了相当严厉的指斥，而与此相对，置于全篇之首的"本根剥丧，神气旁

---

1 沈从文：《〈长河〉题记》，《沈从文全集》第10卷，3、4、5页。

皇，……”一句，显明地揭示出鲁迅思想关注的重心：“本根”，民族、国家的“本根”，和个人的“本根”。在这篇未完的论文中，有许多抵抗时俗的惊人之见，伊藤虎丸特别提出其中“伪士当去，迷信可存，今日之急也”[1]这句话来讨论。经过多年的困惑和思考，这位日本著名的中国现代文学研究者认为：“鲁迅所说的‘伪士’，（1）其议论基于科学、进化论等新的思想，是正确的；（2）但其精神态度却如‘万喙同鸣’，不是出于自己真实的内心，唯顺大势而发声；（3）同时，是如‘掩诸色以晦暗’，企图扼杀他人的自我、个性的‘无信仰的知识人’。也就是，‘伪士’之所以‘伪’，是其所言正确（且新颖），但其正确性其实依据于多数或外来权威而非依据自己或民族的内心。”[2]用沈从文的话来说，那就是这种正确性和权威是建立在依附性的基础上的。

沈从文和鲁迅是两个非常不同的作家，但是，在他们之间，在他们的文学的深处，却能够发现埋藏着某些重要的甚至是根本的一致性。如果我们能够重视青年鲁迅提出的“白心”的概念，那么几乎就可以说，沈从文正是一个保持和维护着“白心”思想和感受的作家。仅就“伪士当去，迷信可存”这句话所涵盖的内容而言，被“正信”所拒斥而鲁迅认为“可存”的“迷信”，其

1 鲁迅：《破恶声论》，《鲁迅全集》第 8 卷，28 页。

2 ［日］伊藤虎丸：《亚洲的“近代”与“现代”》，《鲁迅、创造社与日本文学》，孙猛等译，北京：北京大学出版社，1995 年，17 页。

中包含着与精神"本根"相联系的"白心"；而这一点，在《长河》第一章的末尾，就有生动、亲切、自然的描述：

当地大多数女子有在体力与情感两方面，都可称为健康淳良的农家妇，需要的不是认识几百字来讨论妇女问题，倒是与日常生活有关系的常识和信仰，如种牛痘，治疟疾，以及与家事有关收成有关的种种。对于儿女的寿夭，尚完全付之于自然淘汰。对于橘柚，虽从经验上已知接枝选种，情感上却还相信每在岁暮年末，用糖汁灌溉橘树根株，一面用童男童女在树下问答"甜了吗？""甜了！"下年结果即可望味道转甜。一切生活都混合经验与迷信，因此单独凭经验可望得到的进步，无迷信搀杂其间，便不容易接受。但同类迷信，在这种农家妇女也有一点好处，即是把生活装点得不十分枯燥，青春期女性神经病即较少。不论他们过的日子如何平凡而单纯，在生命中依然有一种幻异情感，或凭传说故事，引导到一个美丽而温柔仙境里去，或信天委命，来抵抗这种不幸。迷信另外一种形式，表现于行为，如敬神演戏，朝山拜佛，对于大多数女子，更可排泄她们蕴蓄被压抑的情感，转换一年到头的疲劳，尤其见得重要而必需。[1]

1 沈从文：《长河·人与地》，《沈从文全集》第10卷，21页。

如果把这其中的“迷信”铲除，他们生活的完整性就必然遭到严重破坏，他们的情感、信仰和精神就会失去正常循环的流通渠道，他们的日常起居、生产劳动和生命状态就会变得“枯燥”，从而引发种种问题。

生活的完整性是人类在漫长的历史中建立起来的，保持和维护生活的完整性是人类生活的基本意识和行为，就是在因此而生的一些仪式、礼俗、风尚当中，也自有一份与久远历史相联、与现实生活相关的庄严。《长河》第三章写到橘子园主人滕长顺一家的生活，叙述得耐心细致，一年从头到尾，什么时节怎么过，一一道来，娓娓而谈：

> 这一家人都俨然无宗教信仰，但观音生日，财神生日，药王生日，以及一切传说中的神佛生日，却从俗敬香或吃斋，出份子给当地办会首事人。一切附予农村社会的节会与禁忌，都遵守奉行，十分虔敬。正月里出行，必翻阅通书，选个良辰吉日。惊蛰节，必从俗做荞粑吃。寒食清明必上坟，煮腊肉社饭到野外去聚餐。端午必包裹粽子，门户上悬一束蒲艾，于五月五日午时造五毒八宝膏药，配六一散痧药，预备大六月天送人。全家喝过雄黄酒后，便换好了新衣服，上吕家坪去看赛船，为村中那条船呐喊助威。六月尝新，必吃鲤鱼，茄子，和田地里新得包谷新米。收获期必为

长年帮工酿一大缸江米酒，好在工作之余，淘凉水解渴。七月中元节，作佛事有盂兰盆会，必为亡人祖宗远亲近戚焚烧纸钱，女孩儿家为此事将有好一阵忙，大家兴致很好的封包，用锡箔折金银锞子，俟黄昏时方抬到河岸边去焚化。且作荷花灯放到河中漂去，照亡魂升西天。八月敬月亮，必派人到镇上去买月饼，办节货，一家人团聚赏月。九月重阳登高，必用紫芽姜焖鸭子野餐，秋高气爽，又是一番风味。冬天冬蛰，在门限边用石灰撒成弓形，射杀百虫。腊八日煮腊八粥，做腊八豆……总之凡事从俗，并遵照书上有所办理，毫不苟且，从应有情景中，一家人得到节日的解放欢乐和严肃心境。[1]

从"现代"的眼光来看，就不能够理解为什么要"凡事从俗"；而且这些"繁文缛节"，怎么能够使人从中得到"解放欢乐和严肃心境"，"现代"也不明白。不理解不明白便也罢了，可是"现代"会把这些东西当成"现代"进程的阻碍，所以要改造，要革新，要扫除，要破坏。"现代"的野心，是要占领和覆盖人类生活的全部领域。三十年代湘西的情形，不过是"现代"过程刚刚开始的情形。

---

1 沈从文：《长河·橘子园主人和一个老水手》，《沈从文全集》第 10 卷，44—45 页。

说起来，“人与地”的历史，不知要长于“现代”几何，怎么“现代”一来，就那么“权威”、那么“霸道”呢？

三、“来了”

小说写的人物，枫树坳看守祠堂的老水手，萝卜溪橘子园主人滕长顺和他的小女儿夭夭，吕家坪镇的商会会长，保安队长，主要就是这么几个。

老水手和橘子园主人是远房同宗，亲如一家。这两个人都长期在水上讨生活，却气运不同。滕长顺积年勤恳，发了旺，年纪大了就在地上落脚，儿女都已长大，家境殷实。他不但是大片橘子园的主人，而且因为为人义道公正，得人信服，村里有公共事业，常常做个头行人，居领袖地位；守祠堂的年轻时水上事业本来也顺手，却接连碰上人祸天灾，死了妻子孩子，货船出了事，连老底子都赔完。老了孤身回到吕家坪，就成了坐坳守祠堂人。这两个人的经历和命运，在辰河两岸，都没有特别稀奇的地方。这里人事生活的底子，就是由这样的人打下的。

老水手坐在坳上官道旁，听过路人说“新生活”要来了，心里恐慌，就去告知橘子园主人；橘子园主人和商会会长是干亲家，他就来会长这里问情形。会长是个老《申报》读者，二十年来天下大事，都是从《申报》上知道的，新生活运动的演说，早从报纸看到了。他告诉橘子园主人，这是国家一件大事，可是，自然喽，城里人想起的事情，有几件事乡下办得通？

新生活运动是一九三四年蒋介石发起的重整道德、改变社会风气的"文化复兴运动"，核心是恢复"礼、义、廉、耻"为代表的传统道德规范和儒家价值观，从改造国民的衣食住行日常生活做起，达到生活艺术化、生产化、军事化，特别是军事化的目标。这一运动在全国推行，直到抗日战争爆发后逐渐停止。

吕家坪人了解的新生活运动的情形，是从到过常德的弄船人口中听来的，"譬如走路要向左，衣扣得扣好，不许赤脚赤背膊，凡事要快，要清洁……如此或如彼，这些事由水手说来，不觉得危险恐怕，倒是麻烦可笑。请想想，这些事情若移到乡下来，将成个什么。走路必向左，乡下人怎么混在一处赶场？不许脱光一身，怎么下水拉船？凡事要争快，过渡船大家抢先，不把船踏翻吗？船上滩下滩，不碰撞打架吗？事事物物要清洁，那人家怎么做霉豆腐和豆瓣酱，浇菜用不用大粪？过日子要卫生，乡下人从那里来卫生丸子？纽扣要扣好，天热时不闷人发痧？总而言之就条例言来都想不通，做不到"。[1]一个水手告诉他在常德见到的光景："街上到处贴红绿纸条子，一二三四五写了好些条款，说是老总要办的。不照办，坐牢、打板子、罚款。街上有人

1 沈从文：《长河·橘子园主人和一个老水手》，《沈从文全集》第10卷，56页。

被罚立正，大家看热闹好笑！看热闹笑别人的也罚立正。一会儿就是一大串。那个兵士自己可不好意思起来，忍不住笑，走开了。”[1]“新生活”究竟如何，小说并不直接叙述，沈从文也并不从理论上来评价，但他却让乡下人耳听眼见的实际情形，漫画化地凸现了它可笑的一面。

然而，它绝不仅仅是可笑的，对它的叙述也绝不仅仅是漫画化的。“新生活”这三个字，在小说中出现了五十次之多，其含义已经大大超过了它本身所是的东西。对于不明白“新生活”是什么的吕家坪人来说，它几乎代表了一切来自外面世界的、给他们的生活和命运造成极大麻烦和灾难的可怕力量，这样的可怕力量这些年来已经制造了湘西世界的混乱和动荡，生活在其中的人民不仅忍受这样的现实，而且时时刻刻感觉着不可知的将来的威胁。这两年之内，虽说没有内战，算是安稳，但是这种短暂的安稳完全无力冲淡也只过了没几年的经验和记忆中的恐怖：一会儿是什么军来了，拉人杀人；一会儿又是另外的什么军来，消灭反动分子；这批人马刚走，又有一群来了，派夫派粮草，开会，杀人。这个来了，那个来了，到后来，最怕的就是“来了”，不管是什么来了。就是在安稳的日子，也总是有各种各样的什么“来了”，譬如说，就连家道殷实的滕长顺也慨叹：“今年省里委员就

---

1 沈从文：《长河·吕家坪的人事》，《沈从文全集》第10卷，72页。

来了七次，什么都被弄光了。"[1]

还有一种情况比较复杂的"来了"。第五章《摘橘子》里写到滕长顺和老水手讨论新式油业公司的事：年初就传说辰州府地方快要成立一个新式油业公司，用机器榨油。而与沿河人民生活关系特别密切的就是桐油价格的涨落，一旦机器油业公司开张，最直接的结果，就是原有的手工作坊式的油坊至少要有二三十处关门。这一种"来了"，表面上是新式工业来了，实际上完全不是这么简单。一般置身事外的人，"城里人"，固执于二元对立模式的研究者，会把这两种作业方式之间的冲突叙述成"现代与传统""新与旧"的冲突，其实是根本不了解表面掩盖之下真实情形的肤浅之论。在这样的关键地方，就见出沈从文的不一般了，也见出他对湘西生活真实状态的深入和对湘西民众疾苦的感同身受，他一针见血地指出，这是官与民争利。老水手说机器油坊是办不好的，滕长顺反驳道："你怎么知道办不好？有五百万本钱，省里委员，军长，局长，都有股份。又有钱，又有势，还不容易办？""他们有关上人通融，向下运还便利，又可定官价买油收桐子，手段很厉害！自己机器不出油，还可用官价来收买别家的油，贴个牌号充数，也不会关门！"[2]如果一定要把这里将要发

---

1 沈从文：《长河·枫木坳》，《沈从文全集》第10卷，134页。

2 沈从文：《长河·摘橘子》，《沈从文全集》第10卷，89—90页。

生的事情说是机器工业和手工作坊业、“现代与传统”、“新与旧”的冲突，那么这个“现代”和“新”，也是和权力勾结在一起而来的，官与民争利的动机深藏其内。“现代”和“新式文明”及其方式的复杂性，绝不是简单的二元对立的叙述可以揭示的。

在已经经历了和还要经历这样那样的“来了”的经验的惶恐之中，听说又有“新生活”要来了，其反应可想而知。小说第二章《秋》写到一个妇人向过路人打听“新生活”是不是真要来了，“妇人把话问够后，简单的心断定‘新生活’当真又要上来了，不免惶恐之至。她想起家中床下砖地中埋藏的那二十四块现洋钱，异常不安，认为情形实在不妥，还得趁早想办法，于是背起猪笼，忙匆匆的赶路走了。两只小猪大约也间接受了点惊恐，一路尖起声音叫下坳去”。[1]守祠堂的老水手被“新生活”这个“名词”弄得紧张，他到处打听，对人发誓：“是的，是的，那个要来了。他们都那么说！”[2]

“那个要来了。”老水手的表现有些好笑，可是他对地方现实的忧心忡忡，绝不是空穴来风。山雨欲来，他凭沧桑经验早有预感。“他好像已预先看到了些什么事情，即属于这地方明日的命运。可是究竟是些什么，他可说不出，也并不真正明白。”他

1 沈从文：《长河·秋（动中有静）》，《沈从文全集》第10卷，27页。
2 沈从文：《长河·橘子园主人和一个老水手》，《沈从文全集》第10卷，55页。

的预感是悲观的，生活的打击早已使他失去雄心，可是也锻造了他什么都不怕的对于生活和命运的忍受、抵抗与承担。他站在祠堂阶砌上，自言自语："好风水，龙脉走了！要来的你尽管来，我姓滕的什么都不怕！"[1]

橘子园主人和商会会长一样是个老《申报》读者，"目击身经近二十年的变，虽不大相信官，可相信国家。对于官永远怀着嫌恶敬畏之忱，对于国家不免有了一点儿'信仰'"。[2]这朴素的感情和单纯的信念，在中国的老百姓中具有相当的普遍性。他相信国家会慢慢转好，这个信念和老水手的悲观预感不同，可是就是这个单纯而诚实的信念，使得他和老水手一样坚韧，从而能够忍受、抵抗和承担属于自己的生活与命运。

四、"无边的恐怖"

橘子园主人的三女儿夭夭，是《长河》里一个特别令人注目的少女形象，天真可爱堪比《边城》里的翠翠，却比翠翠活泼，贴近人世。小说叙述这个家庭有大有小，父母兄弟姊妹齐全，因此"性格畅旺"，欢喜高声笑乐，不管什么工作都像是游戏，在愉快竞争情形中完成。用"畅旺"来说性格，同时见其内里也见

---

1 沈从文：《长河·大帮船拢码头时》，《沈从文全集》第10卷，106—107页。

2 沈从文：《长河·摘橘子》，《沈从文全集》第10卷，90页。

其外现，说得真好。夭夭还只十五岁，“身个子小小的，腿子长长的，嘴小牙齿白，鼻梁完整匀称，眉眼秀拔而略带野性，一个人脸庞手脚特别黑，神气风度却是个‘黑中俏’”。[1]摘橘子的时候，“夭夭既不上树，离开树下的机会自然就格外多。一只蚱蜢的振翅，或一只小羊的叫声，都有理由远远的跑去。她不能把工作当工作，只因为生命中储蓄了能力太多，太需要活动，单只一件固定工作羁绊不住她。她一面摘橘子还一面捡拾树根边蝉蜕。直到后来跑得脚上两只鞋都被露水湿透，裤脚鞋帮还胶上许多黄泥，走路已觉得重重的时候，才选了一株最大最高的橘子树，脱了鞋袜，光着个脚，猴儿精一般快快的爬到树顶上去，和家中人从数量上竞赛快慢”。[2]

偏偏是这么一个人人怜爱和赞美的女孩，被保安队长看上了眼。

保安队长在小说里首次出场，是到商会会长家里提枪款，本来就是巧立名目向地方要钱私吞，拿了钱自然不肯盖章。这类事是常例，地方上觉得还算是受得了，作会长的也并不十分为难。第二次出场，是到滕长顺家买橘子，要一船，说是送礼，实际是托词敲诈，运出去卖掉自己发财。橘子园主人说：“队长要送

[1] 沈从文：《长河·橘子园主人和一个老水手》，《沈从文全集》第10卷，44页。
[2] 沈从文：《长河·摘橘子》，《沈从文全集》第10卷，80页。

礼，可不用买，不必破费，我叫人挑十担去。"[1]但这十担和一船相差太远，队长因为被识破用心而恼羞成怒，威胁说要派弟兄来把园里的橘子树全砍了。不巧的是恰在这当口，河边遇见了天天。

> 队长平时就常听人提起长顺两个女儿，小的黑而俏。在场头上虽见过几回，印象中不过是一朵平常野花罢了。队长是省里中学念过书的人，见过场面，和烫了头发手指甲涂红胶的交际花恋爱时，写情书必用"红叶笺"，"爬客"自来水笔。凡事浸透了时髦精神，所以对乡下女子便有点瞧不上眼。这次倒因为气愤，心中存着三分好奇，三分恶意，想逗逗这女子开开心，因此故意走过去和天天攀谈……[2]

保安队长也是受过"现代"教育的人，也许正因为有"现代"教育的资本，才当上了队长。队长这次见了天天，心里种下邪念，再一次在枫木坳碰到天天，言语之间百般挑逗调戏。香港的文学史家司马长风在谈到小说对天天和保安队长这两个人物的处理时说："那样纯真那样俏，心地柔美得像春蚕，一碰就破的

1 沈从文：《长河·买橘子》，《沈从文全集》第10卷，111页。

2 沈从文：《长河·买橘子》，《沈从文全集》第10卷，112—113页。

天天，总是被放在凶神恶鬼，保安队长的旁边；使美善与丑恶碰头，纯洁与肮脏接触，这是《长河》的魄力和焦点。在《巧而不巧》那一章，当保安队长在枫木坳调戏天天的情景，简直是无边的恐怖。”[1]恐怖之所以是“无边”的，还因为，天天将来的命运究竟如何，不能预知，却能够分明感觉到那近在眼前的“无边”的威胁和危险。

而地方的命运，也正处在“无边”的威胁和危险之下。

另一方面，在不断承受各种力量的挤压和扭曲的同时，地方本身的人事也渐渐露出堕落的趋势，本地民众长久以来的正直朴素人情美，也在不知不觉中变形，在不知不觉中消失。对此小说着墨不多，也不重，但是留下了忧心的痕迹。譬如说到保安队，一群水手“说着笑着，都觉得若做了保安队，生活一定比当前好得多。一切天真的愿望，都反映另外一种现实，即一个乡下人对于‘保安队’的印象，如何不可解。总似乎又威风，又有点讨人嫌，可是职务若派到自己头上时，也一定可以做许多非法事情，使平常百姓奈何不得，实在不是件坏差事！”虽然是说笑，不经意间却流露出对保安队的羡慕。守祠堂的老水手有自己的敏感，他对那些年轻水手说的话，也是随便说说的闲话和笑话，却也有他的做人原则：“你们明天都做了保安队，可是都想倚势压人？

1 司马长风：《中国新文学史》（下卷），香港：昭明出版社有限公司，1978 年，79 页。

云南省出金子，别向人说，要个大金饭碗，装个金蛤蟆，送枫木坳看祠堂的大叔，因为和大叔有交情！"[1]

地方的明天，要忧心的不仅仅是各种各样从外面来的"来了"，还有已经开始从内部发生的细微变化。

五、"在素朴自然景物下衬托简单信仰蕴蓄了多少抒情诗气分"

《长河》的最后一章，是《社戏》。美国学者金介甫（Jeffrey Kinkley）认为，《长河》"有些篇章并没有把小说情节展开，特别是最后一章写得相当轻松，显然是硬凑的一节，把故事匆匆结束，免得别人说他对自己的民族过于悲观"。[2]这个说法，恐怕是有些隔膜的。

按照往年成例，秋收时节，请戏班子来唱戏，既是酬神，向神还愿许愿，也是民众娱乐热闹的节日。人神和悦，既是庄严的，虔诚的，也是活泼的，快乐的。乡村生活的完整性，乡民物质生活精神生活的健康循环，是有赖于社戏这一类的形式来维持的。

1 沈从文：《长河·巧而不巧》，《沈从文全集》第10卷，157页。

2［美］金介甫：《凤凰之子·沈从文传》，符家钦译，北京：中国友谊出版公司，2000年，376页。

在一九三六年，萝卜溪，社戏是不是还要照常举行呢？省里向上调兵开拔的事情已经传遍吕家坪，向下游去的船得要担当风险。“时局不好，集众唱戏是不是影响治安？”连这样的问题都出来了。滕长顺约集本村人商量：“这事既是大家有分，所以要大家商量决定。末了依照多数主张，班子既然接来了，酬神戏还是在伏波宫前空坪中举行。”[1]这一笔，自然而起自然而落，不见波澜，却是实在好，好在并不刻意地透露出，这个地方的民众在危机四伏的情境中，照常生活的能力，照常庄严虔敬和活泼快乐的能力。商会会长拿定主意照原来计划装了五船货物向下游放去，滕长顺也要放两船橘子到下河去卖，该怎么做还怎么做，实际事物的打算安排里见出精神来。

事情做起来却又不是那么单纯简单。时代不同，环境不同，社戏的安排就掺杂进些另外的因素。“由本村出名，具全红帖子请了吕家坪的商会会长，和其他庄口上的有名人物，并保安队长，排长，师爷，税局主任，督察，等等，到时前来看戏。还每天特别备办两桌四盘四碗酒席，款待这些人物。又另外请队长派一班保安队士兵，来维持场上秩序，每天折缴二十块茶钱。”[2]人神和悦，也要顾忌这块地头上各种各样的力量。

我们不禁联想到鲁迅写的《社戏》。在一九二二年，鲁迅倒

---

[1] 沈从文：《长河·社戏》，《沈从文全集》第10卷，161页。

[2] 同上注，162页。

数上去二十年，只在北京的戏园里看过两回中国戏，得到的都是非常不愉快的经验。为什么不愉快以至于每次都不等到结束就挤出来呢？一是戏本身"冬冬""喤喤"的敲打，红红绿绿的晃荡，耳朵眼睛受不了，头昏脑眩；二是戏台下拥挤不堪，甚至于连立足也难，"不适于生存"。可是，中国戏如果不是在剧场，"若在野外散漫的所在，远远的看起来，也自有他的风致"。[1]作为对比，他回忆十一二岁时候在家乡看的社戏。在回忆里，少年的经验是那么纯净，家乡的社戏是此后再也没有看到过的最好的戏。鲁迅写和小伙伴撑船去看戏，写看戏时的感受，写看戏回来路上的情景，文字简直可以说是纤尘不染，一如孩童之心那样清澈透明。

鲁迅这样写，是把这样的少年经验，包括经验中的家乡社戏，当成了与他后来进入社会跌打滚爬的人生经历，及其所处的纷繁复杂的社会情境，相比照的东西；而且在有意无意间，这样的经验和记忆，具有对个人的现实创伤进行精神抚慰和疗治的功效。

沈从文是在切身的现实情境中写社戏，就要把现实的不纯净因素写进来。所以他写戏外的人事和社会情形，具体而复杂。他写到夭夭看戏时感受到保安队长眼光的压迫，于是就到河边去看

1 鲁迅：《社戏》，《鲁迅全集》第1卷，561页。

船，和哥哥说话；哥哥三黑子正对汤汤流水，想起家里被欺压讹诈的事，火气上心。三黑子远远听见伏波宫前锣鼓声，说："菩萨保佑今年过一个太平年，不要出事情就好，夭夭，你看爹爹这场戏，忙得饭也不能吃，不知他许下有什么愿心！"夭夭依随老水手烟杆所指，望见红紫色的远山野烧，说："好看的都应当长远存在。"老水手有所感触，叹了一口气："夭夭，依我看，好看的总不会长久。"[1]

但是，就是在这样的现实情境中，沈从文依然写出了社戏带来的庄严与热闹，虔诚和快乐。本村和附近村子的人，都换了浆洗过的新衣服，妇女多戴上满头新洗过的首饰，来一面看戏一面掏钱买各种零食吃；还有人带了香烛纸张顺便敬神还愿。第一天开锣时，首事人磕头焚香，祭杀白羊和雄鸡。第一出戏象征吉祥，对神示敬，对人颂祷；第二出戏与劝忠敬孝有关。到了下午，戏文才趋热闹活泼，村民沉酣其中。

特别是，演戏和看戏，都是在宽阔的环境里，在大的自然空间中，而不是在一个狭小局限的人为空间里，这样也就特别能够感受得到，"在素朴自然景物下衬托简单信仰蕴蓄了多少抒情诗气分"。[2]沈从文写戏收锣时的情景，与鲁迅《社戏》里船行水上的文字，真可谓异曲同工：

---

1 沈从文：《长河·社戏》，《沈从文全集》第10卷，167、169页。

2 沈从文：《〈长河〉题记》，《沈从文全集》第10卷，4页。

收锣时已天近黄昏，天上一片霞，照得人特别好看。自作风流的船家子，保安队兵士，都装作有意无心，各在渡船口岔路边逗留不前，等待看看那些穿花围裙扛板凳回家的年青妇女。一切人影子都在地平线上被斜阳拉得长长的，脸庞被夕照炙得红红的。到处是笑语嘈杂，为前一时戏文中的打趣处引起调谑和争论。过吕家坪去的渡头，尤其热闹，人多齐集在那里候船过渡，虽临时加了两只船，还不够用。方头平底大渡船，装满了从戏场回家的人，慢慢在平静河水中移动，两岸小山都成一片紫色，天上云影也逐渐在由黄而变红，由红而变紫，太空无云处但见一片深青，秋天来特有的澄清。在淡青色天末，一颗长庚星白金似的放着煜煜光亮，慢慢的向上升起。远山野烧，因逼近薄暮，背景既转成深蓝色，已由一片白烟变成点点红火。……一切光景无不神奇而动人。[1]

鲁迅写半夜行船回家，光景的"神奇而动人"，不相上下：

月还没有落，仿佛看戏也并不很久似的，而一离赵庄，月光又显得格外的皎洁。回望戏台灯火光中，却又如初来未

1 沈从文：《长河·社戏》，《沈从文全集》第 10 卷，165 页。

到时候一般，又漂渺得像一座仙山楼阁，满被红霞罩着了。吹到耳边来的又是横笛，很悠扬；我疑心老旦已经进去了，但也不好意思说再回去看。

不多久，松柏林早在船后了，船行也并不慢，但周围的黑暗只是浓，可知已经到了深夜。他们一面议论着戏子，或骂，或笑，一面加紧的摇船。这一次船头的激水声更其响亮了，那航船，就像一条大白鱼背着一群孩子在浪花里蹿，连夜里的几个老渔父，也停了艇子喝采起来。[1]

沈从文还特意强调了人与“光景”的未分离性，他紧接着“一切光景无不神奇而动人”的赞叹之后，又说：

可是，人人都融合在这种光景中，带点快乐和疲倦的心情，等待还家。无一个人能远离这个社会的快乐和疲倦，声音与颜色，来领会赞赏这耳目官觉所感受的新奇。[2]

不过，这种未分离的状态，迟早会被破坏。

这个小小地方的朴素的欢乐，自然衬托下的抒情诗气氛，其实正处在大的灾难的包围之中，除了接连不断的地方性动乱，前

1 鲁迅：《社戏》，《鲁迅全集》第 1 卷，566—567 页。

2 沈从文：《长河·社戏》，《沈从文全集》第 10 卷，165 页。

头还有即将全面爆发的抗日战争，整个国家民族的大劫已经是步步紧逼上来了。就是在这样的地方，在大灾难的背景上写酬神娱己的社戏，写与日常生活紧密关联的欢乐、虔敬和抒情诗气氛，显示出沈从文笔力的非凡强健。

六、与父老子弟秉烛夜谈的知心的书

《长河》共十一章，写得舒展，开阔，有些散漫，不像《边城》那样精致，却有厚实粗拙的美感。金介甫认为"有些篇章并没有把小说情节展开"，其实作者并不特别在意情节，用黄永玉的话说是"他排除精挑细选的人物和情节"。黄永玉的那段话是这样说的："我让《长河》深深地吸引住的是从文表叔文体中酝酿着新的变格。他排除精挑细选的人物和情节。他写小说不再光是为了有教养的外省人和文字、文体行家甚至他聪明的学生了。他发现这是他与故乡父老子弟秉烛夜谈的第一本知心的书。"[1]

沈从文自己对这本书也怀着特别的感情。一九四四年十二月间，他校读文聚社土纸本《长河》，十分细致地加了大量批注，《沈从文全集》所编《〈长河〉自注》，有十二页，这还不是全

1 黄永玉：《这一些忧郁的碎屑》，《沈从文印象》，203 页。

部，因为有几章的注释缺失了。给自己的作品加注，这在沈从文是绝无仅有的一次。注中的大部分，是对方言土语的解释。虽然沈从文的作品一向不避方言，但《长河》运用的数量之多，运用的娴熟自如，以及读者读上去不感觉生分，自然贴切的效果，都是非常突出的。这与它的与父老乡亲谈心的性质紧密关联，与故乡人谈心的语言，一定是故乡的语言。

不过，与故乡的亲密性却并不必然意味着狭隘、偏执的立场和视野，“虽然这只是湘西一隅的事情，说不定它正和西南好些地方差不多。虽然这些现象的存在，战争一来都给淹没了，可是和这些类似的问题，也许会在别一地方发生”。沈从文对地方、乡土的关注和忧思，是与对现代中国民族国家建构的关注和忧思一脉相连、息息相通的。生怕读者不明白，他在《〈边城〉题记》里就强调过这个用心，在《〈长河〉题记》里，他再次写道：“记得八年前《边城》付印时，在那本小书题记上，我曾说过：所希望的读者，应当是……在各种事业里低头努力，很寂寞的从事于民族复兴大业的人。……现在这本小书，我能说些什么？我很明白，我的读者在八年来人生经验上，对于国家所遭遇的挫折，以及这个民族忧患所自来的根本原因，还有那个多数在共同目的下所有的挣扎向上方式，从中所获得的教训，……都一定比我知道的还要多还要深。……横在我们面前许多事都使人痛苦，可是却不用悲观。骤然而来的风雨，说不定会把许多人的高尚理想，卷扫摧残，弄得无踪无迹。然而一个人对于人类前途的热忱，和工作的虔敬态度，是应当永远存在，且必然能给后来者以极大鼓励的！"[1]

这是和现代中国的父老子弟谈心。语重心长。

---

1 沈从文：《〈长河〉题记》，《沈从文全集》第10卷，8—9页。

第五讲

《黑魇》：

精神迷失的踪迹和文学理解的庄严

一、一个勾连紧密的小整体

一九四一年八月，上海文化生活出版社出版《烛虚》，收散文和文论各四篇。散文分别是《烛虚》《潜渊》《长庚》《生命》，内容和写法上都与沈从文以前的散文有极大的变化。

一九四三年十二月至翌年一月，沈从文在《当代评论》分三次发表《绿·黑·灰》，二月改以《绿魇》为题在《当代文艺》发表，这是"魇"系列散文的第一篇；此后又有《白魇》和《黑魇》在一九四四年、《青色魇》在一九四六年发表。这四篇散文，承接《烛虚》等四篇的风格，将沈从文的变化进一步放大和显明。

这八篇散文，互相勾连得很紧密，可以当作一个小整体，强烈而集中地表达了沈从文昆明时期思想、心绪等方面细致入微的复杂状况。因为是对充分个人化、内心化的精神状态的"捕捉性"描述，文风自然不同，蒙蒙不明处难免。所谓蒙蒙不明，不仅指读者对作品的理解，而且指作者对自己的精神思绪的追踪，及其对这个追踪过程的文字叙述，都有力所不逮的感叹。

更为纠结的是，这里所说的个人化、内心化，绝不是与社会和外界相隔绝的结果和形式，反而是直接置身和体会纷乱芜杂动荡不安的社会现实，并且以一己之心，对这个巨大的社会现实进行考量，与它发生剧烈的摩擦；因此而生的切身的精神痛苦，与在对待世界和现实时抽去了个人和内心的方式，当然不可同日而语。这一系列的“魇”，[1]沈从文在其中一篇的校样上题识，说是“从生活中发现社会的分解变化的恶梦意思”，[2]即表明个人精神状况与社会现实之间难解难分的关系。

既然把这八篇散文看作一个勾连紧密的小整体，那么，读其中任何一篇，都需要拿其他几篇来参照，否则的话就不容易明白。我们取《黑魇》，参照其他几篇，再辅之以同时期的几篇文论，来了解这一时期沈从文的思想重心、感触接点、精神踪迹和文学理解。

二、“人类生命取予形式的多方”

《黑魇》是一九四三年十二月末在云南呈贡乡间写的，先发表于一九四四年五月重庆《时与潮文艺》第三卷第三期，又发表于一九四七年八月《知识与生活》第八期，《沈从文全集》据《知识与生活》编入。《题〈黑魇〉校样》中有这么一句话：“这个写

---

1 1949 年初，沈从文曾以《七色魇集》为书名编了一个作品集，未出版。其中包括《水云》和《绿魇》《黑魇》《白魇》《赤魇》《青色魇》《橙魇》。《赤魇》和《橙魇》分别是小说《雪晴》和《凤子》的一章。《沈从文全集·七色魇集》收《水云》和《绿魇》《黑魇》《白魇》《青色魇》。

2 沈从文：《题〈黑魇〉校样》，《沈从文全集》第 14 卷，471 页。

得很好，都近于自传中一部分内部生命的活动形式。”[1]

文章以乡居琐事开篇，说的是家里的用人张嫂要到城里去。两年前昆明市空袭严重，很多市民疏散乡下；后来同盟国飞机增多后，空袭俨然成为过去，于是大家重新变作“城里人”。张嫂只是受进城风气影响的一个。张嫂要进城，还因为另外一个女用人进城后嫁了个穿黑洋服的“上海人”，她说起来“直充满羡慕神气”。张嫂劝说主人搬进城里无效，就只好撒谎说去城里看姑妈。“昆明穿洋服的文明人可真多，我们不好意思不让她试试机会，自然一切同意。于是不多久，张嫂就换上那件灰线呢短袖旗袍，半高跟旧皮鞋，带上那个生锈的洋金手表，扁扁脸上还敷了好些白粉，打扮得香喷喷的，兴奋而快乐，骑马进城看她的抽象姑妈去了。”[2]

表面是对张嫂的挖苦，善意的，轻松的，甚至带点漫画式的幽默和快乐；内里却是对世风的感慨，是忧心的，痛苦的，有些茫然，有些急躁，有些无奈。这个世风，即由昆明“穿洋服的文明人”而起，影响所及，达于用人。在混乱动荡中，“文明人”的不振奋和敷衍懒惰，乃至扭曲、虚伪、荒唐、堕落的生活，给沈从文非常大的冲击，特别是在民族危难、战火遍地的大局势中，

---

1 沈从文：《题〈黑魇〉校样》，《沈从文全集》第 14 卷，471 页。

2 沈从文：《黑魇》，《沈从文全集》第 12 卷，168 页。

这种一面是严肃的工作，一面是荒淫无耻的对照，让沈从文深受刺激。不过在这篇文章里，沈从文叙述的调子并不算激烈峻急。

他接下来写自己和一家人在乡下的生活。

> 我依然在乡下不动，若房东好意无变化，即住到战争结束亦未可知。温和阳光与清爽空气，对于孩子们健康既有好处，寄居了将近×年，两个相连接的雕花绘彩大院落，院落中的人事新陈代谢，也使我觉得在乡村中住下来，比城里还有意义。户外看长脚蜘蛛于仙人掌篱笆间往来结网，捕捉蝇蛾，辛苦经营，不惮烦劳，还装饰那个彩色斑驳的身体，吸引异性，可见出简单生命求生的庄严与巧慧。回到住处时，看着几个乡下妇人，在石臼边为唱本新事上的姻缘不偶，从眼眶中浸出诚实热泪，又如何用发誓诅愿方式，解脱自己小小过失，并随时说点谎话，增加他人对于一己信托与尊重，更可悟出人类生命取予形式的多方，我事实上也在学习一切，不过和别人所学的大不相同罢了。[1]

这里所说"院落中的人事新陈代谢"，在《绿魇》中有详细的叙述。《绿魇》第二部分"黑"，先写这个院落及其主人的历

1 沈从文：《黑魇》，《沈从文全集》第 12 卷，168 页。

史，“我觉得什么都好，最难得的还是和这个房子有密切关系的老主人，完全贴近土地的素朴的心，素朴的人生观，不提别的，单就将近半个世纪生存于这个单纯背景中所有的哀乐式样，就简直是一个宝藏，一本值得用三百五十页篇幅来写出的动人故事！”[1]再写来到这里租住的一批批客人，大学教授，学习音乐的女孩子们，艺术家夫妇，从爱情得失中产生伟大感和伟大自觉的诗人，迁进迁出，轮换更迭。沈从文在这一部分结束时作偈：“……日月运行，毫无休息，生命流转，似异实同。惟人生另有其庄严处，即因贤愚不等，取舍异趣，入渊升天，半由习染，半出偶然；所以兰桂未必齐芳，萧艾转易敷荣。……因之人生转趋复杂，彼此相慕，彼此相妒，彼此相争，彼此相学，相差相左，随事而生。凡此一切，智者得之，则生知识，仁者得之，则生悲悯，愚而好用者得之，必另有所成就。不信夙命的，固可从生命变易可惊异处，增加一分得失哀乐，正若对于明日犹可望凭知识或理性，将这个世界近于传奇部分去掉，人生便日趋于合理。信仰夙命的，又一反此种人能胜天的见解，正若认为‘思索’非人性本来，倦人而且恼人，明日事不若付之偶然，生命亦比较从容自由，不信一切惟将生命贴近土地，与自然相邻，亦如自然一部分的，生命单纯庄严处，有时竟不可仿佛。至于相信一切的，到

1 沈从文：《绿魇》，《沈从文全集》第 12 卷，143—144 页。

末了却将俨若得到一切，惟必然失去了用为认识一切的那个自己。”[1]

在这“人类生命取予形式的多方”中，沈从文自己是更近于“信仰夙命的”，但是，虽然认为“思索”非人性本来，此时他自己却正陷入苦苦的“思索”中而不可自拔。这种状态在整个四十年代一直困扰着他。

可是说到一家人的平常生活，特别是家务劳动，沈从文的笔调又显出活泼和明朗来。“为节约计，用人走后大小杂物都自己动手。磨刀扛物是我二十年老本行，作来自然方便容易。烧饭洗衣就归主妇，这类工作通常还与校课衔接。遇挑水拾树叶，即动员全家人丁，九岁大的龙龙，六岁大的虎虎，一律参加。来去传递，竞争奔赴。一面工作一面也就训练孩子，使他们从合作服务中得到劳动愉快和做人尊严。干的湿的有什么吃什么，没有时包谷红薯也当饭吃，有时尽量，有时又听小的吃饱，大人稍稍节制。孩子们欢笑歌呼，于家庭中带来无限生机与活力。主妇的身心既健康而朴素，接受生活应付生活俱见出无比的勇气和耐心，尤其是共同对于生命有个新态度，过下去似乎再困难，即过三五年也担当得住并不如何灰心。”[2]

---

1 沈从文：《绿魇》，《沈从文全集》第 12 卷，149—150 页。

2 沈从文：《黑魇》，《沈从文全集》第 12 卷，169 页。

因现实的刺激而生的痛苦，由自己的“思索”而来的苦恼，交相纠缠他那颗敏感而孤单的心灵，幸好有这样的家庭生活，它的有序、活力、欢乐、朴素，是大大的安慰。

三、精神迷失的踪迹

由谈家庭生活转而说个人事业，笔调不由一沉。沈从文自觉把作家的“古怪事业”作为自己承担的使命，虽然无从靠它“生活”，它却“缚住了我的生命，且将终其一生，无从改弦易辙”。那时候他还没有预料到会有被迫放弃作家事业的时代；他说，这个事业“必然迫得我超越通常个人爱憎，充满兴趣鼓足勇气去明白‘人’，理解‘事’，分析人事中那个常与变，偶然与凑巧，相左或相仇，将种种情形所产生的哀乐得失式样，用它来教育我，折磨我，营养我，方能继续工作”。[1]

人事中的“常与变”“偶然与凑巧”“相左或相仇”，是他的作品的基本内容，是他的作品所叙述的生活情形；他所关心的，是在这样的内容和情形中所产生的“哀乐得失”。但是，在这一段表述中，沈从文不是说自己的作品写了“哀乐得失”，而是说，“用它来教育我，折磨我，营养我”，在这个过程之前，还有

---

1 沈从文：《黑魇》，《沈从文全集》第 12 卷，169—170 页。

一个对人与事去“明白”“理解”“分析”的过程。生活世界和人事哀乐是怎样进入文学的？对于一个优秀的作家来说，绝不是他要写什么就写什么了，而是必须经过作家主体和生活世界的互相融入，这个过程，有深的快乐也有深的痛苦，这就是沈从文说的“教育”“折磨”“营养”的主旨，只有经历了这个过程，“方能继续工作”，产生出文学。去掉或忽略这个过程，作家固然可以免受“折磨”，但他也得不到“教育”和“营养”，没有深的痛苦也没有深的快乐，由此而生的文学，无所用心，自然也就常常是无关痛痒的。

由此我们多少可以明白一点点，沈从文作为一个作家，在四十年代，他为什么要那么痛苦；他为什么不去写他的“文学”，而为现实和时代如此困扰。

沈从文在昆明时期的日常状态，从外面看不复杂也不沉重，“生活简单而平凡，在家事中尽手足勤劳之力打点小杂，义务尽过后，就带了些纸和书籍，到有和风与阳光的草地上，来温习温习人事，并思索思索人生”。似乎雅致安闲。其实内心却是极端的不平静。下面这段文字，有一个从外界到内心并且对内心世界逐层深入的顺序：“先从天光云影草木荣枯中，有所会心。随即由大好河山的丰腴与美好，和人事上无章次处两相对照，慢慢的从这个不剪裁的人生中，发现了‘堕落’二字真正的意义。又慢慢的从一切书本上，看出那个堕落因子。又慢慢的从各阶层间，看出那个堕落传染浸润现象；尤其是读书人倦于思索，怯于疑惑，苟安于现状的种种，加上一点为贤内助谋出路的打算，如何即对武力和权势形成一种阿谀不自重风气。这种失去自己可能为民族带来一种什么形式的奴役，仿佛十分清楚。我于是渐渐失去原来与自然对面时应得的谧静。我想呼喊，可不知向谁呼喊。”[1]

这一段叙述，可以作为沈从文四十年代精神情形的基本概括。略分几个方面和层次来理解。

在昆明乡间，美好的自然景象触目皆是，却再也不能像以前一样，美好的自然唤起他美好的心境，他在《烛虚》中回忆过往印象，亦不能不有感慨：“重读《月下小景》、《八骏图》、《自传》，八年前在青岛海边一梧桐树下面，见朝日阳光透树影照地下，纵横交错，心境虚廓，眼目明爽，因之写成各书。二十三年写《边城》，也是在一小小院落中老槐树下，日影同样由树干枝叶间漏下，心若有所悟，若有所契，无渣滓，少凝滞。”[2]“心境虚廓，眼目明爽”，“无渣滓，少凝滞”，这是何等心境；在这样的心境下落笔为文，文字也晶莹剔透。而现在，心境大变，与美好自然相对，使他感到自己所用文字根本不能相配，因为文字“附有各种历史上的霉斑与俗气意义”，[3]“企图用充满历史霉斑

1 沈从文：《黑魇》，《沈从文全集》第 12 卷，170 页。
2 沈从文：《烛虚》，《沈从文全集》第 12 卷，13—14 页。
3 同上注，26 页。

的文字来写它时，竟是完全的徒劳”。[1]具体可感的自然景象，人与自然和谐的境界，此时在他的心中又抽象到极端，无从传达和表现，“必需稍次一个等级，才能和音乐所扇起的情绪相邻，再次一个等级，才能和诗歌所传递的感觉相邻。然而这个层次的降落原只是一种比拟……”[2]总之，这位中国现代文学史上最善于感知自然描写自然的作家，现在强烈地感觉到面对自然时的无能为力。

越是无能为力，却越是敏感，而且把具体的感知朝抽象的方向发展。这样一来，自然并没有因为无从传达和表现而从沈从文的作品中隐退和消失，而是成为一种引发对比的存在，这就是“和人事上无章次处两相对照”。在《绿魇》里，这种对照就以非常尖锐的形式出现过了：自然中“如何形成一个小小花蕊，创造出一根刺，以及那个在微风摇荡凭藉草木银白色茸毛飞扬旅行的种子，成熟时自然轻轻爆裂弹出种子的豆荚，这里那里还无不可发现一切有生为生存与繁殖所具有的不同德性。这种种德性，又无不本源于一种坚强而韧性的试验，在长时期挫折与选择中方能形成。我将大声叫嚷：‘这不成！这不成！我们人类的意志是个什么形式？在长期试验中有了些什么变化？它存在，究在何

[1] 沈从文：《绿魇》，《沈从文全集》第12卷，134页。

[2] 同上注，138页。

处？它消失，究竟为什么而消失？一个民族或一种阶级，它的逐渐堕落，是不是纯由宿命，一到某种情形下即无可挽救？会不会只是偶然事实，还可能用一种观念一种态度而将它重造？我们是不是还需要些人，将这个民族的自尊心和自信心，用一些新的抽象原则，重建起来？对于自然美的热烈赞诵，传统世故的极端轻蔑，是否即可从更年青一代见出新的希望？’”[1]

“人事上无章次处”，“不剪裁的人生”，“堕落”，令他痛苦和迷茫，促成他对现代文化的反省。《烛虚》里说：“和尚，道士，会员，……人都俨然为一切名分而生存，为一切名词的迎拒取舍而生存。禁律益多，社会益复杂，禁律益严，人性即因之丧失净尽。许多所谓场面上人，事实上说来，不过如花园中的盆景，被人事强制曲折成为各种小巧而丑恶的形式罢了。一切所为所成就，无一不表示对于‘自然’之违反，见出社会的拙象和人的愚心。然而所有各种人生学说，却无一不即起源于承认这种种，重新给以说明与界限。更表示对‘自然’倾心的本性有所趋避，感到惶恐。这就是人生。也就是多数人生存下来的意义。”“‘远虑’是人类的特点，但其实远虑只是少数又少数人的特点，这种近代教育培养成的知识阶级，大多数是无足语的！”[2]《长庚》里说：“对尤其当前存在的‘实事’、‘纲要’、‘设

---

1 沈从文：《绿魇》，《沈从文全集》第12卷，138—139页。

2 沈从文：《烛虚》，《沈从文全集》第12卷，14、18页。

计’、‘理想’，都找寻不出一点证据，可证明它是出于这个民族最优秀头脑与真实情感的产物。只看到它完全建筑在少数人的霸道无知和多数人的迁就虚伪上面。政治、哲学、文学、美术，背面都给一个‘市侩’人生观在推行。”读书人尤其令人痛心，“对学问不进步”，“对人事是非好坏麻木”，“对生活无可无不可”。[1]《生命》里说：“我看到生命一种最完整的形式，这一切都在抽象中好好存在，在事实前反而消灭。”[2]

现实的种种使沈从文看出可怕来，这个可怕，是整个民族的，他仿佛看见这样的现实发展下去，会“为民族带来一种什么形式的奴役”；而且，“还有更可怕的，是这个现实将使下一代堕落的更加堕落，困难越发困难”。就是在这样危机的情境中，他虽然明明“不知向谁呼喊”，可还是发出了呼喊：“我们实希望人先要活得尊贵些！我们当前便需要一种‘清洁运动’，必将现在政治的特殊包庇性，和现代文化的驵侩气，以及三五无出息的知识分子所提倡的变相鬼神迷信，于年青生命中所形成的势利，依赖，狡猾，自私诸倾向，完全洗刷干净，恢复了二十岁左右头脑应有的纯正与清朗，认识出这个世界，并在人类驾驭钢铁征服自然才智竞争中，接受这个民族一种新的命运。我们得一切从新起

1 沈从文：《长庚》，《沈从文全集》第 12 卷，38、39 页。

2 沈从文：《生命》，《沈从文全集》第 12 卷，43 页。

始：从新想，从新做，从新爱和恨，从新信仰和惑疑。……”[1]

但是，关于整个民族的如此重大的问题，以一个微弱的个人的力量如何着手，如何解决？所以，当这样的“呼喊”一发出来，他马上就“为自己所提出的荒谬问题愣住了”：“到我从新来检讨影响到这个民族正当发展的一切抽象原则以及目前还在运用它作工具的思想家或统治者被它所囚缚的知识分子和普通群众时，顷刻间便俨若陷溺到一个无边无际的海洋里，把方向完全迷失了。”大海里的漩涡与波涛“卷没了我的小小身子，复把我从白浪顶上抛起。试伸手有所攀援时，方明白那些破碎板片，正如同经典中的抽象原则，已腐朽到全不适用”。[2]

沈从文是诚实的，他坦白自己精神上的迷失和没顶。

四、沈从文是一个什么样的作家

在《潜渊》里，沈从文早写出了自己的迷失和战败。这篇文章是从日记里摘抄出来的，其中有这样的话：“小楼上阳光甚美，心中茫然，如一战败武士，受伤后独卧荒草间，武器与武力

---

1 沈从文：《黑魇》，《沈从文全集》第 12 卷，170—171 页。

2 同上注，172 页。

全失。午后秋阳照铜甲上炙热。手边有小小甲虫爬行，耳畔闻远处尚有落荒战马狂奔，不觉眼湿。”[1]此种状态，可与大海里无所攀援的情势相比；虽然各自趋向一静一动的两极。

然而，他还是没有放弃。“试由海面向上望，忽然发现蓝穹中一把细碎星子，闪灼着细碎光明。从冷静星光中，我看出一种永恒，一点力量，一点意志。诗人或哲人为这个启示，反映于纯洁心灵中即成为一切崇高理想。过去诗人受牵引迷惑，对远景泼眸过久，失去条理如何即成为疯狂，得到平衡如何即成为法则：简单法则与多数人心会和时如何产生宗教，由迷惑，疯狂，到个人平衡过程中，又如何产生艺术。一切真实伟大艺术，都无不可见出这个发展过程和终结目的。”[2]

艺术的存在并不耀眼辉煌，它有的也许只是那种“细碎”的光明；即使如此，它却包含着永恒、力量和意志，它与理想密切关联，它从生命的深刻的精神过程中所产生。这样的艺术的含量是巨大的，它的状态是敞开的，实在的，它不仅是包容，而且是发现。“微风掠过面前到绿原，似乎有一阵新的波浪从我身边推过。我攀住了一样东西，于是浮起来了。我攀住的是这个民族在忧患中受试验时一切活人素朴的心；年青男女入社会以前对于人生的坦白与热诚，未恋爱以前对于爱情的腼腆与纯粹，还有那个

---

[1] 沈从文：《潜渊》，《沈从文全集》第 12 卷，31 页。

[2] 沈从文：《黑魇》，《沈从文全集》第 12 卷，172 页。

在城市，在乡村，在一切边陬僻壤，埋没无闻卑贱简单工作中，低下头来的正直公民，小学教师或农民，从习惯中受侮辱，受挫折，受牺牲的广泛沉默。沉默中所保有的民族善良品性，如何适宜培养爱和恨的种子！”[1]

发现艺术的永恒、力量和意志，又通过艺术发现体现着永恒、力量和意志的素朴的心和民族品性，而且还要通过艺术把这孕育着未来的民族品性的种子撒播出去。“我仿佛看到一些种子，从我手中撒去，用另外一种方式，在另外一时同样一片蓝天下形成的繁荣。”[2]

“从我手中撒去”，这是对自己作为一个作家的工作与民族大业息息相通的关系的认同，是对自己的责任和使命的确证。沈从文所理解的文学艺术，绝不是一个狭隘封闭、无所承担的“纯”的概念。

孩子来把他从思索中拉回到日常生活的情景中，大家到溪边取水。由溪边想到以前常带孩子来这里的善于弹琴唱歌聪明活泼的女子和生活孤独性情淳厚的诗人，本事是张充和与卞之琳，在《绿魇》里已有叙述。人事倏忽相差相左，无可奈何，可为一叹而再叹。

晚饭时，主妇给他讲家里来过的几个客人的故事。主妇是个善良平和的人，她叙述别人的故事，能够见出每个人各有各的好

---

1 沈从文：《黑魇》，《沈从文全集》第12卷，173页。

2 同上。

处。在这点上，沈从文自觉到差别了："若果由我笔下写出，可就会以为是讽刺了。……照实写下来，就不可免成为不美观的讽刺画了。我容易得罪人在此。这也就是我这支笔常常避开当前社会，去写传奇故事原因。一切场面上的庄严，从深处看，将隐饰部分略作对照，必然都成为漫画。我并不乐意做个漫画家！"[1]

沈从文在四十年代小说创作数量的大大减少，也和他"不乐意做个漫画家"有直接的关系。

从这里，我们可以探讨沈从文文学理解的又一个方面，并且从这个方面探讨沈从文是一个什么样的作家。什么能够进入文学，什么不能够进入文学，对沈从文来说，是一个很重要的问题，他特意强调他的笔要"避开"什么，也就是强调他的文学不能是什么。在《白魇》里，他就坦言道："我虽是一个写故事的人，照例不会拒绝一切与人性有关的见闻，可是从性情可爱的客人方面所表现的故事，居多都像太真实了一点，待要把它写到纸上时，给人印象不是混乱荒谬，便反而近于虚幻想象了。"又说："如彼或如此，在人生中十分真实，但各有它存在的道理，巴尔扎克或高尔基，笔下都不会放过。可是这些事在我脑子里，却只作成一种混乱印象，假若一页用失去了时效的颜色，胡乱涂成的漫画，这漫画尽管异常逼真，但实在并不动人。"他把自己

---

1 沈从文：《黑魇》，《沈从文全集》第 12 卷，174—175 页。

区别于巴尔扎克或高尔基这一类型的作家，是他不能让文学屈从于所谓的合理的真实。“这算什么？我们作人的兴趣或理想，难道都必然得奠基于这种猥琐粗俗现象上，且分享活在这种事实中的小人物悲欢得失，方能称为活人？一面想起这个眼前身边无剪裁的人生，虽无章次，却又俨然有物各遂其生的神气，一面想起另外一些人所抱的崇高理想，以及理想在事实中遭遇的限制，挫折，毁灭，正若某种稀有高级生物受自然苛刻特别多，不能适应反而容易夭折，不免苦痛起来。我还得逃避，逃避到一种抽象中，方可突出这个人事印象的困惑。”[1]

沈从文的文学对于“无剪裁的人生”、“无章次”的“真实”的逃避，其实是一种坚持：“我总以为做人和写文章一样，包含不断的修正，可以从学习得到进步。尤其是读书人，从一切好书取法，慢慢的会转好。”[2]持这样一种朴素的观念，文学自然就要有它的剪裁，它的章次，它的标准，它的选择。

另一方面，中国的新文学运动发展到目前，在沈从文看来，到了需要认真分析它的得失的时候。收入《烛虚》集的文论《新的文学运动与新的文学观》指出：“有两件事值得我们特别注意：第一是民国十五年后，这个运动同上海商业结了缘，作品成为大老板商品之一种。第二是民国十八年后，这个运动又与国内

---

1 沈从文：《白魇》，《沈从文全集》第12卷，163—164页、165页。

2 沈从文：《黑魇》，《沈从文全集》第12卷，175页。

政治不可分，成为在朝在野政策工具之一部。因此一来，若从表面观察，必以为活泼热闹，实在值得乐观。可是细加分析，也就看出一点堕落倾向，远不如‘五四’初期勇敢天真，令人敬重。原因是作者的创造力一面既得迎合商人，一面又得傅会政策，目的既集中在商业作用与政治效果两件事上，它的堕落是必然的，不可避免的。”[1]同集里的《白话文问题》《小说作者和读者》《文运的重建》，都郑重地谈到这两种倾向，他严厉地斥之为“堕落”，表明他自己的文学理解的严正和文学坚持的不妥协性。

他在《长庚》里检讨“从‘五四’到如今”二十年来文字工具的“误用与滥用”，又要“看看二十年来用文字作工具，使这个民族自信心的生长，有了多少成就。从成就上说，便使我相信，经典的重造，不是不可能的。经典的重造，在体裁上更觉得用小说形式为便利”。“新经典的原则，当从一个崭新观点去建设这个国家有形社会和无形观念。尤其是属于做人的无形观念重要。勇敢与健康，对于更好的‘明天’或‘未来’人类的崇高理想的向往。”“生命的‘意义’，若同样是与愚迷战争，它使用的工具仍离不了文字，这工具的使用方法，值得我们好好的来思索思索。”[2]这其实是在强调文学的根本性担当。

《白话文问题》里，沈从文说伟大作品的产生得期望这样的

---

1 沈从文：《新的文学运动与新的文学观》，《沈从文全集》第 12 卷，46 页。

2 沈从文：《长庚》，《沈从文全集》第 12 卷，39、40、41 页。

作者："即由人类求生的庄严景象出发，因所见甚广，所知甚多，对人生具有深厚同情与悲悯，对个人生命与工作又看得异常庄严，来用宏愿与坚信，完成这种艰难工作，活一世，写一世，到应当死去时，倒下完事。工作的报酬，就是那工作本身；工作的意义，就是他如历史上一切伟大作者同样，用文字故事来给人生作一种说明，说明中表现人类向崇高光明的向往，以及在努力中必然遭遇的挫折。虽荆棘载途，横梗在生活中是庸种极端的愚蠢、迷信、小气、虚伪、懒散、自私……他却凭韧性与牺牲，慢慢接近那个幻想。到接近幻想时，他谅已精尽力竭，快要完了。他本身一生实应当如一篇宏大庄严然而同时又极精美的诗歌。"[1] 显然，他是以此自期的，是十分严肃的自我要求和自我认同。

文学不能沦落为商业和政治的雇佣，却必须得有根本性的担当；黑夜仰望苍穹，可见细碎的星子，文学就得如星子，得有光明，哪怕是"细碎的光明"；它得包含"一种永恒，一点力量，一点意志"；[2] 它得是未来的种子。

五、"美不常住，物有成毁"与"信仰"

孩子做了个梦，梦见带他到溪边去的四姨坐船从溪里回来

1 沈从文：《白话文问题》，《沈从文全集》第 12 卷，62—63 页。

2 沈从文：《黑魇》，《沈从文全集》第 12 卷，172 页。

了，诗人舅舅在堤上拍手。“一切愿望都神圣庄严，一切梦想都可能会实现。”怀着梦想的孩子，“正睁起一双大眼睛，向虚空看得很远，海上复杂和星空壮丽，既影响我一生，也会影响他将来命运，为这双美丽眼睛，我不免稍稍有点忧愁。因此为他说了个佛经驹那罗王子的故事”。[1]

这个故事，在《黑魇》里只是极为简略地一提，《青色魇》才完完整整地叙述。阿育王得子，双眼如驹那罗鸟的眼睛一样俊美有神，卜筮为阿育王说“眼无常相”法，它的意思，其实是沈从文要说的意思：“凡美好的都不容易长远存在，具体的且比抽象的还更脆弱。美丽的笑容和动人的歌声，反不如星光虹影持久，这两者又不如某种观念信仰持久。英雄的武功和美人的明艳，欲长远存在，必与诗和宗教情感结合，方有希望。但能否结合，却又出于一种偶然。因人间随时随处，都有异常美好的生命，或事物消失，大多数即无从保存。并非事情本身缺少动人悲剧性，缺少的只是一个艺术家或诗人的情绪，恰巧和这个问题接触。必接触，方见功。这里‘因缘’二字有它的庄严意义。‘信仰’二字也有它的庄严意义。记住这两个名词对人生最庄严的作用，在另外一时，就必然发生应有的作用。”驹那罗王子后来双眼被挖，他自己说“美不常住，物有成毁”，似乎能够接受这样的命运。

---

1 沈从文：《黑魇》，《沈从文全集》第 12 卷，177 页。

阿育王为救治儿子双眼，手捧钵盂，向众宣示："今我将用这一钵出自国中最纯洁女子为同情与爱而流的纯洁眼泪，来一洗驹那罗盲眼。若信仰二字，犹有意义，我儿驹那罗双眼必重睹光明，亦重放光明。若信仰二字，早已失去应有意义，则盲者自盲，佛之钵盂，正同瓦缶，恰合给我儿驹那罗作叫化子乞讨之用！"人天相佑，奇迹重生，全城年青女子，连臂踏歌，终宵欢庆。[1]

我们应该还记得，《长河》里夭夭望见红紫色的远山野烧，对老水手说："好看的都应当长远存在。"老水手叹了一口气，回答说："夭夭，依我看，好看的总不会长久。"[2]美好的能不能够长远存在，这是沈从文萦绕于心的问题。在时代的剧烈变化和现实的动荡混乱中，这个问题就变得非常突出，非常刺痛人心。

这个问题，无从求解于现实中，则需要"信仰"来把人心落实下来。驹那罗王子的故事，既是"美不常住，物有成毁"的故事，也是"信仰"创造奇迹的故事；它是一个复杂的故事，也是一个单纯的故事。在叙述完这个故事之后，沈从文说，"信仰"，有它永远的意义。我们需要什么样的"信仰"呢？这当然与眼前的现实密切相关。"我们需要的是一种明确而单纯的新的信仰，去实证同样明确而单纯的新的共同愿望。人间缺少的，是一种广博伟大悲悯真诚的爱，用童心重现童心。而当前个人过多的，却

1 沈从文：《青色魇》，《沈从文全集》第 12 卷，183—189 页。
2 沈从文：《长河·社戏》，《沈从文全集》第 10 卷，169 页。

是企图用抽象重铸抽象，那种无结果的冒险。社会过多的，却是企图由事实重造事实，那种无情感的世故。情感凝固，冤毒缠绕，以及由之而生的切齿憎恨与相互仇杀。”[1]

回到为孩子讲这个故事的家庭情境中来，主妇目光仿佛是说：“王子眼睛被恶人弄瞎后，要用美貌女孩子的纯洁眼泪来洗，方可重见光明。现在的人呢，要从勇敢正直的眼光中得救。”讲故事的人补充说：“一个人从美丽温柔眼光中，也能得救！”[2]这当然指的是主妇的眼光。主妇平和、宽厚的性格，照例的沉默与微笑中所包含的同情、容忍、保留、坚韧，当然还有那美丽温柔眼光，至少能够让被社会的大现实和个人痛苦的思考弄得焦头烂额的讲故事人，在家庭的小环境中，轻松安稳下来。

---

1 沈从文：《青色魇》，《沈从文全集》第 12 卷，190 页。

2 沈从文：《黑魇》，《沈从文全集》第 12 卷，177 页。

第六讲

●

时代转折处的“呓语狂言”：
一九四九年

一、各种文字材料及其复杂性

一九四九年是沈从文人生命运和事业的分水岭。这个说法当然是正确的；不过这个说法适用于很多经历过那个时代转折的人，包括与沈从文同代的很多作家。历史和社会发生了巨大的、根本性的裂变，个人的命运和事业，大多数只能随着这个巨大的、根本性裂变而发生重要的调整，甚至是根本性的转向。

但是，即使很多人都处在分水岭上，沈从文仍然显得非常特殊。他是以精神的极端痛苦和紧张而孤立在分水岭上的，其孤立的程度，在他觉得是唯一的一个；其极端的程度，竟至于发展到“精神失常”和自杀。在一段不算短的时间里，他的精神处在崩溃的边缘，处在崩溃的过程中，甚至可以说，已经崩溃了。

沈虎雏编撰的《沈从文年表简编》关于一九四九年的情况有扼要说明：“一月上旬，北京大学贴出一批声讨他的大标语和壁报，同时用壁报转抄郭沫若《斥反动文艺》全文；时隔不久又收到恐吓信，他预感到即使停笔，也必将受到无法忍受的清算。在强烈刺激下陷入空前的孤立感，一月中旬，发展成精神失常。”“九月中下旬，病情渐趋缓和。作《从悲多汶乐曲所得》、《黄昏和午夜》长诗反映这个过程，以及音乐对于自己的特殊作用。但精神上的康复还待漫长岁月，且时有反复。”[1]《沈从文全集·集外文存》在新编集《一个人的自白》的编者说明中说：“至秋冬，病情渐趋平稳。”[2]

在一九四九年间，沈从文自己留下了各种文字材料，一九九六年上海远东出版社出版的《从文家书》曾选编了其中的一部分，题为《呓语狂言》。《沈从文全集》的出版，使我们能够看到的这部分内容大为丰富，主要有：（一）书信和零星日记，编入第19卷；（二）自白性文字《一个人的自白》《关于西南漆器及其他》《政治无所不在》等，编入第27卷；（三）三首长诗，除上文提到的两首，还有作于五月的《第二乐章——第三乐章》，编入第15卷；（四）写在自己著作上的零星杂感，编入第14卷的《艺文题识录》中。

我们沿用《从文家书》的命名，把沈从文生病期间的文字称为“呓语狂言”；我们来分析他的“呓语狂言”，特别要注意其中所包含的复杂性：

（一）沈从文的“精神失常”，既是外界强大压力刺激的结果，也是他个人精神发展所致。绝不能轻估外界的压力及其罪责，但也不能因此而忽视沈从文自身精神发展的状况，特别是四

---

1 沈虎雏编：《沈从文年表简编》，《沈从文全集》附卷，太原：北岳文艺出版社，2003年，38、40页。

2 新编集《一个人的自白》的编者说明，《沈从文全集》第27卷，2页。

十年代以来精神上的求索、迷失和痛苦。

（二）“精神失常”的“呓语狂言”，到底能够揭示出什么样的自身状况和时代状况？它有什么特殊的价值？“精神失常”其实是个极其模糊的说法，据此我们难以得到任何实质性的认识。他的“精神”状况到底是怎样的？“失常”的“常”是指什么？从哪一种角度看是“精神失常”？如果换一种角度呢？从“呓语狂言”中，是否能够找到对这些问题的解答？

（三）我们不但要注意沈从文精神崩溃的过程，而且还要注意他从崩溃中“恢复”过来的过程。这个“恢复”意义重大，如果没有这个“恢复”，不但沈从文后半生的事业无从谈起，而且也将使得沈从文的精神痛苦和思想坚持失去可以证实的意义。

二、神经已经发展到“最高点”上

我们先仔细看看通常所说的沈从文的“疯狂”，究竟是怎样的情形。

一月初《题〈绿魇〉文旁》三段文字的最后一段说：“我应当休息了，神经已发展到一个我能适应的最高点上。我不毁也会疯去。”[1]“最高点”，也即是说，再下去，就要出问题，毁或者

[1] 沈从文：《题〈绿魇〉文旁》，《沈从文全集》第 14 卷，456 页。

疯。沈从文清醒如此。“我应当休息了”，“休息”，指的是死。

一月二十八日，沈从文应朋友的邀请前往清华园休息调养，在那里过了一个多星期。一月二十九日在复张兆和的信中说：“我很累，实在想休息了，只是为了你，在挣扎下去。我能挣扎到多久，自己也难知道！”[1]一月三十日，在张兆和当日致他的信上，沈从文写了许多批语，其中一段是这样的：

> 给我不太痛苦的休息，不用醒，就好了，我说的全无人明白。没有一个朋友肯明白敢明白我并不疯。大家都支吾开去，都怕参预。这算什么，人总得休息，自己收拾自己有什么不妥？学哲学的王逊也不理解，才真是把我当了疯子。我看许多人都在参预谋害，有热闹看。[2]

同信批语中另有一段相类的文字：

> 金隄、曾祺、王逊都完全如女性，不能商量大事，要他设法也不肯。一点不明白我是分分明明检讨一切的结论。我没有前提，只是希望有个不太难堪的结尾。没有人肯明白，

---

1 沈从文：《复张兆和》(19490129)，《沈从文全集》第19卷，7页。

2 张兆和、沈从文：《张兆和致沈从文暨沈从文批语·复张兆和》(19490130)，《沈从文全集》第19卷，9页。

都支吾过去。完全在孤立中。孤立而绝望，我本不具有生存的幻望。我应当那么休息了！[1]

这两段文字相当触目，触目的原因还不在于不承认自己的“疯”，而在于尖利地指出周围的人没有一个“肯明白敢明白”，“都支吾开去”。在此，沈从文把自己跟几乎所有的朋友区别、隔绝开来，区别、隔绝的根据，说白了就是：在社会和历史的大变局中，周围的人都能顺时应变，或者得过且过，而他自己却不能如此，不肯如此。

在一九四八年底，沈从文就把对自己命运的预感明确地表达了出来，在给一个青年作者的信中，他说：“中国行将进入一新时代，……传统写作方式态度，恐都得决心放弃，从新起始来学习从事。人近中年，观念凝固，用笔习惯已不容易扭转，加之误解重重，过不多久即未被迫搁笔，亦终得搁笔。这是我们这年龄的人必然结果。”[2]不久，在另一封信中，他又重复这一想法：“人近中年，情绪凝固，又或因性情内向，缺少社交适应能力，用笔方式，二十年三十年统统由一个‘思’字出发，此时却必需用‘信’字起步，或不容易扭转，过不多久，即未被迫搁笔，亦终得把笔搁

1 张兆和、沈从文：《张兆和致沈从文暨沈从文批语·复张兆和》（19490130），《沈从文全集》第19卷，10—11页。

2 沈从文：《致季陆》（19481201），《沈从文全集》第18卷，517页。

下。这是我们一代若干人必然结果。”[1]至少在表述的文字上，沈从文是相当克制和平静的。他看到了即将来临的悲剧命运，但这样的悲剧命运，他那时觉得，不是他一个人的，而是“我们这年龄的人”“我们一代若干人”的。

然而，到一九四九年，他却感到前所未有的孤立，他的命运得由他一个人来承担，并没有同代人的陪伴。这种“完全在孤立中”的强烈感受，给他的打击太大了。这个冥顽不灵的“乡下人”不会顺时应变，可是一切都在顺应趋变。在这样的时局和情势下，他再也无法保持克制和平静，而此时他的话就显得特别刺耳，十足的狂言：“小妈妈，我有什么悲观？做完了事，能休息，自己就休息了，很自然！若勉强附和，奴颜苟安，这么乐观有什么用？让人乐观去，我也不悲观。”[2]

在二月二日复张兆和的信中，沈从文写道：“你说得是，可以活下去，为了你们，我终得挣扎！但是外面风雨必来，我们实无遮蔽。我能挣扎到什么时候，神经不崩毁，只有天知道！我能和命运挣扎？”又写道：“小妈妈，你的爱，你的对我一切善意，都无从挽救我不受损害。这是夙命。我终得牺牲。我不向南行，留下在这里，本来即是为孩子在新环境中受教育，自己决心作牺牲的！应当

---

1 沈从文：《致吉六》（19481207），《沈从文全集》第 18 卷，519 页。

2 沈从文、张兆和：《张兆和致沈从文暨沈从文批语·复张兆和》（19490130），《沈从文全集》第 19 卷，10 页。

放弃了对于一只沉舟的希望，将爱给予下一代。”[1]

“我不向南行”，指的是一九四八年十二月，南京政府派陈雪屏来到被解放军包围的北平抢运学者教授，陈雪屏是沈从文旧识，又是沈从文在西南联大师范学院时的上司，曾通知沈从文全家南飞。沈从文选择留下。

三月十三日致张兆和堂兄之女、革命干部张以瑛信，说自己“目前在这里，除神经崩毁发疯，什么都隔着”。“如果工作和时代游离，并且于文字间还多抵牾，我这种‘工作至死不殆’强执处，自然即容易成为‘顽固’，为作茧自缚困难。即有些长处，也不免游离于人群的进步理想以外，孤寂而荒凉。这长处如果又大多是‘抽象’的，再加上一些情绪纠缠，久而久之，自然即是在家庭方面，也不免如同孤立了。平时这孤立，神经支持下去已极勉强，时代一变，必然完全摧毁。这也就是目下情形。我的存在即近于完全孤立。”[2]最后一句话又用笔划掉。

二月至三月，沈从文写了两篇长长的自传，即《一个人的自白》《关于西南漆器及其他》，在后一篇的末页，注：“解放前最后一个文件。”“解放”，在这里指的是“解脱”。[3]

三月二十八日上午，沈从文“用剃刀把自己颈子划破，两腕脉

1 沈从文：《复张兆和》(19490202)，《沈从文全集》第19卷，16、17页。

2 沈从文：《致张以瑛》(19490313)，《沈从文全集》第19卷，19—20页。

3《关于西南漆器及其他》的编者注释，《沈从文全集》第27卷，37页。

管也割伤，又喝了一些煤油”，[1]幸好被及时发现送往医院急救；后入精神病院疗养。

三、“悲剧转入谧静”，“大悲”

自杀遇救后，沈从文的反应似乎不像此前那么激烈了，表面上张力好像松弛下来，用他自己的话来说，是“悲剧转入谧静”。他在“谧静”中分析自己，检讨自己。“疯狂”，似乎也是“谧静”中的“疯狂”。

四月六日，他在精神病院写了长长的日记。“在晨光中，世界或社会，必然从一个‘常’而有继续性中动着，发展着。我却依然如游离于这个之外，而游离的延续，也就必然会带来更多的缠缚。可是我始终不明白我应搁在什么位置上为合适。”“迫害感且将终生不易去掉。”他叹息道：“唉，可惜这么一个新的国家，新的时代，我竟无从参预。多少比我坏过十分的人，还可从种种情形下得到新生，我却出于环境上性格上的客观的限制，终必牺牲于时代过程中。”他计划自己停止头脑思索，去从事手足劳动，甚至劳役终生。“我生命似乎已回复正常，再不想自己必怎

1 张兆和：《张兆和致田真逸、沈岳锟等》（19490402），《沈从文全集》第 19 卷，22 页。

么怎么选择业务或其他。只在希望中能用余生作点什么与人民有益的事。我的教育到此为止，已达到一个最高点。悲剧转入谧静，在谧静中仿佛见到了神，理会了神。看一切，再不会用一种强持负气去防御，只和和平平来接受了。”[1]这个时候的心境，沈从文用“慈柔”两个字来形容：

> 我心中这时候极慈柔。我懂得这是明白了自己，也明白了自己和社会相互关系极深的一种心理状态。我希望能保持它到最后，因为这才是一个人。一个革命烈士殉难时，一个无辜善良人为人毁害时，一个重囚最后时，可能都那么心境慈柔。“大悲”二字或即指此。[2]

能够接受命运，不是想通了，而是梦醒了。沈从文用了《红楼梦》的比喻。“这才真是一个传奇，即顽石明白自己曾经由顽石成为宝玉，而又由宝玉变成顽石，过程竟极其清楚。石和玉还是同一个人！”在“慈柔”和“大悲”的心境中，他又叹息了：“阳光依然那么美好，温暖而多情，对一切有生无不同样给以温暖和欣欣向荣的焕发情感。我却行将被拒绝于群外，阳光不再属于我有了。唉，多美好的阳光！为什么一个人那么热爱生命，恰

---

1 沈从文：《四月六日》（19490406），《沈从文全集》第 19 卷，24、25、28 页。

2 同上注，28 页。

恰就不能使生命用到一个与世谐同各遂其生的愿望下，将生命重作合理安排？为什么就恰好到这时节在限制中毁灭？”“我心中很平静慈柔。记起《你往何处去》一书中待殉难于斗兽场的一些人在地下室等待情形，我心中很柔和。”隔院留声机放出哭泣声，而旁边放送者却发出笑语：“人生如此不相通，使人悲悯。”[1]

沈从文四月出院后，北京大学国文系已经没有他的课程。五月，张兆和进入华北大学，接受初步的革命教育。

五月三十日，沈从文在静夜中随手写下一篇文字，题为《五月卅下十点北平宿舍》，记录和描述他当时的精神情形。

他从静中第一回听见窗下灶马振翅声，又在全城奇怪的静中似闻远处鼓声连续。他怀疑自己是不是“又起始疯狂？”紧接着他非常清晰地表述了自己一个人“游离”于“一个群”之外的“完全在孤立中”的状态，这是他自“生病”以来最耿耿于怀、反复申说的感受：“有种空洞游离感起于心中深处，我似乎完全孤立于人间，我似乎和一个群的哀乐全隔绝了。”后来又写道：“世界在动，一切在动，我却静止而悲悯的望见一切，自己却无份，凡事无份。我没有疯！可是，为什么家庭还照旧，我却如此孤立无援无助的存在。为什么？究竟为什么？你回答我。”[2]这种对比实在太悬殊了：一个群的状态、世界的状态和个我的状态截

---

1 沈从文：《四月六日》（19490406），《沈从文全集》第19卷，28—29页。

2 沈从文：《五月卅下十点北平宿舍》，《沈从文全集》第19卷，42、43页。

然相反。一个并没有巨大神力的普通人身处历史和时代的狂涛洪流中，一方面他自己不愿意顺势应变，想保持不动，不与泥沙俱下，从“识时务”者的“明智”观点来看，这当然是一种“疯狂”；另一方面，新的时代其实把他排斥在外，他因被排斥而困惑，而委屈，而恐惧，而悲悯。

他在极静中想到一些人事，其中主要由三个女性——丁玲、张兆和、翠翠——来展开，分别对应于三种不同的时间向度：对历史的回忆、对现实的叙述和对未来的幻想/幻觉。

写字桌上放着一张旧照片，那是一九三一年，丁玲丈夫胡也频牺牲后，沈从文冒险护送丁玲和烈士遗孤回湖南常德，在武昌城头和凌叔华一家人合影。一九三三年，丁玲被国民党特务秘密逮捕后，沈从文发表《丁玲女士被捕》《丁玲女士失踪》公开抗议，又作长篇传记《记丁玲女士》在《国闻周报》从七月连载至十二月，唤起公众对失踪者的关注。时代变了，丁玲成了新政权的文艺官员和风云人物，当年的遗孤也长成青年——“我却被一种不可解的情形，被自己的疯狂，游离于群外，而面对这个照片发呆。”[1]

在现实生活中，“我的家表面上还是如过去一样，完全一样，兆和健康而正直，孩子们极知自重自爱，我依然守在书桌

---

1 沈从文：《五月卅下十点北平宿舍》，《沈从文全集》第19卷，42页。

边”；但是，这样一个温馨的家庭将会因为他的缘故而失去意义，“世界变了，一切失去了本来意义”。[1]“我”就要毁灭了，这一切还有什么意义？

他说到自己的孩子，在回想丁玲的时候也讲到丁玲的儿子韦护和凌叔华的女儿小莹都已长大成人，他的这篇文字，就是在孩子的鼾声中写的，他写道：“两边房中孩子鼾声清清楚楚。”[2]他也早说过，自己“不向南行”，是为了下一代在新的环境里接受教育和成长。

可是他自己呢？“什么是我？我在何处？我要什么？我有什么不愉快？我碰着了什么事？想不清楚。”“什么都极分明，只不明白我自己站在什么据点上，在等待些什么，在希望些什么。”[3]

在最想不清楚自己的时候，在最孤立无告的时候，他想到了翠翠。翠翠是他小说中的人物，是生活在他家乡的山水和风俗人情中的美好形象，沈从文在这样的时刻想到翠翠，我们据此来看他的文学和他这个人的紧密关系，他的家乡和他这个人的紧密关系，其血肉相连、生死牵记的紧密程度，远远超出一般性的想象。而且，他想到翠翠的时候，用的是将来时态，用的是第二人称，就像在和翠翠说话，在喊着翠翠：“夜静得离奇。端午快来

---

1 沈从文：《五月卅下十点北平宿舍》，《沈从文全集》第 19 卷，42—43 页。

2 同上注，42 页。

3 同上注，43 页。

了，家乡中一定是还有龙船下河。翠翠，翠翠，你是在一零四小房间中酣睡，还是在杜鹃声中想起我，在我死去以后还想起我？翠翠，三三，我难道又疯狂了？”三三也是他小说中的人物，又是现实中他对妻子的称呼。从虚构回到现实，“我在搜寻丧失了的我”。[1]

四、“把一只大而且旧的船作调头努力”

“吾丧我”；可是沈从文还在“搜寻”，他没有放弃。在“疯狂”中，他差不多可以说始终存在着“自毁”的冲动，但也一直试图着恢复过来。六月底，他甚至抱病写完了《中国陶瓷史》教学参考书稿。试图恢复的意志渐渐占了上风。

在七月份给旧友刘子衡的信中，沈从文较为平静和“理性”地谈到了自己的“疯狂”：“一个于群游离二十年的人，于这个时代中毁废是必然的。解放北平本是一件大事，我适因种种关系荟萃，迫害感与失败感，愧与惧，纠纷成一团，思索复思索，便自以为必成一悲剧结论，方合事实，因之糊涂到自毁。”他把自己的“疯狂”过程分成两个阶段：“自毁走了第一步，从治疗中被斗争，即进入第二步神经崩溃，迫害狂益严重。回来后表面张力

1 沈从文：《五月卅下十点北平宿舍》，《沈从文全集》第 19 卷，43 页。

已去，事实则思索套思索，如乱发一团，而一个外在社会多余的精力，一集中到我过程上时，即生存亦若吾丧我。有工作在手时，犹能用工作稳住自己，一搁下工作，或思索到一种联想上，即刻就转入半痴状态，对面前种种漠然如不相及，只觉得人生可悯。因为人和人关系如此隔离，竟无可沟通。相熟三十年朋友，不仅将如陌生，甚至于且从疏离隔成忌误，即家中孩子，也对我如路人，只奇怪又发了疯。难道我真疯了？我不能疯的！可是事实上，我可能已近于半疯。”[1]

八月，沈从文的人事关系转到历史博物馆。九月八日，致信丁玲，此举可以看作是把自己从疯毁中救出的主动性行为。丁玲在六月份曾经和何其芳到家中看过沈从文，劝他“抛掉自己过去越快越多越好”。沈从文在信中提到这句话，说自己“是一个牺牲于时代中的悲剧标本”。“为补救改正，或放弃文学，来用史部杂知识和对于工艺美术的热忱与理解，使之好好结合，来研究古代工艺美术史。”他说放弃写作并不惋惜，“有的是少壮和文豪，我大可退出，看看他人表演”。又说工艺美术史的研究，“这些事目下你们还来不及注意，过三五年就会承认的”。他表示将把余生精力“转成研究报告”，“留给韦护一代作个礼物吧”。这些话都很“硬”，特别是说到自己即将开始的新的事业，充满了自

1 沈从文：《致刘子衡》（194907 左右），《沈从文全集》第 19 卷，45 页。

信。他写这封信，向丁玲提出了一个实际要求。当时张兆和在华北大学受革命教育，住校；两个孩子读中学，经常有政治活动，晚上往往回家很晚，所以沈从文回到住处时，“家中空空的”，他对丁玲说：“目下既然还只在破碎中粘合自己，唯一能帮助我站得住，不至于忽然起圮坍的，即工作归来还能看到三姐。这就临到一回考验，在外也在内，在我自己振作，也在中共对我看法！”“改造我，唯有三姐还在和我一起方有希望。欲致我疯狂到毁灭，方法简单，鼓励她离开我。”[1]这封信别的意思暂且不论，仅就他向丁玲提出具体要求这一点而言，已经表明，他在主动想方设法保护自己不致崩溃到无可补救，主动寻求恢复，并且试图创造新的事业了。

九月二十日午夜，他给妻子写信，表明自己“大体上已看出是正常的理性恢复”，信中说：“我温习到十六年来我们的过去，以及这半年中的自毁，与由疯狂失常得来的一切，忽然像醒了的人一样，也正是我一再向你预许的一样，在把一只大而且旧的船作调头努力，扭过来了。”“你可不用担心，我已通过了一种大困难，变得真正柔和得很，善良得很。”为此，他“写了个分行小感想，纪念这个生命回复的种种”。[2]

“分行小感想”指的是长诗《从悲多汶乐曲所得》，把自己

---

1 沈从文：《致丁玲》(19490908)，《沈从文全集》第19卷，48—52页。

2 沈从文：《致张兆和》(19490920)，《沈从文全集》第19卷，54、55页。

的精神状况的变化和“乐曲的发展梳理”结合起来描述；在此之前的五月份，他已经写过一首长诗，题为《第二乐章——第三乐章》，其中说道，自己的生命，“正切如一个乐章在进行中，忽然全部声音解体，/散乱的堆积在身边”。“这一堆零散声音，/任何努力都无从贯串回复本来。”[1]而现在，当他感到生命的回复时，他感念地说起音乐的作用，仿佛从一个长长的乐曲中获得了新生：“它分解了我又重铸我，/已得到一个完全新生！”[2]两天后又开始写另一首长诗《黄昏和午夜》，到十月一日完成。

五、“疯狂”与自身思想发展的内在缘由

我们很容易把沈从文的“疯狂”视为外力逼压的结果，当时的事实也很容易为这种看法提供有力的证据；同时我们也必须承认，左翼文化人的激烈批判使沈从文心怀忧惧，忧惧的主要还不是这种批判本身，而是这种批判背后日益强大的政治力量的威胁。[3]一九四九年沈从文的“疯狂”，这些因素都是直接的，确实

1 沈从文：《第二乐章——第三乐章》，《沈从文全集》第 15 卷，213—214 页。

2 沈从文：《从悲多汶乐曲所得》，《沈从文全集》第 15 卷，222 页。

3 1948 年 3 月香港生活书店出版的《大众文艺丛刊》第一辑，集中刊出了郭沫若的《斥反动文艺》、邵荃麟的《对于当前文艺运动的意见》、冯乃超的《略评沈从文的“熊公馆”》等文章。1949 年 1 月，沈从文所在的北京大学还贴出了大标语和壁报，同时全文抄出了郭沫若的文章。

难逃其咎。这一罪责，无论怎样追究都不过分；何况我们也并没有怎样仔细清理过其中的缘由。

另一方面，从沈从文自身的思想发展来说，也有其内在的缘由。他自己说到于“群”之外“二十年”的“游离”，是“病根”。我们从比较明显的思想征兆来看，至少需要追溯到四十年代前半期沈从文在昆明写作《烛虚》《潜渊》《长庚》《生命》和《绿魇》《白魇》《黑魇》《青色魇》诸篇什的时期；抗战胜利回到北平后，又发表《新烛虚》（后改名为《北平的印象和感想》）、《从现实学习》等文章，从而使得这种思想状况延续贯穿了整个四十年代。

沈从文至昆明时期思想上已经出现巨大迷茫，陷入苦苦思考的泥淖而难以自拔。用沈从文自己的话来描述，就是“由于外来现象的困缚，与一己信心的固持，我无一时不在战争中，无一时不在抽象与实际的战争中，推挽撑拒，总不休息”。[1]要说“疯”，几乎可以说沈从文那个时候就开始“疯”了：“我正在发疯。为抽象而发疯。……我看到生命一种最完整的形式，这一切都在抽象中好好存在，在事实前反而消灭。”[2]原本不长于抽象思考的沈从文，却在这个时期思考起“抽象”的大问题来，而他所说的“抽象”，其实总是与具体的现实紧密相连，因此也总是与

1 沈从文：《长庚》，《沈从文全集》第 12 卷，39 页。

2 沈从文：《生命》，《沈从文全集》第 12 卷，43 页。

具体的现实搏战不已，“对一切当前存在的‘事实’，‘纲要’，‘设计’，‘理想’，都找寻不出一点证据，可证明它是出于这个民族最优秀头脑与真实情感的产物。只看到它完全建筑在少数人的霸道无知和多数人的迁就虚伪上面”。[1]他的大脑和心灵成为无休止的厮杀的战场，他承受不了，所以“发疯”了。

> ……沉默甚久，生悲悯心。
>
> 我目前俨然因一切官能都十分疲劳，心智神经失去灵明与弹性，只想休息。或如有所规避，即逃脱彼噬心啮知之“抽象”，由无数造物空间时间综合而成之一种美的抽象。然生命与抽象固不可分，真欲逃避，唯有死亡。是的，我的休息，便是多数人说的死。[2]

把这一时期沈从文所表述的内心思想图景——如上述一段文字——和一九四九年“生病”期间的“呓语狂言”相对照，我们会在很多地方发现惊人的相似。渴望“休息”——“便是多数人说的死”——即隐约透露出到一九四九年时已相当明确的“自毁”意识；其时所感受到的在周围人事中的隔绝无援，彻底性也正如后来的体验，如《绿魇》中的情境：“主妇完全不明白我说

---

1 沈从文：《长庚》，《沈从文全集》第 12 卷，39 页。

2 沈从文：《潜渊》，《沈从文全集》第 12 卷，34 页。

的意义，只是莞尔而笑。然而这个笑又像平时，是了解与宽容、亲切和同情的象征，这时对我却成为一种排斥的力量，陷我到完全孤立无助情境中。”[1]他在一九四九年四月六日的日记中提到《绿魇》，说：“五年前在呈贡乡居写的《绿魇》真有道理……因用笔构思过久，已形成一种病态。从病的发展看，也必然有疯狂的一天，惟不应当如此和时代相关连，和不相干人事相关连。从《绿魇》应当即可看出这种隐性的疯狂，是神经过分疲劳的必然结果。综合联想处理于文字上，已不大为他人所能理解，到作人事说明时，那能条理分明？”[2]

“惟不应当如此和时代相关连，和不相干人事相关连”，似乎是说，一九四九年的精神状况与时代转折造成的个人现实处境的岌岌可危紧密关联，而并不仅仅是“抽象”领域里的问题。如果说昆明时期的精神危机和一九四九年的“精神失常”有什么差别，可以说前一时期主要表现为“疯”，而一九四九年时在“疯”之外，更表现为“狂”，特别是在“生病”的第一个阶段。在这里，不妨做一点细微的区分：“疯”主要是指思想争斗不休、茫然无所适从的混乱状态，而“狂”则是思想意识十分清醒姿态下采取的带有极端性的言行。一九四九年沈从文的“疯狂”，即是一种极端清醒状态下的“疯狂”，其中包含着一种破

1 沈从文：《绿魇》，《沈从文全集》第 12 卷，155 页。

2 沈从文：《四月六日》（19490406），《沈从文全集》第 19 卷，31 页。

罐子破摔般的无畏的勇气。这是针对自身的现实处境而产生的“疯狂”。在当时和以后，都有人认为沈从文夸大了自己的困境，不免显得多疑和怯弱，焉知“狂人”具有不同凡俗的眼睛，鲁迅笔下的“狂人”不就是从常人看了几千年的字里行间看出“吃人”二字了来吗？沈从文也有如此的“狂言”：

> 我十分累，十分累。闻狗吠声不已。你还叫什么？吃了我会沉默吧。我无所谓施舍了一身，饲的是狗或虎，原本一样的。社会在发展进步中，一年半载后这些声音会结束了吗？[1]

沈从文的“呓语狂言”，事隔多年后读来，很有些惊心动魄的效果，也必须给予认真的对待。当时的见证人之一汪曾祺在一九八八年的文章里就认为：“沈先生在精神濒临崩溃的时候，脑子却又异常清楚，所说的一些话常有很大的预见性。四十年前说的话，今天看起来还很准确。”[2]

六、文学

在一九四九年的分水岭上，沈从文得向文学告别了。对沈从

---

1 张兆和、沈从文：《张兆和致沈从文暨沈从文批语・复张兆和》（19490130），《沈从文全集》第 19 卷，11 页。

2 汪曾祺：《沈从文转业之谜》，《晚翠文谈新编》，北京：生活・读书・新知三联书店，2002 年，234 页。

文，这意味着什么呢？这是他安身立命的事业，奋斗了近三十年，而且打算终生在这个事业上奋斗下去。只要想想他在“疯狂”时向他小说里的人物翠翠诉说，向翠翠亲人般的诉说，就大致能够体会文学写作对于他至要至亲至密的意义。而且，虽然沈从文早就以独特的风格和非凡的成就确立了文学上的重要地位，但对沈从文自己来说，他的抱负仍然没有完全实现，他仍然怀有文学上的“野心”。

时间倒回去一年，一九四八年七月三十日，在颐和园霁清轩消夏的沈从文给妻子张兆和写信，叙述当天晚上他和儿子虎虎讨论《湘行散记》：“我说：‘这书里有些文章很年青，到你成大人时，它还像很年青！’他就说：‘那当然的，当然的。’”[1]其间这么有一段对话——

> 小虎虎说：“爸爸，人家说什么你是中国托尔斯太。世界上读书人十个中就有一个知道托尔斯太，你的名字可不知道，我想你不及他。”
>
> 我说：“是的。我不如这个人。我因为结了婚，有个好太太，接着你们又来了，接着战争也来了，这十多年我都为生活不曾写什么东西。成绩不大好。比不上。”

[1] 沈从文：《致张兆和》(19480730)，《沈从文全集》第18卷，505页。

“那要赶赶才行。”

“是的，一定要努力。我正商量姆妈，要好好的来写些。写个一二十本。”

“怎么，一写就那么多？”（或者是因为礼貌关系，不像在你面前时说我吹牛。）

“肯写就那么多也不难。不过要写得好，难。像安徒生，不容易。”

“我看他的看了七八遍，人都熟了。还是他好。《爱的教育》也好。”[1]

他对自己作为一个作家的未来，是充满了相当的自信的。

可是没过多久，他即使在“病”中，也仍然十分清醒地意识到，这个文学的未来一下子破碎了：“我‘意志’是什么？我写的全是要不得的，这是人家说的。我写了些什么我也就不知道。”[2]

而就在“生病”之前的两个月，一九四八年十一月七日，在北京大学的一次座谈会上，沈从文还在为文学的自主性而与人辩驳。这次座谈会是在时代的转折关口讨论“今日文学的方向”，

1 沈从文：《致张兆和》（19480730），《沈从文全集》第 18 卷，504 页。

2 张兆和、沈从文：《张兆和致沈从文暨沈从文批语·复张兆和》（19490130），《沈从文全集》第 19 卷，9 页。

其中论及文学与政治“红绿灯”的关系问题：

沈［从文］：驾车者须受警察指导，他能不顾红绿灯吗？

冯［至］：红绿灯是好东西，不顾红绿灯是不对的。

沈［从文］：如有人要操纵红绿灯，又如何？

冯［至］：既然要在路上走，就得看红绿灯。

沈［从文］：也许有人以为不要红绿灯，走得更好呢？

……

沈［从文］：文学自然受政治的限制，但是否能保留一点批评、修正的权利呢？

……

沈［从文］：我的意思是文学是否在接受政治的影响以外，还可以修正政治，是否只是单方面的守规矩而已？

废［名］：这规矩不是那意思。你把他钉上十字架，他无法反抗，但也无法使他真正服从。文学家只有心里有无光明的问题，别无其他。

沈［从文］：但如何使光明更光明呢？这即是问题。

废［名］：自古以来，圣贤从来没有这个问题。

沈［从文］：圣贤到处跑，又是为什么呢？

……

沈［从文］：一方面有红绿灯的限制，一方面自己还想走路。[1]

座谈会后不久，他即认识到这是一个不需要、也不可能再讨论的问题，因为新的时代所要求的文学，不是像他习惯的那样从“思”字出发，而是必须用“信”字起步，也就是说，必须把政治和政治的要求作为一个无可怀疑的前提接受下来，再来进行写作。看清楚了这一点，他就想到，不能不搁笔了。

一九四九年四月，沈从文在精神病院，读到新时代的文学。“昨杨刚来带了几份报纸，可稍知国家近一星期以来的种种发展。读四月二日《人民日报》的副刊，写几个女英雄的事迹，使我感动而且惭愧。写钱正英尤动人。李秀真也极可钦佩。这才是新时代的新人，和都市中知识分子比起来，真如毛泽东说的，城里人实在无用！乡下人远比单纯和健康。同时也看出文学必然和宣传而为一，方能具教育多数意义和效果。比起个人自由主义的用笔方式说来，白羽实有贡献。对人民教育意义上，实有贡献。把我过去对于文学观点完全摧毁了。无保留的摧毁了。搁笔是必然的，必须的。”[2]

---

1 朱光潜等：《今日文学的方向——“方向社”第一次座谈会纪录》，《沈从文全集》第 27 卷，290—291 页。

2 沈从文：《四月六日》（19490406），《沈从文全集》第 19 卷，25 页。

基本上可以说，在新的时代里，沈从文的身份不再是一个作家了。但是，“跛者不忘履”，在以后漫长的岁月里，他常常想到创作，甚至很努力地去尝试着写了一些东西。

更堪玩味的是，在他并未有意识地当作文学而写下的大量文字（主要是书信，还有检讨、交代、旧体诗等）里，反倒保留了比同时期公开发表的文学创作更多的文学性。仅以书信而论，按照惯例可以把书信当作广义的散文，当作文学作品看待；其实仅仅如此远远不够。完全可以把书信就当作书信，不必去攀附散文，从而进一步认识书信这种写作形式在当代中国的特殊文学史意义。在特殊的社会、政治、文化环境下，文学作品的公开发表机制往往是意识形态审查和控制的方式，对照五十、六十、七十年代公开发表的散文和同一时期的沈从文书信，我们会强烈感受到一种堪称巨大的反差，感受到书信所表露的思想、情感的“私人性”与时代潮流之间的紧张关系。在特别时期，正是在“私人性”的写作空间里，“私人性”的情感和思想才得以以文字的形式表达和存在，才保留了丰富的心灵消息，文学也正是在这种空间里才得到庇护和伸展，能够对时代风尚有所疏离和拒斥。《沈从文全集》的出版，使得他一九四九年起的大量书信这样一种“潜在”的写作文本集中面世，至少使得那一长时期的文学史变得不像原来那样单调乏味，仅就此而言，便不可以说沈从文的作家生涯到一九四九年就已经结束。书信这种典型的“私人性”写作空间，为通常的文学史所忽视，可是对于特殊时期的文学史有特殊的意义。

就连沈从文的“呓语狂言”，也可以看作是特殊的文学文本，具有不可替代的文学价值和文学史价值。

但是，这样的文学价值却并非沈从文的本意和追求，当他决定放弃自觉的文学事业时，他心中岂止是不甘——“有的是少壮和文豪，我大可退出，看看他人表演。”

七、恢复，新生

沈从文最终从“疯狂”中恢复了过来。恢复过来，意味着什么呢？是不是就此加入“群”中，加入时代潮流中，顺势而动，与众浮沉？简单点说，是不是一个具有清醒的自我意识的“狂人”，当他不再“狂”了，就变成了一个泯灭了自我的庸众中的一员？

说到“狂人”，我们不妨回头看看鲁迅的《狂人日记》，以及对《狂人日记》的解释。小说前面的文言小序，说“狂人”“所患盖‘迫害狂’之类”，“然已早愈，赴某地候补矣”。[1]病好以后，就到一个地方去做小官了。对此有一个比较为大家认可的解

---

1 鲁迅：《狂人日记》，《鲁迅全集》第1卷，422页。

释，就是狂人的反抗失败后，他又回到了他反抗的社会结构中，为这个社会体制所同化。如果这个解释是正确的，那就意味着，狂人的“疯狂”是毫无意义的，对社会而言，他的反抗没有作用，完全失败了；对于他自己来说，除了生了一场“病”，也是什么也没有改变，又恢复到正常。这样来看，狂人的“疯狂”其实是白费了。

狂人其实是“超人”式的“精神界之战士”，他的觉醒是从身在其中的世界中脱离出来，独自觉醒；然而，这是一种“尚未经过将自身客体化的‘觉醒’”，处于脱离现实世界的状态，因而这个世界上也就没有了自己的位置，也就无从担负起变革现实世界的责任。因此需要获得再一次觉醒，回到社会中来。日本著名的中国现代文学学者伊藤虎丸针对鲁迅的狂人形象论述道：“获得某些思想和精神，从已往自己身在其中不曾疑惑的精神世界中独立出来，可以说是容易的。比较困难的是，从‘独自觉醒’的骄傲、优越感（常常伴随着自卑感）中被拯救出来，回到这个世界的日常生活中（即成为对世界负有真正自由责任的主体），以不倦的继续战斗的‘物力论’精神，坚持下去，直到生命终了之日为止——这是比较困难的。”因此，“以‘觉醒狂人’的眼光彻底暴露黑暗社会的《狂人日记》这一篇小说，如果从反面看的话，那是一个患被迫害狂的男人被治疗痊愈的过程，也必须看作是作者脱离青年时代，并且获得新的自我的记录”。[1]从鲁迅个人的精神发展来说，通过《狂人日记》，鲁迅为早年所形成的类似于安特来夫式的封闭的孤独的内面世界，打开了一扇向现实和环境开放的门，因而从此获得的新的自我，就是与环境共生的自我。

对现代主义持有强烈批评意识同时又表现出非凡洞见的文学理论家卢卡契，在《现代主义的意识形态》中考察到，病态心理的意义是所有现代主义文学的中心问题，重要的现代主义作家穆齐尔关于他的小说《没有个性的人》的主人公说过这样的话：“我们面对一个简单的选择：一个人或是随波逐流（入境随俗），或是变成一个神经病人。”卢卡契指出，取决于社会和历史条件的不同，每个时期都给病态心理加上新的重点、不同的意义和艺术功能，如果说自然主义对病态心理的兴趣来自美学需要，企图以此逃避日常生活的沉闷和枯燥的话，穆齐尔的话则表明，病态或精神失常已经成了反对社会现实的一种道义上的抗议。鲁迅的狂人也正是以他的狂对他所置身的历史和时代宣战的。然而，卢卡契敏锐地发现：“对于穆齐尔和许多其他现代主义作家来说，病态心理成了他们艺术意图的目标及最终目的。但是在他们的意图深处带着一个固有的双重困难，它来自内在的意识形态。首先缺乏明确性。这种由于转入病态心理而表现出来的抗议，只是抽

1 ［日］伊藤虎丸：《〈狂人日记〉——“狂人”康复的记录》，《鲁迅、创造社与日本文学》，北京：北京大学出版社，1995 年，147、148、150 页。

象的姿态；它对现实的否定只是一般的和概括的，没有具体的批判。这一姿态决不会导致任何成效，只是逃遁到空空荡荡的世界里去。”狂人的失败也正可作如是观。卢卡契接着指出：“在穆齐尔的作品中，作为新类型的意识形态基础的东西——遁入神经失常作为对社会罪恶的反抗——在其他现代主义作家作品中，成为不可变更的人类处境。”[1]就是在这里，鲁迅与卢卡契批判地概括的某种现代主义类型分道扬镳了，他没有让他的狂人坚持他的狂并以此作为空泛的批判之所——在另一个意义上也正是逃避现实之所，而是让他清醒地认识到他的失败，并且进一步从狂中走出来，走进复杂的现实中，从而与他置身的环境恢复有机的联系。回到现实中，然后才能展开可能产生成效的现实行为。鲁迅轻描淡写地交代的狂人的痊愈，不可不谓是意义重大的新生。

沈从文的恢复，也正是意义重大的新生。恢复不仅仅是恢复了现实生活的一般“理性”，变得“正常”；而且更是从毁灭中重新凝聚起一个新的自我，这个新生的自我能够在新的复杂现实中找到自己的独特位置，进而重新确立安身立命的事业。从表面上看，这个新生的自我与现实之间的紧张关系不像“疯狂”时期那么决绝和激烈了，其实却是更深地切入了现实中，不像“疯狂”时期，处在虽然对立然而却是脱离的状态。

---

1 ［匈］卢卡契：《现代主义的意识形态》，《现代主义文学研究》（上），李广成译，北京：中国社会科学出版社，1989 年，148—151 页。

这个新生的自我是从精神的崩毁中痛苦地诞生的，唯其经历了崩毁，他的诞生才越发痛苦，而一旦诞生和确立起来，就将是难以动摇的。“它分解了我又重铸我，/已得到一个完全新生！”[1] 这样的诗句，不是空话。沈从文的后半生，可为新生证实。他在这个后半生，在极为艰难的条件下从事中国古代物质文化史研究，绝不是明哲保身的庸俗哲学所理解的人生取舍，这种哲学，看不到极端痛苦的精神崩毁，看不到从崩毁中极端艰难的新生，当然更看不到这个新生自我平凡朴素外表下的生命的安定、丰富和辉煌。

---

1 沈从文：《从悲多汶乐曲所得》，《沈从文全集》第15卷，222页。

第七讲

•

土改家书：

从个人困境体认历史传统中的“有情”

一、简单的引言

一九五一年十月二十五日，沈从文随同北京的土改团，启程参加四川农村土地改革。这个团大概有六百多人，先乘火车到汉口，然后分坐两只船到重庆，再分散下乡。沈从文十一月四日到重庆，分在第七团四队，十一月十三日到达产糖的内江县第四区烈士乡驻地。一直到次年二月下旬，土改工作才告结束，到重庆开总结会，再乘船到汉口，换火车回北京，到家里已经是三月上旬。前后四个多月。

沈从文一九四九年初“精神失常”，到秋冬逐渐恢复；一九五〇年三月进华北大学政治学习，不久随建制转入华北革命大学，至十二月毕业，后回历史博物馆工作。参加土改之前，曾就此事问丁玲的意见，“丁玲所谈‘凡对党有利的事就做，不利的就不做’，在他心中留下深刻印象”。[1]平心而论，土改川南农村之行，尽管条件艰苦，沈从文的身体也一直为病痛困扰，但大致上要比在革命大学期间愉快得多。革命大学学习空洞的理论，而土改却是实际接触山川风物和现实人事，同为“教育”，沈从文显然更愿意接受后一种；同时，他内心里还有一个隐秘的愿望：希望借此亲身参与历史变动的机会，尝试寻找与新时代相结合的

---

[1] 沈虎雏编：《沈从文年表简编》，《沈从文全集》附卷，43 页。

文学方式，重新开始写作，恢复自己用笔的能力。

土改的四个多月，沈从文写了大量家书，对他此行的经过、闻见、感触、思想，有细致详尽的描述，为了解此一时期的沈从文留下了宝贵的第一手资料。书信所包含的信息涉及诸多方面，丰富复杂，不可简慢对待。在这里，我们并不全面处理此期的全部书信，只选其中夜读《史记》的一封，参照其他信件，来体会他这个时期的情感和思想。

二、声声入耳

这封信是一九五二年一月二十五日写的，这天是旧历腊月二十九日，前一天沈从文的信中就说到过年，但他过年的方式是："用温习旧年来过旧年。"[1]

信是写给全家人看的，称呼是"叔文、龙、虎"。这一时期沈从文的家信，给妻子的最多，给孩子的次之，妻子和孩子一起的只有四封，而这四封信，都具有相当的重要性。

> 这里工作队同人都因事出去了，我成了个"留守"，半夜中一面板壁后是个老妇人骂她的肺病痰咳丈夫，和廿多岁孩子，三

[1] 沈从文：《致张兆和》（19520124），《沈从文全集》第19卷，309页。

句话中必夹入一句侯家兄弟常用话，声音且十分高亢，越骂越精神。板壁另一面，又是一个患痰喘的少壮，长夜哮喘。在两夹攻情势中，为了珍重这种难得的教育，我自然不用睡了。[1]

这是他居住和休息的环境。隔壁的夜骂，其实他早在一九五一年十二月十三日就向家人报告过了，那时的描述还要具体：“隔壁住了户人家，半夜有鼠咬门板想进到我们这边来，那边有个妇人就喃喃的骂：‘你妈来个……’，并摇动床铺，捶床边，还不济事，就用个竹杆子乱打，各处都打到。木桶，缸子，家私，门板，各处都打到。可是耗子大致是在什么柜桶后边，理会这个竹杆子总不会打到身上。床上人带骂带打时，它就停停，竹杆子一停，它又动作，这么搞了半夜，一切正像是为了款待一个生客而举行。住处四铺床，住五个人，其余到县里开会去了，就只我听了半夜。特别是那种半醒半梦到骂声，听来有异国远方感。大致三方面都闹得十分疲倦时，才告停止。醒来头重心跳，在院子中看屋后白雾茫茫，竹梢滴着重露……这时读杜甫，易懂得好处和切题处。”[2]一九五二年一月二十日信又说到隔壁老夫妇每夜必

---

1 沈从文：《致张兆和、沈龙朱、沈虎雏》（19520125 左右），《沈从文全集》第 19 卷，317 页。

2 沈从文：《致张兆和、沈龙朱、沈虎雏》（19511212—16），《沈从文全集》第 19 卷，225—226 页。

吵架，而白天不声不响，“生命如此真可怕”，“只有左拉有勇气写它，高尔基也写过它”。“从争辩中可见出生命尚极强持，但是白天看看，都似乎说话也极吃力，想不到在争持中尚如此精力弥满，且声音如此刚烈，和衰老生命恰成一对照，奇怪之至，也可怕之至。因为理解到这种生命形式如何和一般不同，实在令人恐怖。”[1]

一九五二年沈从文私下尝试创作了篇幅很短的《中队部——川南土改杂记之一》，写到隔壁的这一家：“第四家成分不定，三口人，老夫妇已过六十岁，青年二十六岁。这一家是十月里才从乌龙寺搬下来的。原是个道士，看守庙宇管香火，做了点庙里庄稼。乌龙寺改了保国民学校，这一家人才下了山。……白天一家三个人就坐在灶房里煮豌豆烤烤吃，一句话也不说。每到半夜，总是忽然吵闹起来。有时老夫妇对骂，有时又共同骂孩子，声音和一个钝刀子在空锅里刮一样，刮刮又停停。骂得个上气不接下气。老的还半夜咳嗽，直到天明……”春节过后，老道士死了，当天就埋，“一院子都照常，只有晚上去毛房，在屋外竹林子那边，看到一点东西，一个竹杆子扎好用白纸糊成的小灯，里面有个小碗，装了点油，有一苗苗火光，象征生死之间的一点联系，别的再没有什么”。[2]

---

1 沈从文：《致张兆和》（19520120），《沈从文全集》第19卷，298页。

2 沈从文：《中队部——川南土改杂记之一》，《沈从文全集》第27卷，481、485页。

打骂老鼠也好，骂丈夫和孩子也好，夫妇吵架也好，沈从文不厌其烦地写这些，为什么呢？只是要抱怨影响和干扰了自己吗？如果完全以自己的生活为中心，那么这些东西就只是自己生活的环境，不免就会从是否于自己有利来做出评价；如果不那么自我中心，就会意识到，这也是生活，另外一种不同的生活。沈从文对这种生活在不同的时刻感受有差别，但意识到这本身是一种生活，需要去理解这样的生命形式，则是一致的。哪怕这种生活和生命形式可怕到只有左拉和高尔基这样的作家才有勇气写它。事实是，沈从文这个被认为是“唯美”的作家，一而再再而三地写到这种令人难受的声音，在一月十三日，他还写到另一种哭骂声：“闻隔壁三岁小孩子哭得伤心，难受得很，大人不管，就听他哭下去。我就一面听着这种哭声和那个妇人骂孩子声，一面两肋痛着，在摇摇灯光下写这个信。手足的血都缩到胸部。”[1] 所谓的“风声雨声读书声，声声入耳”，可不像在书斋里说说那么风雅。

认识和理解另外一种生活，另外一种生命形式，非但不风雅，而且可能是可怕的、痛苦的和沉重的。刚到土改驻地接触了一些人事不久，沈从文就给妻子写信说：“一个人，如果真正理解到另外一种人的生命（灵魂）式样时，真是一种可怕的沉重，

1 沈从文：《致张兆和》（19520113），《沈从文全集》第19卷，283页。

我一定要好好重现到文字中。……我看到苦难的一面，又看到新的生长的一面，我看到这些东西，却进而要来重现这些东西，为了一种责任，我不免有点茫然自失……”[1]

有意味的是，在遭遇了这样的生活之后，他说：“这时读杜甫，易懂得好处和切题处。”什么“好处”？“切题处”在哪里？他没有说下去；那么这次他在“两面夹击”情形下读《史记》，会读出什么来呢？

三、对新兴文学的意见

> 古人说挑灯夜读，不意到这里我还有这种福气。看了会新书，情调和目力可不济事。正好月前在这里糖房外垃圾堆中翻出一本《史记》列传选本，就把它放老式油灯下反复来看，度过这种长夜。[2]

他是先看“新书”的，可是只看了一会儿；如果说是“目力”不济的原因，那看《史记》也应该存在同样的问题，或许那个《史记》选本的排印比“新书”节省“目力”？但他能够在油

---

1 沈从文：《致张兆和》（19511130），《沈从文全集》第 19 卷，188 页。

2 沈从文：《致张兆和、沈龙朱、沈虎雏》（19520215 左右），《沈从文全集》第 19 卷，317 页。

灯下“反复来看”，以至“度过长夜”，看来还主要是“情调”的原因。

“新书”怎么就“情调”不符呢？这里的“新书”具体是哪一本或哪几本，不能确指；但这一时期沈从文书信中多次谈到的“新书”，指的就是与当时形势结合紧密的土改文学，范围再大一点，是指符合新政权意识形态要求的新兴文学。书信中多次提到的赵树理的《李有才板话》，虽然是一九四三年发表和出版的，但直到五十年代初期的土改中，仍然是“新时代”文学的标高之作。就在五天前（一月二十日），他还在看赵树理一九四六年出版的《李家庄的变迁》。早在路上乘船时，沈从文就给两个儿子写信说：“你们都欢喜赵树理，看爸爸为你们写出更多的李有才吧。”[1]“我一定要为你们用四川土改事写些东西，和《李有才板话》一样的来为人民翻身好好服点务！”[2]但跟妻子说起自己打算写的东西，却和跟孩子说的不一致：“这些乡村故事是旧的，也是新的，事情旧，问题却新。比李有才故事可能复杂而深刻。”[3]“重看看《李家庄的变迁》，叙事朴质，写事好，写人也好，惟过程不大透，……背景略于表现，……是美中不足处。”[4]

1 沈从文：《致沈龙朱、沈虎雏》（19511028），《沈从文全集》第 19 卷，126 页。
2 沈从文：《致沈龙朱、沈虎雏》（19511031），《沈从文全集》第 19 卷，134 页。
3 沈从文：《致张兆和》（19511113），《沈从文全集》第 19 卷，160 页。
4 沈从文：《致张兆和》（19520120），《沈从文全集》第 19 卷，296 页。

后来，当他实际接触到农村土改中的人事，他对孩子的口气也变了：他说，现实中的人事“比赵树理写到的活泼生动”，[1]“有许多事且比你从《暴风骤雨》一书中所见到的曲折动人”；[2]甚至说，“你看的土改小说，提起的事都未免太简单了，在这里一个小小村子中的事情，就有许许多多李有才故事，和别的更重要故事”。[3]而对置身在土改现实中，却忽略现实而去看土改小说的人，他更是不以为然：“年青人却以为村中无一可看，赶回住处去看土改小说，看他人写的短篇。”[4]

他所说的“新书”，未必就是指赵树理和周立波的作品；如果是其他的土改作品，他大半就更看不上眼了。那么，这些新兴文学为什么就与他“情调”不济呢？他觉得新兴文学有什么问题呢？

还在去土改途中，船过巫山时，沈从文对两岸自然景观十分动情，他很想能在沿江的小村镇住一段时间，觉得这对他“能用笔极有用”，“因为背景中的雄秀和人事对照，使人事在这个背景中进行，一定会完全成功的。写土改也得要有一个自然背景！”“不知道一切人事的发展，都得有个自然背景相衬，而自然景物

1 沈从文：《致沈龙朱、沈虎雏》(19511226)，《沈从文全集》第19卷，246页。
2 沈从文：《致沈虎雏》(19520123)，《沈从文全集》第19卷，303页。
3 沈从文：《致沈虎雏》(19511227)，《沈从文全集》第19卷，250页。
4 沈从文：《致张兆和》(19511119—25)，《沈从文全集》第19卷，179页。

也即是作品一部分！”[1]要把大自然的沉静和历史巨变的人事之动结合起来，而在这一点上，即使是赵树理的作品，也不免“背景略于表现”。表面上这似乎是个写法上的问题，其实却关涉如何认识人事、历史巨变在世界中的位置问题，不可不谓大。而根据沈从文自己的经验，自然背景其实远远大于人事变动，哪怕是剧烈的变动。一九五二年一月四日，他参加一个五千人大会，那个会“解决”了一个“大恶霸”，同时还押来约有四百名地主批斗，场面大而且热闹，“实在是历史奇观。人人都若有一种不可解的力量在支配，进行时代所排定的程序”。但是这样的大场面和时代程序如果和自然背景一对照，就产生出“离奇”的情形：“工作完毕，各自散去时，也大都沉默无声，依然在山道上成一道长长的行列，逐渐消失到丘陵竹树间。情形离奇得很，也庄严得很。任何书中都不曾这么描写过。正因为自然背景太安静，每每听得锣鼓声，大都如被土地的平静所吸收，特别是在山道上敲锣打鼓，奇怪得很，总不会如城市中热闹，反而给人以异常沉静感。”[2]沈从文一谈到文学，一谈到自然，往往就“忘乎所以”，他产生这种感受的当时没想到，这种时代巨变“被土地的平静所吸收”的感受，显

1 沈从文：《致张兆和》（19511101），《沈从文全集》第 19 卷，139 页。

2 沈从文：《致沈虎雏、沈龙朱》（19520105），《沈从文全集》第 19 卷，267 页。

然超出了意识形态的规约。

当沈从文不那么“忘乎所以”的时候，他也清醒地意识到他的想法与新兴文学的抵触：“真正农民文学的兴起，可能和小资产阶级文学有个基本不同，即只有故事，绝无风景背景的动人描写。因为自然景物的爱好，实在不是农民感情。也不是工人感情，只是小资感情。将来的新兴农民小说，可能只写故事，不写背景。”他竟然也可以“理智”到从“阶级”来划分文学的不同；但他显然不服气，所以紧接着就说：“对于背景的好处发生爱好，必从比较上见出不同印象，又从乡土爱中有些回复记忆印象，才会成为作者笔下的东西，写来才会有感情。四川人活在图画里，可是却不知用文字来表现，正如本地画家一样，都不善于从自然学习。学习的心理状态如不改善，地方性的文学，也不会壮大的。”[1]

另外一方面，他不满于新兴文学的，是写社会变化没有和历史结合起来。还是在船过巫山时，他写信说：“川江给人印象极生动处是可以和历史上种种结合起来，这里有杜甫，有屈原，有其他种种。特别使我感动是那些保存太古风的山村，和江面上下的帆船，三三五五纤夫在岩石间的走动，一切都是二千年前或一千年前的形式，生活方式变化之少是可以想象的。但是却存在于

1 沈从文：《致沈龙朱、沈虎雏》（19511226），《沈从文全集》第 19 卷，246 页。

这个动的世界中。世界正在有计划的改变，而这一切却和水上鱼鸟山上树木，自然相契合如一个整体，存在于这个动的世界中，十分安静，两相对照，如何不使人感动。”[1]沈从文所要求的，并不是简单的历史感，而是对于“常”与“变”的深刻的感情和长远的关心。他说到同来土改的人，“对于那么好的土地，竟若毫无感觉，不惊讶，特别是土地如此肥沃，人民如此穷困，只知道这是过去封建压迫剥削的结果，看不出更深一层一些问题，看不到在这个对照中的社会人事变迁，和变迁中人事最生动活泼的种种。对于这片土地经过土改后三年或十年，是些什么景象，可能又是些什么景象，都无大兴趣烧着心子。换言之，也即不易产生深刻的爱和长远关心”。[2]

而在根本上，不能和自然结合，不能和历史结合，是因为缺乏“有情”。什么是“有情”？接下来读《史记》，核心感受就是谈这个问题，也是这封信的关键。

四、“有情”与“事功”

看过了李广、窦婴、卫青、霍去病、司马相如诸传，不知不觉间，竟仿佛如同回到了二千年前社会气氛中，和作者

1 沈从文：《致张兆和》(19511101)，《沈从文全集》第 19 卷，139—140 页。

2 沈从文：《致张兆和》(19511119—25)，《沈从文全集》第 19 卷，179 页。

时代生活情况中，以及用笔感情中。[1]

需要注意的是，沈从文这次读《史记》列传，不仅为作者所写内容吸引，而且为作者本身所吸引，体会、认同作者竟至于“如同回到了……作者时代生活情况中，以及用笔感情中”。

按说接下来就要讲《史记》和它的作者了，但是并不，沈从文笔一荡，说起旧事来。

记起三十三四年前，也是年底大雪时，到麻阳一个张姓地主家住时，也有一回相同经验。用桐油灯看《列国志》，那个人家主人早不存在了，房子也烧掉多年了，可是家中种种和那次作客的印象，竟异常清晰明朗的重现到这时记忆中。并鼠啮木器声也如同回复到生命里来。[2]

这件旧事和当下境况的相同处，就是一个人在孤单寂寞的情形中读一本有久远历史的书。

说这样的旧事有什么意义呢？

自觉地追忆旧事，其实是有意识地追溯个人生命的踪迹，由这样那样的踪迹而显现个人生命的来路。在一天前，也就是一月

1 沈从文：《致张兆和、沈龙朱、沈虎雏》（19520125 左右），《沈从文全集》第19卷，317页。

2 同上。

二十四日，沈从文集中地做了一次追忆。因为是一个人过年，他首先想起三次一个人在湘西辰州过年的情景。这三次，分别在他人生的三个不同阶段上：第一次是二十岁左右，在船上，身边只剩一个铜子，“生命完全单独，和面前一切如游离却融洽”；第二次是一九三四年，回乡看望母亲后往回返，乘小船下行，“生命虽单独，实不单独”。这时的沈从文已经是有名的作家，《边城》已在写作中，旅途中写给新婚妻子的信不久将改写成《湘行散记》而成为他湘西作品的代表作；第三次是抗战爆发后南迁途中，他在大哥的家里过年，同伴玩牌去了，他一个人烤火，想着两个儿子和正在进行的战争。还有两次过年，他在四川内江“用温习旧年来过旧年”时也想起来了：一次是一九二三年到凤凰高枧乡下作客，二十多年后写小说《雪晴》就是根据这次经历。还在当兵的他“当时什么都还不曾写，生命和这些人事景物结合，却燃起一种渺茫希望和理想。正和歌德年青时一样，‘这个得保留下来！’于是在另外一时，即反映到文字中，工作中，成为生命存在一部分”。还有一次也是当兵期间，在保靖，锣鼓喧闹声中，一个人在美孚灯下读书，“看的书似乎是《汉魏丛书》中谈风俗的”。[1]这些遗忘在时间背后又重现在记忆中的年景，连缀起个人生命的线索，这条线索中所贯穿的，是生命的单独和寂寞，

1 沈从文：《致张兆和》(19520124)，《沈从文全集》第19卷，308—310页。

以及在单独和寂寞中生长出来的感情和思想。他的文学的来路，也正在于此，由此而奠基和成就。

追忆旧事之后，没有什么过渡，直接就说："换言之，就是寂寞能生长东西，常常是不可思议的！"这是说自己吗？是；但又不仅仅是说自己，个人的经验一下子又归附到一个长远的历史和传统中去，又是没有什么过渡，直接就说："中国历史一部分，属于情绪一部分的发展史，如从历史人物作较深入分析，我们会明白，它的成长大多就是和寂寞分不开的。"[1]

而"寂寞"生长"有情"，下面就谈"有情"：

> 东方思想的唯心倾向和有情也分割不开！这种"有情"和"事功"有时合而为一，居多却相对存在，形成一种矛盾的对峙。对人生"有情"，就常常和在社会中"事功"相背斥，易顾此失彼。管晏为事功，屈贾则为有情。因之有情也常是"无能"。现在说，且不免为"无知"！说来似奇怪，可并不奇怪！忽略了这个历史现实，另有所解释，解释得即圆到周至，依然非本来。必肯定不同，再求所以同，才会有结果！[2]

1 沈从文：《致张兆和、沈龙朱、沈虎雏》（19520125左右），《沈从文全集》第19卷，317—318页。

2 同上注，318页。

为什么谈“有情”要在与“事功”的矛盾纠结中谈呢？一月二十九日致张兆和信，说：“管仲、晏婴、张良、萧何、卫青、霍去病对国家当时为有功，屈原、贾谊……等等则为有情。或因接近实际工作而增长能力知识，或因不巧而离异间隔，却培育了情感关注。想想思想史上的事情，也就可以明白把有功和有情结合而为一，不是一种简单事情。因为至少在近代科学中，犹未能具体解决这件事。”为什么要把“有情”和“事功”合而为一呢？“政治要求这种结合，且作种种努力，但方法可能还在摸索实验，因为犹未能深一层理会这种功能和情感的差别性。只强调需要，来综合这种‘有情’于当前‘致用’之中，是难望得到结果的。”[1]

这就明白了，沈从文要谈的不是一个于自己于当前无关的理论问题，而是他自己正遭遇的思想和文学上的困境。政治要求“事功”，要求“致用”，甚至以“事功”和“致用”为标准和尺度，“有情”如果不能达到这个标准，不符合这个尺度，就可能被判为“无能”和“无知”。沈从文认为应该先“肯定不同，再求所以同”，那是把“有情”和“事功”放在平等的位置上，不以一方来衡量、判断，甚至是裁决另一方；但政治未必如此。

---

1 沈从文：《致张兆和》（19520129），《沈从文全集》第19卷，335页。

五、作者生命的“分量”“成熟”“痛苦忧患”

> 过去我受《史记》影响深，先还是以为从文笔方面，从所叙人物方法方面，有启发，现在才明白主要还是作者本身种种影响多。[1]

“现在”明白的要比“过去”以为的更进一层，既是对《史记》及其作者的认识更进一层，也是对自我的认识更进一层。而促成这种进一层认识的，主要是他所遭受的挫折、失败和困难重重的现实处境。他从个人生命的曲折来路中体会，仿佛与创造了伟大文学的作家对晤会心：“从文学史上过去成就看作者，似乎更深一层理解到作品和作者的动人结合。作品的深度照例和他的生命有个一致性。由屈原、司马迁到杜甫、曹雪芹，到鲁迅，发展相异而情形却相同，同是对人生有了理会，对存在有了理会。”[2]

> 《史记》列传中写人，着笔不多，二千年来还如一幅幅肖像画，个性鲜明，神情逼真。重要处且常是三言两语即交

---

1 沈从文：《致张兆和、沈龙朱、沈虎雏》（19520125 左右），《沈从文全集》第19卷，318页。

2 沈从文：《致张兆和》（19511119—25），《沈从文全集》第19卷，181—182页。

> 代清楚毫不粘滞，而得到准确生动效果，所谓大手笔是也。《史记》这种长处，从来都以为近于奇迹，不可学，不可解。试为分析一下，也还是可作分别看待，诸书诸表属事功，诸传诸记则近于有情。事功为可学，有情则难知！中国史官有一属于事功条件，即作史原则下笔要有分寸，必胸有成竹方能取舍，且得有一忠于封建制度中心思想，方有准则。《史记》作者掌握材料多，六国以来杂传记又特别重性格表现，西汉人行文习惯又不甚受文体文法拘束。特别重要，还是作者对于人，对于事，对于问题，对于社会，所抱有态度，对于史所具态度，都是既有一个传统史家抱负，又有时代作家见解的。[1]

几天后信里重谈这一话题，而用语更简：“……列传写到几个人，着笔不多，二千年来竟如一个一个画像，须眉逼真，眼目欲活。用的方法简直是奇怪。正似乎和当时作者对于人，对于事的理解认识相关，和作者个人生命所负担的时代分量也有关。”[2]《史记》的非凡成就是怎么取得的？沈从文的思路，是马上从作品跳到作者，从文字跳到人生。“作者个人生命所负担的时代分

1 沈从文：《致张兆和、沈龙朱、沈虎雏》（19520125左右），《沈从文全集》第19卷，318页。

2 沈从文：《致张兆和》（19520129），《沈从文全集》第19卷，334页。

量”，这是要害。前面曾说遭遇不堪生活之后读杜甫“易懂得好处和切题处”，应该主要是这个方面的所指。

> 这种态度的形成，却本于这个人一生从各方面得来的教育总量有关。换言之，作者生命是有分量的，是成熟的。这分量或成熟，又都是和痛苦忧患相关，不仅仅是积学而来的！[1]

前面追究个人生命的历史，其实也是检测个人从过往的各种经验中所受的“教育总量”。人生所受“教育总量”和人生所担负的“时代分量”，以及个人生命本身的“分量”，表述各有偏重，实际难分难舍。进而又言“痛苦忧患”，愈发逼近情绪和思想的核心。这种“痛苦忧患”，由个人所承受，承载的内容和含量却与历史和时代紧密相关。只是这种相关，却不是顺从或满足历史和时代的“事功”“要求”，也不是随波逐流。“万千人在历史中而动，或一时功名赫赫，或身边财富万千，存在的即俨然千载永保……但是，一通过时间，什么也不留下，过去了。另外又或有那么二三人，也随同历史而动，永远是在不可堪忍的艰困寂寞，痛苦挫败生活中，把生命支持下来，不巧而巧，即因此教

---

1 沈从文：《致张兆和、沈龙朱、沈虎雏》（19520125 左右），《沈从文全集》第 19 卷，318—319 页。

育，使生命对一切存在，反而特具热情。虽和事事俨然隔着，只能在这种情形下，将一切身边存在保留在印象中，毫无章次条理，但是一经过种种综合排比，随即反映到文字上，因之有《国风》和《小雅》，有《史记》和《国语》，有建安七子，有李杜，有陶谢……时代过去了，一切英雄豪杰、王侯将相、美人名士，都成尘土，失去存在意义。另外一些生死两寂寞的人，从文字保留下来的东东西西，却成了唯一连接历史沟通人我的工具。因之历史如相连续，为时空所阻隔的情感，千载之下百世之后还如相晤对。”由个人的遭遇而体认历史、会心传统，又由历史和传统而确认自我、接受命运：“新的人民时代，什么都不同过去了，但在这个过程中，恐还不免还有一些人，会从历史矛盾中而和旧时代的某种人有个相同情形。……应当接受一切，从而学习一切。……我在改造自己和社会关系，虽努力，所能得到的或许还是那个——不可忍然而终于还是忍受了下去的痛苦！”[1]

与“痛苦忧患”相关，与作者生命“分量”相提并论的，是作者生命的“成熟”。“成熟”这个词，沈从文在这里也不是随意写下的。他自觉此时生命储蓄的能量已经达到饱满的状态，只要条件许可，就可以化为创作。内江实际的生活经验使他体会到：“我的生命如有机会和这些人事印象，这些见闻，这些景物好好

1 沈从文：《致张兆和》（19520124），《沈从文全集》第 19 卷，311—312 页。

结合起来，必然会生长一片特别的庄稼，……即可形成一种不易设想的良好效果。一面是仿佛看到这个庄稼的成长，另一面却又看到体力上有些真正衰老，人事挫折，无可奈何的能力消失。在悬崖间绝对孤独中体会到这个存在时，更深一层理会到古来人如杜甫等心境。”沈从文常常走到住处附近的一个悬崖顶上，“一到顶上，即有天地悠悠感。各个远近村落，都有我们同队的人在工作，三天有一部分可见到。表面上我和他们都如有点生疏，少接触谈笑，事实上生命却正和他们工作在紧密的契合，而寻觅那个触机而发的创造心。只要有充分时间，这点天地悠悠感即会变成一份庄稼而成长、而成熟。但是这个看来十分荒谬的设想，不易有人能理解，能信任的。……是和风甘雨有助于这个庄稼的成长，还是迅雷烈风只作成摧残和萎悴？没有人可以前知。我常说人之可悯也即在此。人实在太脆弱渺小。体力比较回复时，我理会得到，新的历史的一章一节，我还能用文字作部分重现工作，因为文字的节奏感和时代脉搏有个一致性。我意识得到。如果过去工作有过小小成就，这新的工作，必然还可望更加成熟，而有个一定深度，且不会失去普遍性。为的是生命已到了个成熟期。特别是对于人的爱与哀悯，总仿佛接触到一种本体，对存在有了理会，对时代有了理会”。[1]

---

1 沈从文：《致张兆和》（19511119—25），《沈从文全集》第 19 卷，180—181 页。

> 年表诸书说是事功，可因掌握材料而完成。列传却需要作者生命中一些特别东西。我们说得粗些，即必由痛苦方能成熟积聚的情——这个情即深入的体会，深至的爱，以及透过事功以上的理解与认识。因之用三五百字写一个人，反映的却是作者和传中人两种人格的契合与同一。不拘写的是帝王将相还是愚夫愚妇，情形却相同。[1]

“有情”从哪里来？由痛苦而成熟而“有情”。而现实中却缺乏这种“有情”，亦即缺乏“深入的体会，深至的爱，以及透过事功以上的理解与认识”，为什么呢？沈从文曾经想过这个问题，他说：“似乎是因近三十年教育的结果，有些感情被滞塞住，郁积住。又似乎因教育分科，职业分工，这些情感因过去和学业和职业的现实需要都不合适，在适当年龄中不曾好好培植过，也即始终不能得到好好发展机会，而逐渐使这类机能失去作用。”也就是说，现代教育在情感的培养上可能存在缺失；“又似乎这种对一切有情的情形，本来即属于一种病态的变质，仅仅宜于为从事文学艺术工作者所独具，而非一般人应有的。”[2]即便是对一切“有情”只宜于为文学艺术工作者所独

1 沈从文：《致张兆和、沈龙朱、沈虎雏》（19520125 左右），《沈从文全集》第19卷，319页。

2 沈从文：《致张兆和》（19511119—25），《沈从文全集》第19卷，179页。

具，以此衡量眼前的文学艺术及其从业者，“有情”也实不多见。

这封信接下来就是对现实的批评。一是说向优秀传统学习，容易公式化，“因为说的既不明白优秀伟大传统为何事，应当如何学，则说来说去无结果，可想而知”；二是关于中学语文教育，比较具体：“近年来初中三语文教科书不选浅明古典叙事写人文章，倒只常常把无多用处文笔又极芜杂的白话文充填课内”，他指的主要是“时文”，“如仅仅用一些时文作范本，近二三年学生的文卷已可看出弱点，作议论，易头头是道，其实是抄袭教条少新意深知。作叙述，简直看不出一点真正情感。笔都呆呆的，极不自然”。语文教育同时也是情感教育，没有情感，笔只能是“呆呆的”。

这封信不见结尾，残存的部分，到这里就结束了。

六、简单的结论

以上对这封家书的释读，用的方法很简单，就是以沈从文同一时期的其他书信来解说他关于夜读《史记》的文字。夜读《史记》的文字只有千余，从其他书信征引的文字则大大超过这个数字；而且，全篇所有征引文字都是沈从文自己的，这也是有意为之：从沈从文来理解沈从文。“照我思索，能理解‘我’。/照我思索，可认识‘人’。”[1]至少，在理解沈从文的所有方式中，从沈从文来理解沈从文是个基础。就目前而言，这个基础工作仍然没有做得很好。

那么，经过这样的释读，我们是不是可以有一个简单的概括呢？我个人的看法是，当沈从文深陷困境的时候，他自觉地向久远的历史和传统寻求支撑的力量。他的困境主要表现在两个方面：文学的困境和个人的现实困境，这两个方面也可以看作是一体的。他的文学遭遇了新兴文学的挑战，这个挑战，不仅他个人的文学无以应付，就是他个人的文学所属的五四以来的新文学传统也遭遇尴尬，也就是说，他也不能依靠五四以来的新文学传统来应对新兴文学；况且，他个人的文学和五四以来的新文学传统的主导潮流，也并非亲密无间。但他又不愿意完全认同新兴文学和新时代对文学的“事功”“要求”，这个时候，就需要一种更强大的力量来救助和支撑自己。一直隐伏在他身上的历史意识帮助了他，他找到了更为悠久的传统。千载之下，会心体认，自己的文学遭遇和人的现实遭遇放进这个更为悠久的历史和传统之中，可以找到解释，找到安慰，更能从中获得对于命运的接受和对于自我的确认。简单地说，他把自己放进了悠久历史和传统的连续性之中，而从精神上克服时代和现实的困境。

---

[1] 沈从文：《抽象的抒情》，《沈从文全集》第 16 卷，527 页。

第八讲

文物研究：

书写历史文化长河的故事

一、另一条长河

汪曾祺说他的老师是“水边的抒情诗人”，“湘西的一条辰河，流过沈从文的全部作品。……关于这条河有说不尽的故事。沈先生写了多少篇关于辰河、沅水、商水的小说，即每一篇都有近似的色调，然而每一篇又各有特色，每一篇都有不同动人的艺术魅力。河水是不老的，沈先生的小说也永远是清新的。一个人不知疲倦地写着一条河的故事，原因只有一个：他爱家乡”。[1]

有一个形象的说法是，沈从文年轻的时候生活在湘西的沅水流域及其周边地区，离开湘西之后就生活在对家乡河流的印象和怀念里。《从文自传》《湘行散记》《边城》是这种印象和怀念的结晶，是典型的“水边抒情诗”。

但是，这个“水边的抒情诗人”不可能一直生活在“古典”的印象和怀念里，他同时得在现实和现代中生活，他的家乡和河流也得经受现实和现代的风雨。到抗战爆发之后，写《湘西》，写《长河》，他虽然仍旧保持一个“水边的抒情诗人”本色，他的“抒情”却不能不沉重起来，充满了忧患和焦虑。

1 汪曾祺：《与友人谈沈从文》，《晚翠文谈新编》，北京：生活·读书·新知三联书店，2002年，170、176页。

一九四九年，他割舍文学创作转而从事文物研究，拓开了另一块安身立命的领域。绸子缎子，坛子罐子，千千万万件实物过眼经手，长年累月在灰扑扑的库房中转悠，和“无生命”的东西打交道，做枯燥的研究。这样理解，其实是有些错了。每一件文物，都保存着丰富的信息，打开这些信息，就有可能会看到生动活泼之态；而文物和文物，也都不是一个个孤立的东西，它们各自保存的信息打开之后能够连接，交流，沟通，融会，最终汇合成历史文化的长河，显现人类劳动、智慧和创造能量的生生不息。还用形象的说法，沈从文后半生在对家乡河流的印象和怀念之外，又在新的现实境遇中找到了另一条长河，历史文化的长河，他投身于此，倾心于此，以学术研究的方式，做了另一种“水边的抒情诗人”——还是汪曾祺的话：“他后来‘改行’搞文物研究，乐此不疲，每日孜孜，一坐下去就是十几个小时，也跟这点诗人气质有关。他搞的那些东西，陶瓷、漆器、丝绸、服饰，都是‘物’，但是他看到的是人，人的聪明，人的创造，人的艺术爱美心和坚持不懈的劳动。他说起这些东西时那样兴奋激动，赞叹不已，样子真是非常天真。他搞的文物工作，我真想给它起一个名字，叫做‘抒情考古学’。”[1]

不过，“抒情”“诗人”这样的字眼，因为通常的使用而容易

1 汪曾祺：《沈从文的寂寞》，《晚翠文谈新编》，191 页。

误解，如果理解一偏，恐怕致使对沈从文后半生命运的艰难困苦，对沈从文物质文化史研究的学术严谨性及其价值，估计不足。所以需要回到具体的历史情境中去，去看他的经历，他的思想，和他的工作。

在这里，我们选他的三篇文章，联在一起看，可以得到一个基本的线索。一篇是《抽象的抒情》，一九六一年七八月写的，未完稿，收在《沈从文全集》第十六卷；一篇是《我为什么始终不离开历史博物馆》，一九六八年十二月写，是“文革”中的一份申诉材料，收在全集第二十七卷；第三篇是《曲折十七年》，一九八一年四月写，本来打算做《中国古代服饰研究》一书的后记，但后来该书后记经过了大幅度的压缩。依据手稿整理而成的《曲折十七年》也收在全集第二十七卷。

大致上可以说，从《抽象的抒情》，可以读出沈从文为什么要放弃他其实一直不能忘情的文学创作，有了这个放弃，才有对文物研究那种事业性的专注和献身；从《我为什么始终不离开历史博物馆》，可以读出他在从事这个工作时的甘苦荣辱，特别是可以感受到他对自己在实践中摸索出的研究方法所具有的意义的强烈自信，自我的价值在不堪的处境中得以体现；《曲折十七年》则围绕《中国古代服饰研究》这一代表性成果的艰难诞生，叙述了史无前例的“文化大革命”中非同寻常的人生磨难。

二、“他不写，他胡写”，都“完了”

一九五〇年，沈从文在华北人民革命大学学习近一年，要毕业的时候，“小组长约我谈话，告我上级还是希望我回到作家队伍中搞创作。这事大致也是那边事先即考虑过的。因为较早一些时候，就有好几位当时在马列学院学习的作家来看过我，多是过去不熟的，希望我再学习，再写作”。可是他表示“头脑经常还在混乱痛苦中”，“且极端缺少新社会生活经验”，所以还是回到了历史博物馆。[1]一九五三年，沈从文以工艺美术界代表身份出席第二次全国文艺工作者代表大会，毛泽东、周恩来接见十二位作家时，毛泽东对他说：“再写几年小说吧。”不久，胡乔木来信，愿意为他重返文学创作岗位作出安排；秋冬之际，由严文井出面约他写历史人物小说，并安排他“归队”做专业作家。十一月，沈从文致函周扬，也等于间接回答胡乔木等的好意，表示还是在博物馆做文物研究和工艺美术史研究。[2]

其实从一九五〇年到一九六〇年，沈从文自己一直试探着在新时代进行创作：一篇短短的《老同志》，一九五〇年初稿，到一九五二年已经改到第七稿；参加川南土改的经历，使他在一九

---

1 沈从文：《我为什么始终不离开历史博物馆》，《沈从文全集》第 27 卷，242—243 页。

2 沈虎雏编：《沈从文年表简编》，《沈从文全集》附卷，46—47 页。

五二年写了一篇很短的《中队部》；从一九五五年到一九五八年，写了篇幅稍长的《财主宋人瑞和他的儿子》；一九六〇年，他甚至打算用一年的时间，来完成从四十年代末就开始搜集资料的以张鼎和烈士为原型的长篇传记体小说，结果只留下试笔的章节《死者长已矣，存者且偷生！》。这些作品都未发表，现在都编入全集第二十七卷。

一方面，沈从文选择不做专业作家，不到作家“队伍”中去；另一方面，“跛者不忘履”，他个人又进行了较长时期的文学创作试探，但这个试探很不成功。前者即已表明，他对自己的文学理解和时代的文学要求之间的距离，有相当清醒的认识；而他在未能忘情的心态下进行的文学试验的失败，更使这种认识深化、具体化，而且从创作的痛苦中亲证问题之所在。就是在这样的背景下，他写了《抽象的抒情》。

《抽象的抒情》是非常理论化的对文学、对文学和政治关系的思考，没有一句谈到自己，但是如果仅仅把它当成不切己的理论，就不免会看轻它的价值。沈从文是在切肤之痛中谈论加在他的命运之上、关系他人生转折的重大问题。

文学艺术，在沈从文看来，是庄严的事业，因为它是生命转化的形式。“惟转化为文字，为形象，为音符，为节奏，可望将生命某一种形式，某一种状态，凝固下来，形成生命另外一种存在和延续，通过长长的时间，通过遥遥的空间，让另外一时另一地生存的人，彼此生命流注，无有阻隔。文学艺术的可贵在此。文学艺术的形成，本身也可说即充满了一种生命延长扩大的愿望。至少人类数千年来，这种挣扎方式已经成为一种习惯，得到认可。”生命延长扩大的愿望和庄严的“挣扎”产生了不朽的文学艺术，以至于“两千年前文学艺术形成的种种观念，或部分、或全部在支配我们的个人的哀乐爱恶情感，事不足奇。约束限制或鼓舞刺激到某一民族的发展，也是常有的”。现代人读荷马或庄子得到快乐或启发，现代建筑家从古埃及小小雕刻品中得到建筑装饰的灵感，“可以证明生命流转如水的可爱处”和文学艺术的不朽与永生。“有一条件值得记住，必须是有其可以不朽和永生的某种成就。”[1]

“文学艺术既然能够对社会对人发生如此长远巨大影响，有意识地把它拿来、争夺来，为新的社会观念服务。新的文学艺术，于是必然在新的社会——或政治目的制约要求中发展，且不断变化。”沈从文承认，从古到今，任何时代都存在社会或政治对文学艺术的要求，由此而言，社会主义制度下对文学艺术有要求，也属正常；但是，“不同处是更新的要求却十分鲜明，于是也不免严肃到不易习惯情形。政治目的虽明确不变，政治形势、手段却时时刻刻在变，文学艺术因之创作基本方法

[1] 沈从文：《抽象的抒情》，《沈从文全集》第16卷，527—530页。

和完成手续，也和传统大有不同，甚至于可说完全不同。作者必须完全肯定承认，作品只不过是集体观念某一时某种适当反映，才能完成任务，才能毫不难受的在短短不同时间中有可能在政治反复中，接受两种或多种不同任务”。[1]这个不同，是文学艺术及其创作者所遭遇的巨变，沈从文感受到一种根本性的断裂：

> 艺术中千百年来的以个体为中心的追求完整、追求永恒的某种创造热情，某种创造基本动力，某种不大现实的狂妄理想（唯我为主的艺术家情感）被摧毁了。新的代替而来的是一种也极其尊大，也十分自卑的混合情绪，来产生政治目的及政治家兴趣能接受的作品。这里有困难是十分明显的。矛盾在本身中即存在，不易克服。有时甚至于一个大艺术家，一个大政治家，也无从为力。他要求人必须这么作，他自己却不能这么作，作来也并不能令自己满意。现实情形即道理他明白，他懂，他肯定承认，从实践出发的作品可写不出。在政治行为中，在生活上，在一般工作里，他完成了他所认识的或信仰的，在写作上，他有困难处。因此不外两种情形，他不写，他胡写。[2]

1 沈从文：《抽象的抒情》，《沈从文全集》第16卷，530—531页。

2 同上注，531页。

在这样的历史处境下，“他乐意这么做。他完了。他不乐意，也完了”。[1]

也就是说，在文学艺术领域里，他写或者不写，都“完了”。如果不想这么“完了”，就必须能够跳出这一“控制益紧，不免生气转促”的领域，[2]干脆不做非此即彼其实结果都一样是“完了”的选择，而去寻找和建造另外的安身立命之地。

三、“认识其他生命，实由美术而起”

沈从文是一九四九年八月由北大国文系转到历史博物馆的。人事关系离开北大后，仍在北大为博物馆专修科兼课，讲授陶瓷史等。一九四八年北大筹备博物馆时，沈从文就全力相助，把个人收藏的许多瓷器、贝叶经等古文物、民间工艺品，以及从云南搜集的全部漆器捐出，并且准备陶瓷史课程，着手编写教学参考书。

沈从文到历史博物馆，从外在的现实环境考虑，当然是“逼上梁山”；但从他自身来说，也不是没有准备、没有条件的。沈从文三十岁写《从文自传》，那个时候他根本不可能预料自己以后人生命运的转折，但他在那个时候就很自然地写出了自己更年

1 沈从文：《抽象的抒情》，《沈从文全集》第16卷，533页。

2 同上注，536页。

轻的时候（二十一岁以前）对于文物的兴趣，这个兴趣甚至有可能比对文学的兴趣产生得更早。或者更准确地说，沈从文当时并不去区分这种兴趣是对文物的兴趣还是对文学的兴趣，对于他来说，那是无需刻意划分开来的“对于人类智慧光辉的领会”。在“学历史的地方”这一章里，沈从文兴致盎然地回忆起他在统领官身边做小书记的职责：保管整理大量的古书、字画、碑帖、文物，“这份生活实在是我一个转机，使我对于全个历史各时代各方面的光辉，得了一个从容机会去认识，去接近”。[1]讲《从文自传》的时候，我们引过下面这段文字，这里值得再引：“无事可作时，把那些旧画一轴一轴的取出，挂到壁间独自来鉴赏，或翻开《西清古鉴》《薛氏彝器钟鼎款识》这一类书，努力去从文字与形体上认识房中铜器的名称和价值。再去乱翻那些书籍，一部书若不知道作者是什么时代的人时，便去翻《四库提要》。这就是说我从这方面对于这个民族在一段长长的年分中，用一片颜色，一把线，一块青铜或一堆泥土，以及一组文字，加上自己生命作成的种种艺术，皆得了一个初步普遍的认识。由于这点初步知识，使一个以鉴赏人类生活与自然现象为生的乡下人，进而对于人类智慧光辉的领会，发生了极宽泛而深切的兴味。”[2]

一九四九年二三月，沈从文在极端的精神痛苦中写了两章自

---

[1] 沈从文：《从文自传·学历史的地方》，《沈从文全集》第13卷，355页。

[2] 沈从文：《从文自传》，《沈从文全集》第13卷，355、356页。

传《一个人的自白》和《关于西南漆器及其他》。后一篇还特意在标题下加了一行字："一章自传——一点幻想的发展"，手稿首页旁注："介于这个与自白中应还有八章。"西南漆器是沈从文在抗战爆发后的昆明时期特别注意和大量搜集的，时间上靠后，他写自传，写了开头的一章，然后跳过中间的八章，径直来写他与西南漆器有关的种种，显见在写作的当时，这部分内容活跃于心，竟至于顾不得顺序而前出了。

在这章自传里，他描述和分析了美术、工艺美术与自己的深切关系。他说，"我有一点习惯，从小时养成，即对于音乐和美术的爱好"，"认识我自己生命，是从音乐而来；认识其他生命，实由美术而起"。"看到小银匠捶制银锁银鱼，一面因事流泪，一面用小钢模敲击花纹。看到小木匠和小媳妇作手艺，我发现了工作成果以外工作者的情绪或紧贴，或游离。并明白一件艺术品的制作，除劳动外还有个更多方面的相互依存关系。而尤其重要的，是这些小市民层生产并供给一个较大市民层的工艺美术，色泽与形体，原料及目的，作用和音乐一样，是一种逐渐浸入寂寞生命中，娱乐我并教育我，和我生命发展严密契合分不开的。"[1]

他无从受到严格的美术训练，却发展了爱好和理解，这种爱好和理解"有一点还想特别提出，即爱好的不仅仅是美术，还更

1 沈从文：《关于西南漆器及其他》，《沈从文全集》第27卷，20、22—23页。

爱那个产生动人作品的性格的心，一种真正‘人’的素朴的心”。正因为这种爱好，“到都市上来，工艺美术却扩大了我的眼界，而且爱好与认识，均奠基于综合比较。不仅对制作过程充满兴味，对制作者一颗心，如何融会于作品中，他的勤劳，愿望，热情，以及一点切于实际的打算，全收入我的心胸。一切美术品都包含了那个作者生活挣扎形式，以及心智的尺衡，我理解的也就细而深。为扩大知识范围，到北平来读书用笔，书还不容易断句，笔又呆住于许多不成形观念里无从处分时，北平图书馆（从宣内京师图书馆起始）的美术考古图录，和故宫三殿所有陈列品，于是都成为我真正的教科书。读诵的方法也与人不同，还完全是读那本大书方式，看形态，看发展，并比较看它的常和变，从这三者取得印象，取得知识”。[1]

寓居云南八年，留心到西南文物中一些为历史和现代学人所忽略的东西，其中主要是漆器，由此“对于西南文化某一面，我却有了些由幻想，到假定，终于得证实的问题”。[2]

汪曾祺回忆：“我在昆明当他的学生的时候，他跟我（以及其他人）谈文学的时候，远不如谈陶瓷，谈漆器，谈刺绣的时候多。他不知从哪里买了那么多少数民族的挑花布。沏了几杯茶，大家就跟着他对着这些挑花图案一起赞叹了一个晚上。有一阵，

---

1 沈从文：《关于西南漆器及其他》，《沈从文全集》第 27 卷，23—24 页。

2 同上注，29 页。

一上街，就到处搜罗缅漆盒子。……昆明的熟人没有人家里没有沈从文送的这种漆盒。有一次他定睛对一个直径一尺的大漆盒看了很久，抚摸着，说：‘这可以做一个《红黑》杂志的封面！’”汪曾祺甚至由沈从文对文物的感情，转而拟想文物对沈从文的感情：“不管怎么说，在通常意义上，沈先生是改了行了，而且已经是无可挽回了。你希望他‘回来’，他只要动一动步，他的那些丝绸铜铁就会叫起来的：‘沈老，沈老，别走，别走，我们要你！’”[1]

四、“我为什么始终不离开历史博物馆”

沈从文在博物馆的工作和经历，实在说起来——和他自己对文物的热爱分开来说——是非常不“抒情”的。根本上，他是想另创一番事业，而馆中领导甚至更高层的领导，本意却未必是想让他做什么事，所以他受到的是“冷处理”，得不到支持，甚至还要面对打击，也算不上特别出人意料。但他都忍受下来了。直到“文革”结束后，在胡乔木的直接关心下，一九七八年三月调到中国社会科学院历史研究所，沈从文在历史博物馆待了近三十年。

《我为什么始终不离开历史博物馆》里说：“照当时情况说

[1] 汪曾祺：《与友人谈沈从文》，《晚翠文谈新编》，160—161 页。

来，工作是比较困难的。首先是我自己史部学底子极差，文物知识也皮毛零碎，图书室又不像样。”沈从文属于研究人员，“研究员主要就是坐办公室看书，或商讨工作计划，谈天，学习文件。没有人考虑到去陈列室，一面学，一面作说明员，从文物与观众两方面研究学习，可望提高认识的”。沈从文与别的研究员不同，“本馆一系列特别展览，我总是主动去作说明员。一面学，一面讲。工作当然比坐办公室谈天、看书为辛苦。可是，知识或基本常识，便越来越落实了。加上入库房工作和图书室整理材料工作，凡派到头上的就干。常识一会通，不多久，情形自然就变化了。有了问题，我起始有了发言权。有些新问题，我慢慢的懂了。再结合文献，对文献中问题，也就懂得深了些，落实了好些，基础踏实些”。“记得当时冬天比较冷，午门楼上穿堂风吹动，经常是在零下十度以下，上面是不许烤火的。”“事实上，我就在午门楼上和两廊转了十年。一切常识就是那么通过实践学来的。有些问题比较专门，而且是国内过去研究中的空白点，也还是从实践学来的。比如说，看了过十万绸缎，又结合文献，我当然懂的就比较落实了。”[1]

去库房和陈列室与大量实物进行实际接触，这样一种实践和在实践中的提高，使沈从文得出文物研究必须实物和文献互证，

1 沈从文：《我为什么始终不离开历史博物馆》，《沈从文全集》第 27 卷，243—244 页。

文史研究必须结合文物的见解和主张。虽然早在一九二五年，王国维就在清华研究院的“古史新证”课上，提出了以“地下之新材料”“补正纸上之材料”的“二重证据法”，[1]单纯从理论层面上讲，沈从文的见解和主张并非怎么“新鲜”和“独创”；但是沈从文的见解和主张确是他一己经验的总结，他对理论一向没有多大兴趣，他的结论是从自己的亲身体会中自然得出的。而事实上，他的这种主张和方式也确实和人不同，馆中管业务的领导和一些同事无从理解他整日在库房和陈列室转悠，以至于说他“不安心工作，终日飘飘荡荡”。沈从文对这样的领导很恼火，他在这份申诉材料中质问道：“从一系列特种展和新楼陈列展，他本人对文物学了什么？只有天知道！说我飘飘荡荡不安心工作的也就是他，到我搞出点点成绩，他又有理由说我是‘白专’了。”他相信自己的这种笨方法能够解决很多实际问题，与他的这种方法相比较，博物馆通行的两种研究方式，他以为都不怎么“顶用”：“博物馆还是个新事业，新的研究工作的人实在并不多。老一辈‘玩古董’方式的文物鉴定多不顶用，新一辈从外来洋框框‘考古学’入手的也不顶用，从几年学习工作实践中已看出问题。”[2]

---

[1] 王国维：《古史新证——王国维最后的讲义》，北京：清华大学出版社，1994年，2页。

[2] 沈从文：《我为什么始终不离开历史博物馆》，《沈从文全集》第27卷，246、249页。

沈从文的这种“方法论”上的自信和日常的勤苦工作，促使他对文物研究产生了事业性的抱负：“我同时也抱了一点妄想，即从文物出发，来研究劳动人民成就的‘劳动文化史’、‘物质文化史’，以及劳动人民成就为主的‘新美术史’和‘陶’、‘瓷’、‘丝’、‘漆’，以及金属工艺等等专题发展史。这些工作，在国内，大都可说还是空白点，不易措手。但是从实践出发，条件好，是可望逐一搞清楚的。对此后通史编写，也十分有用。因为若说起‘一切文化成于劳动人民之手’，提法求落实，就得懂史实！”[1]“我为什么始终不离开历史博物馆？”说到底，是因为有这种事业性的抱负。

沈从文的工作和抱负所要应对的，却是非常艰苦的条件和干扰不断的环境。五十年代，一次全国博物馆工作会议期间，历史博物馆举行了个“内部浪费展览会”，沈从文陪同外省同行参观，展出的是他买来的“废品”，如花三十元买来的明代白绵纸手抄两大函有关兵事学的著作，花四块钱买来的一整匹暗花绫子，机头上织有“河间府制造”宋体字。意在给他难堪，他却觉得“有趣”。[2]一九五七年，他在给中国作家协会的一份材料中说：“其实照目前情况，说‘研究’条件也十分差，那像个研究办

1 沈从文：《我为什么始终不离开历史博物馆》，《沈从文全集》第27卷，245页。

2 沈从文：《无从驯服的斑马》，《沈从文全集》第27卷，380—381页。

法？我在历博办公处连一个固定桌位也没有了，书也没法使用，应当在手边的资料通不能在手边，不让有用生命和重要材料好好结合起来，这方面浪费才真大！却没有一个人明白这是浪费，正如没有人明白这部门工作落后，对于其他部门工作影响一样，好急人！”[1]

沈从文在历史博物馆的处境，从这个数字可想而知：到他写《我为什么始终不离开历史博物馆》这份材料的时候，他在这里约十八年，却作过“大小六十多次的检讨”。环境和条件如此不堪，也还是忍受了。倘若当初不选择文物研究而选择一个“作家”的名头，最好也不过如昔日同行；比较起来，沈从文心中自有掂量：“从生活表面看，我可以说‘完全完了，垮了。’什么都说不上了。因为如和一般旧日同行比较，不仅过去老友如丁玲，简直如天上人，即茅盾、郑振铎、巴金、老舍，都正是赫赫烜烜，十分活跃，出国飞来飞去，当成大宾。当时的我呢，天不亮即出门，在北新桥买个烤白薯暖手，坐电车到天安门时，门还不开，即坐下来看天空星月，开了门再进去。晚上回家，有时大雨，即披个破麻袋。我既从来不找他们，即顶头上司郑振铎也没找过，也无羡慕或自觉委屈处。”[2]如果不明白沈从文的事业性抱

---

1 沈从文：《创作计划》，《沈从文全集》第 27 卷，510—511 页。

2 沈从文：《我为什么始终不离开历史博物馆》，《沈从文全集》第 27 卷，247、253 页。

负和对自己工作意义的坚信，这段话就可能会被当成酸溜溜的牢骚了。

沈从文对文物研究的选择，是在特殊的时代压力下做出的，其中却也包含了他个人孤独的努力和追求。这种孤独的努力和追求之不被理解，更凸现出其坚持的艰难和可贵。在一九五一年九月的一封信里，他写道："关门时，照例还有些人想多停留停留，到把这些人送走后，独自站在午门城头上，看看暮色四合的北京城风景，百万户人家房屋栉比，房屋下种种存在，种种发展与变化，听到远处无线电播送器的杂乱歌声，和近在眼前太庙松柏林中一声勾里格磔的黄鹂，明白我生命实完全的单独。就此也学习一大课历史，一个平凡的人在不平凡时代中的历史。很有意义。因为明白生命的隔绝，理解之无可望，那么就用这个学习理解'自己之不可理解'，也正是一种理解。"[1]他的心境，莽莽苍苍中，却特别"明白"。

五、一部著作，十七年"离奇"经历

沈从文在博物馆三十年，"前十年条件比较便利，文物各部门，大都有机会过手经眼十万八万件"。由于和各类实物的接

1 沈从文：《凡事从理解和爱出发》（19510902），《沈从文全集》第19卷，117—118页。

触，对文物研究中的空白点尤其敏感，“近三十年新出土文物以千万计，且逐日还在不断增加，为中国物质文化史的研究，提供了无比丰富扎实有用资料。一个文物工作者如善于学习，博闻约取，会通运用，显明会把文物研究中的大量空白点，一一加以填补，能取得崭新纪录的”。[1]《曲折十七年》中的这些话，说的其实是他自己的体会，因为心中抱着研究物质文化史的宏愿，所以眼手所及，并不是单独的文物类型，而是文物的“各部门”，而且是“会通运用”。沈从文文物研究的涉猎之广，专题之多，是令人惊讶的。尽管由于环境和条件的极端苛刻的限制，他计划中的很多专题都没有系统地完成，但就是以文字和图像留下来的各类成果，已经相当丰富。从《沈从文全集》的第二十八至三十二卷，可见他在以下这些方面的专门性研究：玉工艺、陶瓷、漆器及螺钿工艺、狮子艺术、唐宋铜镜、扇子应用进展、中国丝绸图案、织绣染缬与服饰、《红楼梦》衣物、龙凤艺术、马的艺术和装备，等等。而他得以系统地完成的，是《中国古代服饰研究》这一巨著，成为中国古代服饰这一专门领域的开创性著作，也是沈从文物质文化史研究的代表性成就。

一九六四年，周恩来总理提议编一本能够反映民族文化发展和工艺水平的中国古代服装史图书，沈从文承担了这一工作，历

---

[1] 沈从文：《曲折十七年》，《沈从文全集》第 27 卷，449 页。

史博物馆并调人协助。这种工作虽为“创始开端”，由于沈从文此前的积累，特别是对实物的熟悉，“进展格外迅速，由一九六四年初夏开始，前后不到八个月时间，本书主图二百幅，附图约百种，及说明文字二十余万，样稿就已基本完成”。[1]

经过重作校核删补，本可望很快出版，却“由于政治大动荡已见出先兆”，拖延下来。“文革”开始后，这份待印图稿就被认为是鼓吹“帝王将相”、提倡“才子佳人”的黑书毒草，沈从文也因此接受审查。“本人虽不久即得到‘解放’，却和全国百十万老年知识分子命运大体相同，接受延长十年的特殊‘教育’，真应了一句老话：‘在劫难逃’。所有个人进行研究工作的图书资料，既在无可奈何情况下，一律当作废纸处理完事，使得我任何工作都无从继续进行。”[2]

《曲折十七年》和《中国古代服饰研究》的后记主要不同在于，前者较为详细地叙述了作者从编著这部书到这部书最终出版这十七年间的经历，特别是下放阶段和回京之后的遭遇。

一九六九年十一月底，沈从文作为博物馆三户老弱病职工之一，被首批下放到湖北咸宁文化部五七干校，三家人到达后，“才知道‘榜上无名’，连个食宿处也无从安排。于岁暮严冬雨雪霏微中，进退失据，只能蹲在毫无遮蔽的空坪中，折腾了约四个

1 沈从文：《曲折十七年》，《沈从文全集》第 27 卷，450 页。

2 同上注，450—451 页。

小时，等待发落。逼近黄昏，才用‘既来则安’为理由，得到特许，搭最后那辆运行李卡车，去到二十五里外，借住属于故宫博物馆一个暂时空着的宿舍中，解决了食宿问题”。这个地方离先来下放的张兆和所在干校连队约有五六里路。“因为人已年近七十，心脏病早严重到随时可出问题程度，雨雪中山路极滑，看牛放羊都无资格，就让我带个小小板凳，去后山坡看守菜园，专职是驱赶前村趁隙来偷菜吃的大小猪。手脚冻得发木时，就到附近工具棚干草堆上躺一会会，活活血脉，避避风寒。夜里吃过饭后，就和同住的三个老工人，在一个煤油灯黄黯黯光影下轮流读报，明白全国‘形势大好’。”这种离奇的“教育”使他“想起这正是‘亚细亚式’迫害狂历史传统模式的重演，进一步理解《阮籍传》中‘有忧生之嗟’含意”。[1]这样过到一九七〇年二月底。

“有一天，下午正在菜秧地值班，忽然有个人来通知我，限二小时内迁移住处，到五十里外双溪区后，另作安排。”在五里外劳动的老伴闻讯赶来，说不到十句话，卡车就开动了。“在车中我想到古代充军似乎比较从容，以苏东坡谪海南，还能在赣州和当时阳孝本游八境台，饮酒赋诗。后移黄州，也能邀来客两次游赤壁，写成著名于世前后《赤壁赋》，和大江东去的浪淘沙曲子。”到双溪后，先在区公所门楼上稻草堆中摊开行李；过半

1 沈从文：《曲折十七年》，《沈从文全集》第 27 卷，451—452 页。

月，转移到一个孤立空空小学校教室里去，“我在湖北前后两年中，迁移过六次，以这个地方住得最久，约占一年时间，留下印象最深刻”。住处不远有个分配棺材的机关，沈从文说“唯一不相熟的，是分配棺材那个小楼房，有点天然排斥因子。我即或血压最高时有二百五十，还只想尽我做公民的责任，从不担心会忽然死去”。[1]这段话或许可以算作沈从文回忆当时苦境的“黑色幽默”，实际情况是，他那个时候的书信屡屡提及身体因肾和心脏等的问题随时可能“报废”，请求去医院检查得不到批复，八月病重，不得不要张兆和请假来照料十天；更危险的一次是十一月，肾结石和高血压心脏病发作，幸亏张兆和赶到，送咸宁县医院治疗，住院四十天。

一九七一年夏天，沈从文又转到湖北丹江市一个采石区荒山沟去住，这次是和老伴在一起。地方离火葬场不远，“《静静的顿河》译者金人先生，就是我和家人到达后第二天故去的。……我平时已不大便于行动，间或柱个拐杖看病取药，总常常见雪峰独自在附近菜地里浇粪，满头白发，如汉代砖刻中老农一样”。[2]

下放这两年，沈从文最焦虑的，就是他计划中的许多文物研究工作无法进行，手头没有任何书籍和资料可用。这个时期他试探着写了大量旧体诗，有时候甚至想，不能进行文物研究而创作

---

1 沈从文：《曲折十七年》，《沈从文全集》第 27 卷，452—453、455 页。

2 同上注，456 页。

旧体诗，或许是自己不得已的第三次改业。但他其实已经无法放弃文物研究。没有文献、图像和工具书可用，就凭记忆来做。从一九七一年三月写出《关于马的应用历史发展》《狮子如何在中国落脚生根》，到七月写出《谈辇舆》，短短几个月就积累了二十篇小文章的初稿；六月到八月，还为历史博物馆的通史陈列写"改陈"建议，写出了六十个展柜的建议。中国古代服饰资料的图稿更是在念念不忘中，在双溪和丹江，"只能就记忆所及，把服饰图稿中疏忽遗漏或多余处，一一用签条记下来，准备日后有机会时补改"。[1]

沈从文一九七二年获准回京治病，此后以不断续假方式留在北京，一个人在一小间屋子里进行对中国古代服饰资料图稿的修改增删，和其他文物研究工作。"为了工作便利，我拆散许多较贵的图录，尽可能把它分门别类钉贴到四壁上去，还另外在小卧房中，纵横牵了五条细铁线，把拟作的图像，分别夹挂到上面。不多久，幸好得到两位同好的无私热心帮助，为把需要放大到一定尺寸的图像，照我意见一一绘出，不到两个月，房中墙上就几几乎全被一些奇奇怪怪图像占据了。"[2]

《中国古代服饰研究》这部著作数易其稿，后来在出版上还是多经周折，直到一九八一年九月，才由商务印书馆香港分馆印

---

1 沈从文：《曲折十七年》，《沈从文全集》第 27 卷，456 页。

2 同上注，457 页。

行。这一年沈从文是七十九岁。

六、他爱这条长河，爱得深沉

在中国现代文学史上，论与水的关系之密切、写水写得多而且好，大概要首推沈从文。沈从文钟情的水，是流动的水，是不息的河流。沈从文的“水边抒情”，常常是和对历史的领悟联在一起的。“历史”是沈从文喜欢说的一个词，而且常常就是在对水的“抒情”的时候，这个词就出现了。最典型的莫过于《湘行散记》中《一九三四年一月十八》那一篇，一长段的“抒情”里有这样的话：“看到日夜不断千古长流的河水里石头和砂子，以及水面腐烂的草木，破碎的船板，使我触着了一个使人感觉惆怅的名词，我想起‘历史’。”[1]这些文字由标题所示的那天写的一封家书脱化而出，这封信在《湘行书简》里的标题是《历史是一条河》，源自信中的感悟：“真的历史却是一条河。”[2]

时间流转如水，逝者如斯；过往的岁月里，人类的劳动、创造和智慧，历经冲刷淘洗之后，仍然得以各种各样的形式存留。沈从文的物质文化史研究，是用自己的生命和情感来“还原”各种存留形式的生命和情感，“恢复”它们生动活泼的气息和承启

1 沈从文：《湘行散记》，《沈从文全集》第 11 卷，252—253 页。

2 沈从文：《湘行书简》，《沈从文全集》第 11 卷，188 页。

流转的性质，汇入历史文化的长河。“一个人不知疲倦地写着一条河的故事，原因只有一个：他爱家乡。”如斯言，一个人甘受屈辱和艰难，不知疲倦地写着历史文化长河的故事，原因只有一个：他爱这条长河，爱得深沉。

第九讲

•

中国当代文学中沈从文传统的回响

——《活着》《秦腔》《天香》和这个传统的不同部分的对话

一、沈从文传统在当代

要说沈从文的文学对当代创作的影响，首先一定会想到汪曾祺，这对师生的传承赓续，不仅是二十世纪中国文学史上难得的佳话，其间脉络的显隐曲折、气象的同异通变，意蕴深厚意味深长，尚待穿过泛泛而论，做深入扎实的探究。这里不谈。

还会想到的是，自二十世纪八十年代沈从文被重新“发现”以来，一些作家怀着惊奇和敬仰，有意识地临摹揣摩，这其中，还包括通过有意识地学汪曾祺而于无意中触到一点点沈从文的，说起来也可以举出一些例子。不过这里出现一个悖论，就是有意识地去学，未必学得好；毋庸讳言，得其形者多有，得其神者罕见。这里也不谈。

如果眼光略微偏出一点文学，偏到与文学关系密切的电影，可以确证地说，侯孝贤受沈从文影响不可谓小，这一点他本人也多次谈起过；台湾地区的侯孝贤影响到大陆的贾樟柯，贾樟柯不仅受侯孝贤电影的影响，而且由侯孝贤的电影追到沈从文的文学，从中获得的教益不是枝枝节节，而是事关艺术创作的基本性原则。[1]这一条曲折的路径，描述出来山重水复，柳暗花明。这里也不谈。

---

1 参见贾樟柯：《侯导，孝贤》，《大方》，第 1 期，北京：北京十月文艺出版社，2011 年。

这么说来，你就不能不承认有这么一个沈从文的传统在。说有，不仅是说曾经有，更是说，今天还有。沈从文的文学传统不能说多么强大，更谈不上显赫，但历经劫难而不死，还活在今天，活在当下的文学身上，也就不能不感叹它生命力的顽强和持久。这个生命力，还不仅仅是说它自身的生命力，更是说它具有生育、滋养的能力，施之于别的生命。

这篇文章要讨论的三部长篇小说，是二十世纪九十年代迄于今日的文学创作中极具代表性的作品，按照时间顺序，最早的《活着》（1992 年）已经有近三十年的历史，《秦腔》（2005 年）出现在新世纪第一个十年当中，《天香》（2011 年）问世则刚好十年。这三位作家，余华、贾平凹、王安忆，在当代文学中的重要性和影响力自然无需多说；需要说的是，他们三位未必都愿意自己的作品和沈从文的传统扯上关系，事实上也是，他们确实未必有意识地向这个传统致敬，却意外地回应了这个传统，激活了这个传统。有意思的地方也恰恰在这里，不自觉的、不刻意的，甚至是无意识的关联、契合、参与，反倒更能说明问题的意义。这里我不怎么关心“事实性”的联系，虽然这三位不同程度地谈过沈从文，但我不想去做这方面的考辨，即使从未提起也没有多大关系；我更感兴趣的是思想和作品的互相认证。

在此顺便提及，阿来在二〇〇五年到二〇〇八年出版的三册六卷长篇小说《空山》，本来也应该放在这篇文章里一并讨论，

《空山》和沈从文文学之间对话关系的密切性，不遑多让；但考虑到涉及的问题多而且深，在有限的篇幅内难以尽言，所以留待以后专文详述。

二、活着，命运，历史，以及如何叙述

《活着》写的是一个叫福贵的人一生的故事，一个普通的中国人在二十世纪的几十年中的苦难。说到这里自然还远远不够，不论是在二十世纪中国人的经验中，还是在这个世纪的中国文学书写里，苦难触目即是。这部作品有什么大不一样？

在一九九三年写的中文版自序里，余华说："写作过程让我明白，人是为活着本身而活着的，而不是为了活着之外的任何事物所活着。我感到自己写下了高尚的作品。"[1]一九九六年韩文版自序重复了这句话，并且"解释"了作为一个词语的"活着"和作为一部作品的《活着》："作为一个词语，'活着'在我们中国的语言里充满了力量，它的力量不是来自于喊叫，也不是来自于进攻，而是忍受，去忍受生命赋予我们的责任，去忍受现实给予我们的幸福和苦难、无聊和平庸。作为一部作品，《活着》讲述了一个人和他的命运之间的友情，这是最为感人的友情，因为他

---

[1] 余华：《中文版自序》，《活着》，上海文艺出版社，2004年，3页。

们互相感激，同时也互相仇恨；他们谁也无法抛弃对方，同时谁也没有理由抱怨对方。他们活着时一起走在尘土飞扬的道路上，死去时又一起化作雨水和泥土。”[1]

这里至少有两点需要特别提出来讨论：一是，人活着是为了活着本身；二，人和命运之间的关系。

现代中国文学发生之始，即以“人的文学”的理论倡导来反对旧文学，实践新文学。新文学对“人”的发现，又是与现代中国的文化启蒙紧密纠缠在一起的。“人”的发现，一方面是肯定人自身所内含的欲望、要求、权利；另一方面，则是探求和确立人生存的“意义”。也就是说，人为什么活着，成了一个问题。为了解决这个问题，就要找到并且去实践活着的“意义”。这个问题在某些极端的情形下，甚至发展出这样严厉的判断：没有“意义”的生命是没有价值的，是不值得过的。

但是极少有人去追问，这个“意义”是生命自身从内而外产生出来的，还是由外而内强加给一个生命的？更简单一点说，这个“意义”是内在于生命本身的，还是生命之外的某种东西？

不用说，在启蒙的新文化和新文学的审视眼光下，那些蒙昧的民众的生命“意义”，是值得怀疑的。他们好像不知道他们为什么活着，应该怎样活着。新文学作家自觉为启蒙的角色，在他

1 余华：《中文版自序》，《活着》，4页。

们的“人的文学”中，先觉者、已经完成启蒙或正在接受启蒙过程中的人、蒙昧的人，似乎处在不同的文化等级序列中。特别是蒙昧的人，他们占大多数，他们的状况构成了中国社会文化的基本状况。而这个基本状况是要被新文化改变甚至改造的，蒙昧的民众也就成为文学的文化批判、启蒙、救治的对象，蒙昧的生命等待着被唤醒之后赋予“意义”。

按照这样一个大的文化思路和文学叙事模式来套，沈从文湘西题材作品里的人物，大多处在“意义”匮乏的、被启蒙的位置。奇异的是，沈从文没有跟从这个模式。他似乎颠倒了启蒙和被启蒙的关系，他的作品的叙述者，和作品中的人物比较起来，并没有处在优越的位置上，相反，这个叙述者却常常从那些愚夫愚妇身上受到“感动”和“教育”。而沈从文作品的叙述者，常常又是与作者统一的，或者就是同一个人。从这个对比来看沈从文的文学，或许我们可以理解沈从文私下里的自负。什么自负呢？一九三四年初他在回故乡的路上，给妻子写信说：

> 这种河街我见得太多了，它告我许多知识，我大部提到水上的文章，是从河街认识人物的。我爱这种地方、这些人物。他们生活的单纯，使我永远有点忧郁。我同他们那么“熟”——一个中国人对他们发生特别兴味，我以为我可以算第一位！……我多爱他们，五四以来用他们作对象我还是

唯一的一人！[1]

“五四以来”以普通民众为对象来写作，沈从文当然不是“唯一的一人”，也不是“第一位”，但沈从文之所以要这样说，是因为那种“特别兴味”，是因为他们出现在文学中的“样子”：当这些人出现在沈从文笔下的时候，他们不是作为愚昧落后中国的代表和象征而无言地承受着“现代性”的批判，他们是以未经“现代”洗礼的面貌，呈现着他们自然自在的生活和人性。这种自然自在的生活和人性，不需要外在的“意义”加以评判。

特别有意思的是，即使在沈从文身上，有时也会产生疑惑。还以他那次返乡之行为例，一九三四年一月十八日，他看着自己所乘小船上的水手，想：“这人为什么而活下去？他想不想过为什么活下去这件事？”继而又想：“我这十天来所见到的人，似乎皆并不想起这种事情的。城市中读书人也似乎不大想到过。可是，一个人不想到这一点，还能好好生存下去，很希奇的。三三，一切生存皆为了生存，必有所爱方可生存下去。多数人爱点钱，爱吃点好东西，皆可以从从容容活下去。这种多数人真是为生而生的。但少数人呢，却看得远一点。为民族为人类而生。这

[1] 沈从文：《湘行书简·河街想象》，《沈从文全集》第11卷，132—133页。

种少数人常常为一个民族的代表，生命放光，为的是他会凝聚精力使生命放光！我们皆应当莫自弃，也应当得把自己凝聚起来！”[1]多数人不追问生命的意义而活着，少数人因为自觉而为民族的代表，使生命放光，这是典型的五四新文化的思维和眼光。

戏剧性的是，当天下午，沈从文就否定了自己中午时候的疑问。这个时候的沈从文，站在船上看水，也仿佛照见了本真的自己：

> 我们平时不是读历史吗？一本历史书除了告我们些另一时代最笨的人相斫相杀以外有些什么？但真的历史却是一条河。从那日夜长流千古不变的水里石头和砂子，腐了的草木，破烂的船板，使我触着平时我们所疏忽了若干年代若干人类的哀乐！我看到小小渔船，载了它的黑色鸬鹚向下流缓缓划去，看到石滩上拉船人的姿势，我皆异常感动且异常爱他们。我先前一时不还提到过这些人可怜的生，无所为的生吗？不，三三，我错了。这些人不需要我们来可怜，我们应当来尊敬来爱。他们那么庄严忠实的生，却在自然上各担负自己那分命运，为自己，为儿女而活下去。不管怎么样，却从不逃避为了活而应有的一切努力。他们在他们那分习惯生

1 沈从文：《湘行书简·横石和九溪》，《沈从文全集》第 11 卷，184—185 页。

> 活里、命运里，也依然是哭、笑、吃、喝，对于寒暑的来临，更感觉到这四时交递的严重。三三，我不知为什么，我感动得很！我希望活得长一点，同时把生活完全发展到我自己这份工作上来。我会用我自己的力量，为所谓人生，解释得比任何人皆庄严些与透入些！[1]

当余华说“我感到自己写下了高尚的作品”的时候，他触到了与沈从文把那些水手的生存和生命表述为“那么庄严忠实的生”时相通的朴素感情。福贵和湘西的水手其实是一样的人，不追问活着之外的“意义”而活着，忠实于活着本身而使生存和生命自显庄严。

余华敢用“高尚”这样的词，像沈从文敢用“庄严忠实”一样，都指向了这种普通人的生存和命运之间的关系。余华说的是“去忍受生命赋予我们的责任”，“和他的命运之间的友情”；沈从文说的是“在自然上各担负自己那分命运”，“从不逃避为了活而应有的一切努力”。对于活着来说，命运即是责任。而在坦然承受命运的生存中，福贵和湘西的愚夫愚妇一样显示出了力量和尊严，因为承担即是力量，承担即是尊严。正是这样的与命运之间的关系，才让我们感受到了温暖——那种动荡里的、苦难里的

1 沈从文：《湘行书简·历史是一条河》，《沈从文全集》第 11 卷，188—189 页。

温暖，那种平凡里的、人伦里的温暖，最终都融合成为文学的温暖。

他们活得狭隘吗？余华说："我知道福贵的一生窄如手掌，可是我不知道是否也宽若大地？"[1]而沈从文则以"真的历史"的彻悟，来解释这些普通人的生死哀乐。在这个地方，他们再次相遇。

福贵的一生穿过了二十世纪中国的几个重大历史时期，我们根据重大的历史事件为这些时期的命名早就变成了历史书写和文学叙述中的日常词语，这些命名的词语被反复、大量地使用，以至于这些词语似乎就可以代替它们所指称的历史。细心的读者也许会注意到，《活着》极少使用这样的专用历史名词，即使使用也是把它当成叙述的元素，在叙述中和其他元素交织并用，并不以为它们比其他的元素更能指称历史的实际，更不要说代替对于历史的描述。简捷地说，余华对通常所谓的历史、历史分期、历史书写并不感兴趣，他心思所系，是一个普通人怎么样活过了、熬过了几十年。而在沈从文看来，恰恰是普通人的生存和命运，才构成"真的历史"，在通常的历史书写之外的普通人的哭、笑、吃、喝，远比英雄将相之类的大人物、王朝更迭之类的大事件，更能代表久远恒常的传统和存在。如果说余华和沈从文都写

[1] 余华：《日文版自序》，《活着》，9页。

了历史，他们写的都是通常的历史书写之外的人的历史。这也正是文学应该承担的责任。如果说文学比历史更真实，也正可以从这一点上来理解。

关于《活着》，还有一个重要的问题，即它的叙述。曾经有意大利的中学生问余华：为什么《活着》讲的是生活而不是幸存？生活和幸存之间轻微的分界在哪里？余华回答说："《活着》中的福贵虽然历经苦难，但是他是在讲述自己的故事。我用的是第一人称的叙述，福贵的叙述不需要别人的看法，只需要他自己的感受，所以他讲述的是生活。如果用第三人称来叙述，如果有了旁人的看法，那么福贵在读者的眼中就会是一个苦难中的幸存者。"[1]也就是说，如果福贵的故事由一个福贵之外的叙述者来讲，那么就会有这个外在的叙述者的眼光、立场和评判。如前所述，五四以来的新文学里的普通民众，通常是由一个外在的叙述者来塑造的，这个叙述者又通常是"高于"、优越于他所叙述的人物，他打量着，甚至是审视着他笔下的芸芸众生。余华用第一人称的叙述避开了这种外在的眼光。看起来人称的选择不过是个技巧的问题，其实却决定了作品的核心品质，决定了对生存、命运的基本态度。作家在写作时不一定有如此清晰、明确的意识，但一个优秀作家在写作过程中出现的极其细微的敏感，却可

1 余华：《日文版自序》，《活着》，6页。

能强烈地暗示着某些重要，甚至是核心的东西。所以，当我看到余华在《活着》问世十五年之后，还记忆犹新地谈起当初写作过程中的苦恼及其解决方式，我想，这还真不仅仅是个叙述人称转换的技术问题。这段话出现在麦田纪念版自序中："最初的时候我是用旁观者的角度来写作福贵的一生，可是困难重重，我的写作难以为继；有一天我突然从第一人称的角度出发，让福贵出来讲述自己的生活，于是奇迹出现了，同样的构思，用第三人称的方式写作时无法前进，用第一人称的方式写作后竟然没有任何阻挡，我十分顺利地写完了《活着》。"[1]

对余华意义非同一般的人称问题，在沈从文那里不是问题，沈从文用第三人称，但他的第三人称叙述者基本上认同他笔下的人物，不取外在的审视的角度。在这一点上，他们以不同的方式走到了相同的地方。

三、个人的实感经验，乡土衰败的趋势，没有写出来的部分

沈从文的创作在抗战爆发前后发生了明显的变化，从三十年代中后期到四十年代结束，这个阶段的沈从文苦恼重重，他的感

---

1 余华：《新版自序》，《活着》，台北：麦田出版，2007年，2页。

受、思想、创作与混乱的现实粘连纠结得厉害，深陷迷茫痛苦而不能自拔。期间创作的长篇小说《长河》，写的还是湘西乡土，可那已经是一个变动扭曲的“边城”，一个风雨欲来、即将失落的“边城”。

如果我把九十年代作为贾平凹创作的分界点的话，我的意思主要是指，在此之前的贾平凹固然已经树立起非常独特的个人风格，独特的取径、观察、感受、表达使他在八十年代的文学中卓然成家，但我还是要说，这种独特性仍然分享了那个时代共同的情绪、观念、思想和渴望。这不是批评，在那个“共名”“共鸣”的时代，差不多每个人都在分享着时代强烈的节奏和恢弘的旋律。自九十年代起，贾平凹大变，变的核心脉络是，他从一个时代潮流、理念的分享者的位置上抽身而出，携一已微弱之躯，独往社会颓坏的大苦闷中而去。于是有惊世骇俗的《废都》，在新世纪又有悲怀不已的《秦腔》和不堪回首却终必直面暴虐血腥的《古炉》。在这个时候再谈贾平凹的独特性和个人风格，与前期已经是不同的概念，放弃了共享的基础，个人更是个人；另一方面，这个更加个人化的个人却更深入、更细致、更尖锐也更痛切地探触到了时代和社会的内部区域，也就是说，更加个人化的个人反而更加时代化和社会化，与时代和社会的关系更加密不可分，时代和社会无从言说的苦闷和痛苦，要借着这个个人的表达，略微得以疏泄。

这里讨论的《秦腔》，写的是贾平凹的故乡，一个小说里叫清风街、实际原型是棣花街的村镇。写的是两个世纪之交大约一年时间里的家长里短、鸡毛蒜皮、悲欢生死，呈现出来的却是九十年代以来当代乡土社会衰败、崩溃的大趋势。这个由盛而衰的乡土变化趋势，在贾平凹那里，是有些始料未及的。他在后记里回忆起曾经有过的另一番景象和日子："一九七九年到一九八九年的十年里，故乡的消息总是让我振奋"，"那些年是乡亲们最快活的岁月，他们在重新分来的土地上精心务弄，冬天的月夜下，常常还有人在地里忙活，田堰上放着旱烟匣子和收音机，收音机里声嘶力竭地吼秦腔"。[1]此一时期贾平凹的作品，也呼应着这种清新的、明朗的、向上的气息。但是好景不长，棣花街很快就"度过了它短暂的欣欣向荣岁月。这里没有矿藏，没有工业，有限的土地在极度发挥了它的潜力后，粮食产量不再提高，而化肥、农药、种子以及各种各样的税费迅速上涨，农村又成了一切社会压力的泄洪池。体制对治理发生了松弛，旧的东西稀里哗啦地没了，像泼去的水，新的东西迟迟没再来，来了也抓不住，四面八方的风方向不定地吹，农民是一群鸡，羽毛翻皱，脚步趔趄，无所适从，他们无法再守住土地，他们一步一步从土地上出走，虽然他们是土命，把树和草拔起来又抖净了根须上的土栽在

1 贾平凹：《〈秦腔〉后记》，《秦腔》，北京：作家出版社，2005 年，560 页。

哪儿都是难活”。人老的老，死的死，外出的外出，竟至于“死了人都熬煎抬不到坟里去”。“我站在街巷的石礤子碾盘前，想，难道棣花街上我的亲人、熟人就这么很快地要消失吗？这条老街很快就要消失吗？土地也从此要消失吗？真的是在城市化，而农村能真正地消失吗？如果消失不了，那又该怎么办呢？”他能做的，不过是以一本书，“为故乡树起一块碑子”。[1]

这样复杂的心路和伤痛的情感，沈从文在三四十年代已经经历过。他在《边城》还未写完的时候返回家乡探望病重的母亲，这是他离乡十几年后第一次回乡，所闻所见已经不是他记忆、想象里的风貌，不是他正在写作的《边城》的景象。所以他在《〈边城〉题记》的末尾，预告似的说：“将在另外一个作品里，来提到二十年来的内战，使一些首当其冲的农民，性格灵魂被大力所压，失去了原来的朴质，勤俭，和平，正直的型范以后，成了一个什么样子的新东西。他们受横征暴敛以及鸦片烟的毒害，变成了如何穷困与懒惰！我将把这个民族为历史所带走向一个不可知的命运中前进时，一些小人物在变动中的忧患，与由于营养不足所产生的‘活下去’以及‘怎样活下去’的观念和欲望，来作朴素的叙述。”[2]抗战全面爆发后，南下途中，沈从文再次返

[1] 贾平凹：《〈秦腔〉后记》，《秦腔》，561、562、563页。

[2] 沈从文：《〈边城〉题记》，《沈从文全集》第8卷，59页。

乡，短暂的家乡生活，促生了《长河》。

《长河》酝酿已久，写作起来却不顺利。一九三八年在昆明开始动笔时，只是一个中篇的构思，写作过程中发现这个篇幅容纳不了变动时代的历史含量，就打算写成多卷本的长篇，曾经预计三十万字。但直到一九四五年出版之时，只完成了第一卷。沈从文带着对变动中的历史的悲哀来写现实的故乡，曾有身心几近崩溃的时候，如鲠在喉，不吐不快，却又欲言又止，不忍之心时时作痛。虽然沈从文最终不忍把故乡命运的结局写出来，但这个命运的趋势已经昭然在目，无边的威胁和危险正一步一步地围拢而来。尽管压抑着，沈从文也不能不产生后来贾平凹那样的疑问：故乡就要消失了吗？他借作品中少女夭夭和老水手的对话，含蓄然而却是肯定了这种趋势的不可挽回。夭夭说："好看的都应当长远存在。"老水手叹气道："依我看，好看的总不会长久。"[1]

《长河》是一首故乡的挽歌，沈从文不忍唱完；贾平凹比沈从文心硬，他走过沈从文走过的路，又继续往前走，直到为故乡树起一块碑，碑上刻画得密密麻麻，仔仔细细。

读《秦腔》而想到《长河》，并非我个人的任意联系，也不是出于某种偏爱的附会。陈思和在《试论〈秦腔〉的现实主义艺

---

1 沈从文：《长河·社戏》，《沈从文全集》第10卷，167、169页。

术》一文中已经有所提示，挑明“贾平凹从某种意义上说是沈从文的重复和延续”；[1]王德威在论述《古炉》时也勾勒了贾平凹从早期到如今的一种变化：逸出汪曾祺、孙犁所示范的脉络，“从沈从文中期沉郁顿挫的转折点上找寻对话资源。这样的选择不仅是形式的再创造，也再一次重现当年沈从文面对以及叙述历史的两难”。[2]王德威说的是《古炉》，其实也适用于《秦腔》。要以我的感受来说，《秦腔》呼应了《长河》写出来的部分和虽然未写但已经呼之欲出的部分；《古炉》则干脆从《长河》停住的地方继续往下写，呼应的是《长河》没有写出来的部分。

虽然说《秦腔》已经是事无巨细，千言万语，但对乡土的衰败仍然有没说出、说不出的东西，没说出、说不出的东西不是无，而是有，用批评家李敬泽的话来说是“巨大的沉默的层面”。这个沉默层也可以对应于沈从文在《长河》里没说出、说不出、不忍说的东西。《长河》这部没有完成的作品的沉重分量，是由它写出的部分和没有写出的部分共同构成的。

《秦腔》的写法是流水账式的，叙述是网状的，交错着、纠缠着推进，不是一目了然的线性的情节发展结构。它模仿了日常生活发生的形式，拉杂，绵密，头绪多，似断还连。“这样的叙

1 陈思和：《试论〈秦腔〉的现实主义艺术》，《当代小说阅读五种》，上海：复旦大学出版社，2010年，92页。

2 王德威：《暴力叙事与抒情风格》，《南方文坛》，2011年第4期。

述，本身便抗拒着对之进行简单的情节抽绎与概括。”[1]同时也抗拒着理念性的归纳、分析和升华。这样的叙述是压低的，压低在饱满的实感经验之中，匍匐着前行，绝不是昂首阔步，也绝不轻易地让它高出实感经验去构思情节的发展和冲突、塑造人物的性格和形象、获取理念的把握和总结。没有这些常见的小说所努力追求的东西，有的是，实感经验。我重复使用实感经验这个词，是想强调《秦腔》的质地中最根本的因素；不仅如此，我还认为，中年以后的贾平凹的创作，其中重要的作品《废都》《秦腔》《古炉》，都是以实感经验为核心，以实感经验排斥理论、观念、社会主流思潮而做的切身的个人叙述。[2]

黄永玉谈《长河》，说的是一个湘西人读懂了文字背后作家心思的话：“我让《长河》深深地吸引住的是从文表叔文体中酝酿着新的变格。他排除精挑细选的人物和情节。他写小说不再光是为了有教养的外省人和文字、文体行家甚至他聪明的学生了。他发现这是他与故乡父老子弟秉烛夜谈的第一本知心的书。”[3]《秦腔》亦可如是观。倘若从那一堆鸡零狗碎的“泼烦日子”的

1 刘志荣：《缓慢的流水，惶恐的挽歌》，《文学评论》，2006 年第 2 期。

2 关于实感经验与文学的关系，这里不做论述，可以参见张新颖、刘志荣：《实感经验与文学形式》，上海：复旦大学出版社，2013 年。

3 黄永玉：《这一些忧郁的碎屑》，《沈从文印象》，孙冰编，上海：学林出版社，1997 年，203 页。

长篇叙述里还不能深切体会作家的心思，那就再读读更加朴素的《秦腔》后记，看看蕴藏在实感经验中的感受是如何诉之于言，又如何不能诉之于言。

四、物的通观，文学和历史的通感，“抽象的抒情”

沈从文的文学创作因历史的巨大转折戛然而止，他的后半生以文物研究另辟安身立命的领域，成就了另一番事业。通常的述说把沈从文的一生断然分成了两半，有其道理，也有其不见不明之处。在这里我要说的一点是，沈从文的文物研究和他的文学创作其实相通。

沈从文强调他研究的是物质文化史，他强调他的物质文化史关注的是千百年来普通人民在日常生活中的劳动和创造，他钟情的是与百姓日用密切相关的工艺器物。不妨简单罗列一下他的一些专门性研究：玉工艺、陶瓷、漆器及螺钿工艺、狮子艺术、唐宋铜镜、扇子应用进展、中国丝绸图案、织绣染缬与服饰、《红楼梦》衣物、龙凤艺术、马的艺术和装备，等等；当然还有《中国古代服饰研究》这一代表性巨著。你看他感兴趣的东西，和他的文学书写兴发的对象，在性质上是统一的、通联的。这还只是一层意思。

另一层意思，沈从文长年累月在历史博物馆灰扑扑的库房中转悠，很多人以为是和“无生命”的东西打交道，枯燥无味；其实每一件文物，都保存着丰富的信息，打开这些信息，就有可能会看到生动活泼的生命之态。汪曾祺曾说：“他后来‘改行’搞文物研究，乐此不疲，每日孜孜，一坐下去就是十几个小时，也跟这点诗人气质有关。他搞的那些东西，陶瓷、漆器、丝绸、服饰，都是‘物’，但是他看到的是人，人的聪明，人的创造，人的艺术爱美心和坚持不懈的劳动。他说起这些东西时那样兴奋激动，赞叹不已，样子真是非常天真。他搞的文物工作，我真想给它起一个名字，叫作‘抒情考古学’。”[1]也就是说，物通人，从物看到了人，从林林总总的“杂文物”里看到了普通平凡的人，通于他的文学里的人。

还有一层意思，关于历史。文物和文物，不是一个个孤立的东西，它们各自保存的信息打开之后能够连接、交流、沟通、融会，最终汇合成历史文化的长河，显现人类劳动、智慧和创造能量的生生不息。工艺器物所构成的物质文化史，正是由一代又一代普普通通的无名者相接相续而成。而在沈从文看来，这样的历史，才是“真的历史”。前面我引述了沈从文一九三四年在家乡河流上感悟历史的一段文字，那种文学化的表述，那样的眼光和思路，到后半生竟然落实到了对于物的实证研究中。

---

1 汪曾祺：《沈从文的寂寞》，《晚翠文谈新编》，北京：生活·读书·新知三联书店，2002 年，191 页。

沈从文的文物研究与此前的文学创作自有其贯通的脉络，实打实的学术研究背后，蕴蓄着强烈的“抽象的抒情”冲动：缘“物”抒情，文心犹在。

明白了这一点之后，我把王安忆的《天香》看成是与沈从文的文物研究的基本精神进行对话的作品，应该就不会显得特别突兀了。

《天香》的中心是物，以上海的顾绣为原型的“天香园绣”。一物之微，何以支撑一部长篇的体量？这就得看对物的选择，对物表、物性、物理的认识，对物的创造者和创造行为的理解和想象，对物自身的发展历史和物的历史所关联的社会、时代的气象的把握，尤有甚者，对一物之兴关乎天地造化的感知。

此前我曾写《一物之通，生机处处》专文讨论《天香》，提出“天香园绣”的几个“通”所连接、结合的几个层次。[1]

一是自身的上下通。“天香园绣”本质上是工艺品，能上能下。向上是艺术，发展到极处是罕见天才的至高的艺术；向下是实用、日用，与百姓生活相连，与民间生计相关。这样的上下通，就连接起不同层面的世界。还不仅如此，“天香园绣”起自民间，经过闺阁向上提升精进，达到出神入化、天下绝品的境地，又从至高的精尖处回落，流出天香园，流向轰轰烈烈的世俗

[1] 参见张新颖：《一物之通，生机处处》，《当代作家评论》，2011 年第 4 期。

民间，回到民间，完成了一个循环，更把自身的命运推向广阔的生机之中。

二是通性格人心。天工开物，假借人手，所以物中有人，有人的性格、遭遇、修养、技巧、慧心、神思。这些因素综合外化，变成有形的物。“天香园绣”的里外通，连接起与各种人事、各色人生的关系。“天香园绣”的历史，也即三代女性创造它的历史，同时也是三代女性的寂寞心史，一物之产生、发展和流变，积聚、融通了多少生命的丰富信息。

还有一通，是与时势通，与“气数”通，与历史的大逻辑通。“顾绣”产生于晚明，王安忆说：“一旦去了解，却发现那个时代里，样样件件都似乎是为这故事准备的。比如，《天工开物》就是在明代完成的，这可说是一个象征性的事件，象征人对生产技术的认识与掌握已进步到自觉的阶段，这又帮助我理解‘顾绣’这一件出品里的含义。”[1]这不过是“样样件件”的一例，凡此种种，浑成大势与“气数”，“天香园绣”也是顺了、应了、通了这样的大势和“气数”。“天香园绣”能逆申家的衰势而兴，不只是闺阁中几个女性的个人才艺和能力，也与这个“更大的气数”——“天香园”外头那种“从四面八方合拢而来”的时势与历史的伟力——息息相关。放长放宽视界，就能清楚地看

1 王安忆、钟红明：《访问〈天香〉》，《上海文学》，2011 年第 3 期。

到，这“气数”和伟力，把一个几近荒蛮之地造就成了一个繁华鼎沸的上海。

“天香园绣”的历史，也就是沈从文所投身其中的物质文化史的一支一脉，沈从文以这样的蕴藏着普通人生命信息的历史为他心目中“真的历史”，庄敬深切地叙述这种历史如长河般不止不息的悠久流程；相通的感受和理解，同样支持着王安忆写出“天香园绣”自身的曲折、力量和生机，“天香园”颓败了又何妨，就是明朝灭亡了又如何。一家一族、一朝一姓，有时而尽；而“另外一些生死两寂寞的人”，以文字、以工艺、以器物保留下来的东西，却成了“连接历史沟通人我的工具。因之历史如相连续，为时空所阻隔的感情，千载之下百世之后还如相晤对”。[1]《天香》最后写到清康熙六年，蕙兰绣幔中出品一幅绣字，“字字如莲，莲开遍地”。[2]

“莲开遍地”，深蕴，阔大，生机盎然，以此收尾，既是收，也是放，收得住，又放得开，而境界全出。但其来路，也即历史，却是从无到有，一步一步走来，步步上出，见出有情生命的庄严。

王安忆也许无意，但读者不妨有心，来看看“莲”这个词，怎么从物象变成意象，又怎么从普通的意象变成托境界而出的中

1 沈从文：《致张兆和》（19520124），《沈从文全集》第 19 卷，312 页。

2 王安忆：《天香》，北京：人民文学出版社，2011 年，407 页。

心意象。小说开篇写造园，园成之时，已过栽莲季节，年轻的柯海荒唐使性，从四方车载人拉，造出“一夜莲花”的奇闻；这样的莲花，不过就是莲花而已；柯海的父亲夜宴宾客，先自制蜡烛，烛内嵌入花蕊，放置在荷花芯子里，点亮莲池内一朵朵荷花，立时香云缭绕，是为“香云海”。“香云海”似乎比“一夜莲花”上品，但其实还是柯海妻子小绸说得透彻，不过是靠银子堆砌。略去中间多处写莲的地方不述，小说末卷，蕙兰丧夫之后，绣素不绣艳，于是绣字，绣的是开“天香园绣”绣画新境的婶婶希昭所临董其昌行书《昼锦堂记》。《昼锦堂记》是欧阳修的名文，书法名家笔墨相就，代不乏人，董其昌行书是其中之一。蕙兰绣希昭临的字，“那数百个字，每一字有多少笔，每一笔又需多少针，每一针在其中只可说是沧海一粟。蕙兰却觉着一股喜悦，好像无尽的岁月都变成有形，可一日一日收进怀中，于是，满心踏实”。[1]后来蕙兰设帐授徒，渐成规矩，每学成后，便绣数字，代代相接，终绣成全文。四百八十八字“字字如莲”的“莲”就是意象，以意生象，以象达意。但我还要说，紧接着的“莲开遍地”的“莲”是更上一层的意象，“字字如莲”还有“字”和“莲”的对应，“莲开遍地”的“莲”却是有这个对应而又大大超出了这个对应，升华幻化，充盈弥散，而又凝聚结晶一

[1] 王安忆：《天香》，327 页。

般的实实在在。三十多万字的行文连绵逶迤，至此而止，告成大功。

所以，如《董其昌行书昼锦堂记屏》这样的绣品，是时日所积、人文所化、有情所寄等等综合多种因素逐渐形成，这当中包含了多少内容，需要历史研究，也同样需要文学想象去发现，去阐明，去体会于心、形之于文。

《中国古代服饰研究》以实物图像为依据，按照时间顺序叙述探讨服饰的历史。在引言中，沈从文有意无意以文学来说他的学术著作："总的看来虽具有一个长篇小说的规模，内容却近似风格不一、分章叙事的散文。"[1]这还不仅仅泄露了沈从文对文学始终不能忘情，更表明，历史学者和文学家，学术研究和文学叙述，本来也并非壁垒森严，截然分明。

王安忆的作品不是关于"顾绣"的考古学著作，而是叙述"天香园绣"的虚构性小说，但虚构以实有打底，王安忆自然要做足实打实的历史功课。古典文学学者赵昌平撰文谈《天香》，说："因着古籍整理的训练，我粗粗留意了一下小说的资料来源，估计所涉旧籍不下三百之数。除作为一般修养的四部要籍外，尤可瞩目的是：由宋及明多种野史杂史，人怪科农各式笔记专著，文房针绣诸多专史谱录，府县山寺种种地乘方志，至于诗

1 沈从文：《引言》，《中国古代服饰研究》，上海书店出版社，2002年，10页。

话词话，书史画史，花木虫鱼，清言清供，则触处可见；而于正史，常人不会留意的专志，如地理、河渠，选举、职官，乃至食货、五行，都有涉猎。”[1]没有这种长时间（王安忆从留意“顾绣”到写出《天香》，其间三十年）的工夫，仅凭虚构的才情，要进入历史，难乎其难。

但我更要说，虚实相生，生生不已，才是《天香》。“天香园绣”有所本而不死于其所本，王安忆创造性地赋予了它活的生命和一个生命必然要经历的时空过程，起承转合，终有大成。

写这部作品的王安忆和研究物质文化史的沈从文，在取径、感知、方法诸多方面有大的相通。王安忆不喜欢“新文艺腔”的“抒情”方式和做派，但“天香园绣”的通性格人心、关时运气数、法天地造化，何尝不是沈从文心目中的“抽象的抒情”；赵昌平推崇这部小说的“史感”和“诗境”，也正是沈从文心目中“抽象的抒情”的应有之义。

五、回响：小叩小鸣，大叩大鸣

当代创作和沈从文传统的呼应、对话，无论自觉还是不自觉，已经渐显气象。丝毫不用担心这个传统会妨碍今日作家的创

1 赵昌平：《天香·史感·诗境》，《文汇报》“笔会”版，2011 年 5 月 3 日。

造才能的充分发挥，即以上面所论余华、贾平凹、王安忆而言，他们作品的各自独特的品质朗然在目，当然不可能以沈从文的传统来解释其全部的特征；但各自的创造性也并不妨碍这些作品与沈从文传统的通、续、连、接，甚至也并不妨碍它们就是这个传统绵延流传的一部分，为这个传统继往开来增添新的活力。

沈从文无法读到这些他身后出现的作品，但他坚信他自己的文学的生命力会延续到将来。七十多年前，他曾经和年少的儿子谈起十四年前出版的《湘行散记》，他说："这书里有些文章很年青，到你成大人时，它还像很年青！"[1]时间证明了他的自信并非虚妄。他用"年青"这个词来说自己的作品，而且过了很长时间还"很年青"，已然知道它们会在未来继续存在，并且散发能量。岁月没有磨灭、摧毁它们，经过考验、淘洗，反而更显示出内蕴丰厚的品质，传统也就形成。倘若有人有意无意间触碰到这个传统，就会发出回响。这回响的大小，取决于现在和未来的方式与力量：小叩则小鸣，大叩则大鸣。

---

1 沈从文：《致张兆和》（19480730），《沈从文全集》第18卷，505页。

简要参考书（篇）目

这里并不准备列出较为完备的沈从文研究参考书（篇）目，而只是提供一份简明扼要的基本资料；研究论著和论文有意从简。

1 《沈从文全集》，太原：北岳文艺出版社，2002 年。
2 《沈从文别集》，长沙：岳麓书社，1992 年；南京：江苏教育出版社，2005 年。
3 《从文家书》，上海：上海远东出版社，1996 年。

4 《我所认识的沈从文》，朱光潜等著，荒芜编，长沙：岳麓书社，1986 年。
5 《长河不尽流——怀念沈从文先生》，巴金、黄永玉等著，吉首大学沈从文研究室编，长沙：湖南文艺出版社，1989 年。
6 《沈从文印象》，孙冰编，上海：学林出版社，1997 年。
7 《晚翠文谈新编》，汪曾祺著，北京：生活 · 读书 · 新知三联书店，2002 年。

8 《午城门下的沈从文》，陈徒手著，《人有病　天知否：一九四九年后中国文坛纪实》，北京：人民文学出版社，2000年。

9 《沈从文年表简编》，沈虎雏编，《沈从文全集》附卷，太原：北岳文艺出版社，2003年。

10 《沈从文传》，凌宇著，北京：北京十月文艺出版社，1988年。

11 《凤凰之子·沈从文传》，［美］金介甫著，符家钦译，北京：中国友谊出版公司，2000年。

12 《“人性的治疗者”：沈从文传》，吴立昌著，上海：上海文艺出版社，1993年。

13 《沈从文与丁玲》，李辉著，武汉：湖北人民出版社，2005年。

14 《从边城走向世界》，凌宇著，北京：生活·读书·新知三联书店，1985年。

15 《沈从文笔下的中国社会与文化》，［美］金介甫著，虞建华、邵华强译，上海：华东师范大学出版社，1994年。

16 《沈从文小说新论》，刘洪涛著，北京：北京师范大学出版社，2005年。

17 《批判的抒情——沈从文的现实主义》，王德威著，《现代中国小说十讲》，上海：复旦大学出版社，2003 年。

18 《由启蒙向民间的转向：〈边城〉》，陈思和著，《中国现当代文学名篇十五讲》，北京：北京大学出版社，2003 年。

19 《〈长河〉中的传媒符码——沈从文的国家想像和现代想像》，吴晓东著，《视界》第 12 辑，石家庄：河北教育出版社，2003 年。

20 《狂人康复的精神历程——1949 年后沈从文的心灵线索》，刘志荣著，《潜在写作：1949—1976》，上海：复旦大学出版社，2005 年。

附　录

站在“传奇”与“诠释”反面：关于张新颖《沈从文精读》*

金　理

一、站在“传奇”与“诠释”的反面

米兰·昆德拉从朴素的阅读感受出发，抨击泛滥成灾的卡夫卡研究，他用同语反复给这一研究命名：“卡夫卡学是为了把卡夫卡加以卡夫卡学化的论说。用卡夫卡学化的卡夫卡代替卡夫卡。”“卡夫卡学的文章数量上了天文数字，卡夫卡学以无数的变调发展着始终相同的报告，相同的思辨，这种思辨日益独立于作品本身，但是它只靠自己来滋养自己。通过无数的序，跋，笔记，传记和专题论文，学院报告和论文，卡夫卡学生产和维持着它的卡夫卡形象，以至于公众在卡夫卡名下所认识的那个作

* 本文原刊于《当代作家评论》，2006年第3期。

家不再是卡夫卡而是卡夫卡学化的卡夫卡。”昆德拉一针见血地戳穿了卡夫卡学的本质，这“不是一种文学批评；卡夫卡学是一种诠释。这样一种学问，它只会在卡夫卡的小说中看到隐喻，而无其他”。

似乎还没有“沈从文学”的说法，但是隐然可见“被阉割的阴影隐去了所有时代中一位最伟大的小说诗人”，[1]情形庶几仿佛：沈从文学的“文章数量上了天文数字”，“以无数的变调发展着始终相同的报告，相同的思辨，这种思辨日益独立于作品本身”，在流行阅读制造的“传奇”和学院论文堆砌的“诠释”中，那个作家不再是沈从文而是“沈从文学化的沈从文”。

不必再饶舌了，说清楚一种研究的误区与困境，也就说清楚了这本书诞生的意义。张新颖先生的《沈从文精读》（以下简称《精读》）站在传奇化与诠释性的沈从文研究的反面，不再去比附庞然大物般的种种“隐喻”，不再放任“思辨日益独立于作品本身”，而是“从沈从文来理解沈从文”，用个时髦的说法，如果问这本《精读》提供了什么方法论，那么就在这里。好比沈从文用千千万万坛坛罐罐过眼经手的“常识”来研究文物一般，这不是新鲜的、了不起的“专家知识”，只是最基础、最老老实实的工作，可惜“就目前而言，这个基础工作仍

[1] 米兰·昆德拉：《被背叛的遗嘱》，孟湄译，上海人民出版社，1995年，37—48页。

然没有做得很好”。[1]其实最基础、老实的方法往往是最根本、有效的方法，“从沈从文来理解沈从文”得出的作家形象，和传奇化、诠释过的沈从文并不一样。

比如沈从文后半生的“转型”，一个老题目，众说纷纭。“反面”理解是，著作等身的文学家被赶到博物馆里作普通讲解员，“总不免有些凄然”。“正面”理解的，以为选择正确，“得其所哉”。两种说法都有道理，但都含着危险：替沈从文的“转型”而感到委屈，可能忘了这个人沉潜于素所爱恋的文物天地中的自得其乐；完全把沈从文的“弃文”作一番充满“浪漫主义”的解说，“理解一偏，恐怕致使对沈从文后半生命运的艰难困苦，对沈从文物质文化史研究的学术严谨性及其价值，估计不足”（234页）。更加重要的问题是，沈从文放弃了一直钟情的文学创作不假，但是对这个人不能做“截断式”的理解，截断的后果，比如感慨时代的风云遽变和压力吞噬了才华横溢的作家，比如在研究作为文学家的沈从文时把他一九四九年以后的经历一笔带过甚或忽略不计，都会造成认识上的偏差。《精读》第八讲《文物研究：后半生与历史文化的长河》就是“回到具体的历史情境中去，去看他的经历，他的思想，和他的工作”：“每一件文物，都

---

[1] 张新颖：《沈从文精读》，复旦大学出版社，2005 年，217 页。以下从此书中摘引的文字，在引文后用括号写明页码，注释中不再标出

保存着丰富的信息，打开这些信息，就有可能会看到生动活泼之态；而文物和文物，也都不是一个个孤立的东西，它们各自保存的信息打开之后，能够连接、交流、沟通、融会，最终汇合成历史文化的长河，显现人类、劳动和创造能量的生生不息。”（234页）如果我们把文学看作生命流通灌注的体现，那么沈从文“文物研究的着眼点，其实也是他的文学的着眼点”（26页），这个“水边的抒情的诗人”，确然没有离开他所钟爱的历史文化长河。再说那些表露出“思想、情感的‘私人性’与时代潮流之间的紧张关系”的“呓语狂言”，“保留了丰富的心灵信息”，“文学也正是在这种空间里才得到庇护和伸展，能够对时代风尚有所疏离和拒斥”，沈从文一九四九年起的大量书信以“潜在写作”的风貌面世，“至少使得那一长时期的文学史变得不像原来那样单调乏味”，仅此而言，这批书信就不应该被文学史所忽视，“仅此而言，便不可以说沈从文的作家生涯到一九四九年就已经结束”（188页）。

还有一个关于沈从文的传奇是：这个文学天才连标点符号也不会用而开始写作，以小学文化而成为大家。张新颖通过对《从文自传》的解读而得出“沈从文在离开湘西时已经初步形成的知识文化结构”，这其中已然含蕴、沉潜了自然的千光百汇和生活的日常人事，这无疑是一个人生命经验中丰富而独特的底色；即便用小了一圈的知识概念来衡量，“那也可以说，沈从文领受的人类智慧的光辉是非凡的，这其中，有中国古代的历史和艺术，他把在陈渠珍身边作书记的军部称为‘学历史的地方’；当然有中国古代文学，也有意外碰到的西洋‘说部’；还有刚刚开始接触便产生实际影响的‘新文化’”，《从文自传》早就交代了“一个小兵对人类历史文化知识的孜孜以求和悉心领会”，这些因子奇妙地为未来的历史埋下伏笔。理解了《从文自传》如何“通过对纷繁经验的重新组织和叙述”（45、46 页），确立一个区别于他人的自我，如何“得其‘自’而为将来准备好一个自我”，也就领悟了这个人生命的延续性，也就不会再惊诧于他日后的转行或者“截断”。

可能会有人觉得这只是琐屑的细节，那么来看些所谓的“庞然大物”好了。《边城》里写“塔圮坍了”，经常会有论者从这一“象征”“隐喻”出发演绎出一番“现代性”的宏伟理论；但是倘若跳出现代性规划的想象图景，就会发现白塔圮坍轰然，“又重新修好了”，这正是地道的中国乡土式的地久天长。小说第二章提到，“河中涨了春水”，“沿河吊脚楼，必有一处两处为水冲去”，而湘西民众“对于所受的损失仿佛无话可说，与在自然的安排下，眼见其他无可挽救的不幸来时相似”；天保的身亡、傩送的出走、老祖父的故世以及翠翠的等待，这一切如果从“一个普通乡下人”的眼光来看，正是“在自然的安排下”，面对“无可挽救的不幸”时的“无话可说”。也就是在这份地久天长和

“无话可说”中，这个世界“带着悲哀的气质在体会、默认和领受”，将“天地不仁‘内化’为个人命运”中的“自身悲剧成分和自来悲哀气质”（105页）。悲哀的背后，又有着天—地—人的不息流转，这不是一个“现代”可以规划的世界。

还有，沈从文的乡土立场经常为人提及，一讲到这儿又不言而喻地含有偏狭、保守、对抗都市生活与工业文明的意思。然而“与故乡的亲密”必然意味着“狭隘、偏执的立场和视野”么。“他不仅是在整个民族国家的广阔视野里看待和思考地方性、乡土性的问题，而且他对现代民族国家建构的想象，并不与对地方性、乡土性问题的倾心关注相对立，相反，他企望能够在矛盾纠结中清理出内在的一致性”，“从抗战以来到差不多整个四十年代，现代民族国家的建构一直盘踞在”这个“乡下人”的思想中（120、135页），甚至产生切身的精神痛苦。

《精读》希望为读者勾勒出沈从文一生三个阶段的三种形象：“得其自”的文学家、痛苦的思想者和处在时代边缘却进入历史深处的实践者。这是一个变化过渡的生命历程，但三种形象却无法割裂，内中有贯穿始终的线索。以往我们的理解，并不重视思想者的形象，甚至忽略实践者；即便在沈从文的文学中，又往往以“纯文学”的名义只拈出《边城》；而对《边城》的理解，又舍弃那个不息流转的世界，单单看作一曲唯美、静止的田园牧歌——这是一道日益偏狭的轨迹、一个逐渐缩小的过程。

而伴随着这一轨迹、过程而发生的，是我们把自己“变小”了。对沈从文的转型作“截断”式的理解，从所谓文学的眼光出发看轻他后半生的文物研究，其实是无视文学创作与文物研究那一致根柢处流淌出的对人类历史文化长河的深沉爱恋，无视一个中国现代知识分子如何“在精神的严酷磨砺过程”中追求意义和价值，在天翻地覆的时代中如何找寻安身立命的位置；在知识和心智的范围内小觑沈从文的文化结构，似乎是为了日后文学大师的“横空出世”作先抑后扬的张本，仰视他为天才，其实舍弃了一个人在生命起步时所领受的自然现象的浸染和人事经验的习得。更重要的是，“知识和心智发展出‘机心’，就是‘文化’走向狭隘的标志”，“说一个‘自然人’没有‘文化’，那是因为我们的‘文化’概念太小了，限制了我们的视野和判断”（98 页）；同样，将沈从文凝固在对抗现代性或固守乡土性的范围里讨论，也就将自我陷足于人为制造的牢笼而难以自拔甚至不自知。这样看来，拓开对沈从文的理解，不仅仅是因为“如果这个理解空间太小的话，是放不下这个人的”（1 页）；拓开对沈从文的理解，同样是为了拓开我们自己的识见、视野，乃至胸怀、人格。

这是件原该如此、理所当然的工作，但实则不易。比如，倘使固守着现代性、城乡对立等立场，那么一切问题就轻轻松松到此结束了，“绝大多数学者都满足于把遇到的问题凭借自己的知识积累进行归类分析，却无法使眼前的问题在与知识积累发生关联的状况下转变成新的问题意识”，[1]正因为我们的学术研究中有太多惯用的“知识积累”和已成的理念牢笼——这样的“知识积累”和理念牢笼，实则恰与沈从文的精神与践行相悖离——似乎用它们可以囊括所有的问题“进行归类分析”。就像我们很少去反思以往理解沈从文的“尺度”是不是太小了一般，我们也很少质疑这些积累与牢笼的有效性。所以诚实的研究首先源于对可以熟练操持的积累与牢笼的拒绝。《精读》悉心勾勒沈从文一生的三个阶段、三种形象，揭示这三者间复杂的过渡、转换与内在关联——这些工作，就在拒绝中悄然展开，在拒绝中艰难推进。

二、“和鲁迅参照着来讲”沈从文

第六讲中，张新颖通过对《狂人日记》的解读来确证沈从文从“疯狂”中恢复、新生的意义。“然已早愈，赴某地候补矣。”《狂人日记》文言小序中的这句话如何理解？以往的说法是：狂人最终被他先前所反抗的社会体制同化了。“如果这个解释是正确的，那就意味着，狂人的‘疯狂’是毫无意义的，对社会而言，他的反抗没有作用”，也就是说，他的疯狂与恢复没有意

---

[1] 竹内好：《近代的超克》，孙歌编，李冬木、赵京华、孙歌译，北京：生活·读书·新知三联书店，2005年，23页。

义。“狂人其实是‘超人’式的‘精神界之战士’，他的觉醒是从身在其中的世界中脱离出来，独自觉醒；然而，这是一种‘尚未经过将自身客体化的“觉醒”’，处于脱离现实世界的状态，因而这个世界上也就没有了自己的位置，也就无从担负起变革现实世界的责任。因此需要获得再一次觉醒，回到社会中来”，“然后才能展开可能产生成效的现实行为”。由此来观照，“沈从文的恢复，也正是意义重大的新生。恢复不仅仅是恢复了现实生活的一般‘理性’，变得‘正常’；而且更是从毁灭中重新凝聚起一个新的自我，这个新生的自我能够在新的复杂现实中找到自己的独特位置，进而重新确立安身立命的事业。从表面上看，这个新生的自我与现实之间的紧张关系不像‘疯狂’时期那么决绝和激烈了，其实却是更深地切入到了现实中，不像‘疯狂’时期，处在虽然对立然而却是脱离的状态”（189、191 页）。

通过狂人的“赴某地候补”，确证沈从文恢复所展示的“意义重大的新生”——这并不是说用鲁迅诠释沈从文，根本在于，“这两个人在文学的深处、思想的深处是特别相通的”，所以张新颖在开篇的《导论》里就说：“我讲沈从文，就有意识把他和鲁迅参照着来讲。”（23 页）

鲁迅素来反感“文学概论”或“什么大学的讲义”之类俨然、雍容的本质性规定，“比较自爱的人，一听到这些冠冕堂皇的名目就骇怕了，竭力逃避。逃名，其实是爱名的，逃的是这一团糟的名，不愿意酱在那里面”，[1]他正是依借这一思路去捍卫他所实践的杂文创作：“我以为如果艺术之宫里有这么麻烦的禁令，倒不如不进去；还是站在沙漠上，看看飞沙走石，乐则大笑，悲则大叫，愤则大骂，即使被沙砾打得遍身粗糙，头破血流，而时时抚摩自己的凝血，觉得若有花纹，也未必不及跟着中国的文士们去陪莎士比亚吃黄油面包之有趣。”[2]鲁迅对“文学本位主义”的揭破，正是要警醒世人潜藏在“严肃的工作”“繁重文学制作”之类背后的权力体系，以及在这种纯文学性的“文艺价值”麻痹之下，遗忘了“生存的血路”。鲁迅对文学经典化、体制化的反思，立意在于艺术、文学一旦“被命名”，往往就容易失去其原有的生命与活力，而杂文的价值正在于“对于有害的事物，立刻给以反响或抗争，是感应的神经，是攻守的手足”。[3]其实更加重要的，是鲁迅在对杂文价值的捍卫中所凸显的那种“不愿意酱在那里面”“倒不如不进去”的逃名、破名的思维特质。

鲁迅知识生产的非观念性与沈从文置身生活世界的文学非常一致。沈从文的文学，“有他自己的关于文学本源的意识和坚持，如果文学背离了这个本源，他会非常痛苦，他的反对商业化

1 鲁迅：《逃名》，《鲁迅全集》第 6 卷，人民文学出版社，2005 年，409 页。
2 鲁迅：《华盖集·题记》，《鲁迅全集》第 3 卷，4 页。
3 鲁迅：《且介亭杂文·序言》，《鲁迅全集》第 6 卷，3 页。

和政治化，反对现代规划对文学的规训和宰制，出发点就是这个文学的本源。这个连接着生命的文学本源是一个莽莽苍苍、生机活泼的大世界”（19 页）。非观念性格力戒观念的实体化和绝对化，或者说，只有与生活建立了互动关系的观念，才具有知识生产的能动性。这和反对现代的规训和宰制，贴近“莽莽苍苍、生机活泼的大世界”正是一个意思。而这两个人思想与文学深处的相通，正好切中五四以来思维方式的痼疾。海德格尔讨论“一个时代只是因为它是‘历史性的’，才可能是无历史学的”，于是有这样一番话：

> 这样取得了统治地位的传统首先与通常都使它所“传下”的东西难于接近，竟至于倒把这些东西掩盖起来了。流传下来的不少范畴和概念本来曾以真切的方式从源始的“源头”汲取出来，传统却赋予承传下来的东西以不言而喻的性质，并堵塞了通达“源头”的道路。传统甚至使我们忘掉了这样的渊源。传统甚至使我们不再领会回溯到渊源的必要性。传统把此在的历史性连根拔除……[1]

---

1 海德格尔：《存在与时间》“导论”第二章第六节，《海德格尔选集》（上），陈嘉映、王庆节译，上海：上海三联书店，1996 年，52、53 页。此段译文参照了网上的版本（http://www.bjsos.com/html/books/Heidegger），译者同样是陈嘉映、王庆节，但文字稍有出入，而表意更为晓畅。

很不幸，五四以来的思维方式恰可作为上面一段论述的注脚，“这种方式：一是把‘制造’出来的东西说成是‘发现’的东西，从而不言自明地获得了合法性；进而，跟这个相辅相成，它把自己暗含的理论模式和由之生发的理论话语，套到自然的东西上面，把一个理论的东西套到现实的、自然的世界上面”（6页）。这种遮蔽、取缔的力量畅通无阻，强大到排斥任何质疑，而再生产的过程从人为的操作变成自然的心理认同，甚至这一过程在惯性中逐渐被人忽视，遗忘。其结果是，不经反省的名词神话、主义崇拜四处泛滥，这恰是中国现代意识的核心危机。

黑格尔说：“有生活阅历的人绝不容许陷于抽象的非此即彼，而保持其自身于具体事物之中。”[1]鲁迅与沈从文都具备“保持其自身于具体事物之中”的禀赋，也正是这一“绝不容许陷于抽象”的禀赋，能够同“制造”当“发现”、“人为”当“自然”而生产出来的名词拜物教形成对抗。再进一步，“实际的耳闻、目睹、身受的‘亲证’，具体的现象和确实的状况，比抽象空洞的理论、理念、观念重要得多，更准确地说，后者必须在与现实具体情境的摩擦中，产生出经得起检验的有效性”，在沈从文看来，高蹈的对于“现代”理论的依附性，世俗的对于“政治”的依附性，只要“无从与现实经验和个人内心发生深切的关系”，

---

1 黑格尔：《小逻辑》，贺麟译，商务印书馆，1980年，176页。

统统不可靠。“沈从文与二十世纪中国”的意义，由此可见一斑。张新颖讨论到这里，又联系起了鲁迅，《破恶声论》中的“伪士当去，迷信可存”，“‘伪士’之所以‘伪’，是其所言正确（且新颖），但其正确性其实依据于多数或外来权威而非依据自己或民族的内心”，“用沈从文的话来说，那就是这种正确性和权威是建立在依附性的基础上的”，“如果我们能够重视青年鲁迅提出的‘白心’的概念，那么几乎就可以说，沈从文正是一个保持和维护着‘白心’思想和感受的作家”（122、123 页）。用“白心”来抵抗理念的依附性，用“和痛苦忧患相关”的“深入的体会，深至的爱”去换取经验中“生命的份量”，用一己切肤之痛去验证外在经验——我们一般很少会把鲁迅同沈从文放到同一群体中去讨论，但他们展示的上述种种神合，倒正应该是新文学传统中，乃至中国现代思想史上最最值得我们宝爱的品质。

从“保持其自身于具体事物之中”，“与现实经验和个人内心发生深切的关系”出发，可以理解很多文学现象。比如对个人主义的认识。沈从文在一九四六年说，只有从“轰炸饥饿”中来，才会“感觉个人未来与国家未来，都可一身担当，都得一身担当。明白个人忧乐与国家荣枯分不开，脱不掉”，[1]这里的个人主义、个体意识的觉醒，与五四时期和今天都不一样。在五四时

1 沈从文：《谈苦闷》，《沈从文全集》第 16 卷，太原：北岳文艺出版社，2002 年，350 页。

候，个人主义往往来自书本或西方理论，它作为虚幻的符号组织进民族想象中；而今天的“个人”，正极力撇清与“国家荣枯”的干系。之所以不同，原因无它，就是经受了战时的“轰炸饥饿”，就是经历了与社会现实、个人体验的相互砥砺，沈从文笔下的“个人”，才能完全包容、含纳，甚至穿透民族国家建设、复兴这样的大命题，这些东西完全内在于个人的生命，所以“一身担当”。

三、反思五四，返观当代

正如上文从五四和当代这两个向度来考量“一身担当”的意义所在，通过这个人和他的文学，反思五四新文化的气度与容纳力，返观当代文学创作气血衰败的症结，沈从文对于二十世纪中国的意义，正可以由此展开。

《湘行书简》里深情的关注在一条河上生活的各色人物。张新颖是在与新文学中“人的文学”的倡导相比照，来见出差异。“在相当长一段时间里，新文学担当了文化启蒙的责任，新文学作家自觉为启蒙的角色，在他们的‘人的文学’中，先觉者、已经完成启蒙或正在接受启蒙过程中的人、蒙昧的人，似乎处在不同的文化等级序列中。”“但沈从文没有跟从这个模式。他似乎颠倒了启蒙和被启蒙的关系，他的作品的叙述者，和作品中的人物比较起来，并没有处在优越的位置上，相反这个叙述者却常常从那些愚夫愚妇身上受到‘感动’和‘教育’。而沈从文作品的叙述者，常常又是与作者统一的，或者就是同一个人。”“更核心的问题，还不在于沈从文写了别人没有写过的这么一些人，而在于，当这些人出现在沈从文笔下的时候，他们不是作为愚昧落后中国的代表和象征而无言地承受着‘现代性’的批判，他们是以未经‘现代’洗礼的面貌，呈现着他们自然自在的生活和人性。”（71 页）他就是这样地敏感于“现代”的规训与宰制。“天道，地道，人道，人道仅居其间，我们却只承认人道，只在人道中看问题，只从人道看自然，自然也就被割裂和缩小为人的对象了。但其实，天地运行不息，山河浩浩荡荡，沈从文的作品看起来精致纤巧，却蕴藏着一个大的世界的丰富信息。”我们把天、地、人的呼应流转割裂得太久太深，这还是一个五四思维方式的后果，人为制造的割裂，掩盖了源头上浑然一体的联系。从这个意义上来讲，“沈从文对一个比人大的世界的感受，与五四以来唯人独尊的观念正相对”（74 页）；从这个意义上来讲，沈从文的文学世界，胀破了五四新文学的世界。

张新颖讲一九四〇年代沈从文《黑魇》等八篇散文，是对“充分个人化、内心化的精神状态的‘捕捉性’描述”，但是“这里所说的个人化、内心化，绝不是与社会和外界相隔绝的结果和形式，反而是直接置身和体会纷乱芜杂动荡不安的社会现实，并且以一己之心，对这个巨大的社会现实进行考量，与它发生剧烈的摩擦；因此而生的切身的精神痛苦，与在对待世界和现实时抽去了个人和内心的方式，当然不可同日而语”（150、151页）。接下去又讲“这是对自己作为一个作家的工作与民族大业息息相通的关系的认同，是对自己的责任和使命的确证。沈从文所理解的文学艺术，绝不是一个狭隘封闭、无所承担的‘纯’的概念”（159页）。“‘纯’的概念”，这又是一个可以延伸到今天来讨论的问题，在这个问题下，我们经常被“向内转”与外部世界、形式技巧与社会责任等看似对立的概念所纠缠。其实今天我们劈面遇到的问题在六十余年前的沈从文那里根本不是什么问题，今天我们对“纯文学”的前途如此焦虑不安，正是因为在沈从文那里，那种健康的、良好互动的，甚至互动都谈不上，本来就是浑然一体的联系被人为割裂得太深。我们总是在一种潜在的内部/外部、文学/社会的对立框架中理解文学。画地为牢地将二者作为一种本质主义的实体，而拒绝开放。

《湘行书简》是沈从文写给夫人的“三三专利读物”，按眼下流行的说法，这应该是个浓情蜜意的私人空间，“就是在这些因爱而产生的信里面，我们常见的那种儿女情长的私话却是很少的，沈从文写了那么多，不计巨细，细微如船舱底下流水的声音，重大如民族、生命、历史，甚至大到一个比人的世界更大的世界，而当这一切出现在书简里，同样也非常自然。现在我们常常谈到私人空间、个人空间的问题，这样特意地提出来强调，其实是把私人空间、个人空间狭窄化了，与一个更广阔的世界割裂了。私人空间、个人空间可以有多大呢？私人的爱的空间可以有多大呢？私人性质的写作、个人化写作，它的空间有多大呢？《湘行书简》可以做一个讨论的例子”（79、80 页）。

一九三六年十月，在《作家间需要一种新运动》中，沈从文提出近几年来文坛的“一个特别印象”：“大多数青年作家的文章，都‘差不多’。文章内容差不多，所表现的观念也差不多”，“这种非有独创性不能存在的文学作品上，恰恰见出个一元现象，实在不可理解”，而原因在于作家“缺少独立识见，只知追逐时髦”。[1]在随后的《一封信》中，批评的意图就更加明确了，“我认为一个政治组织固不妨利用文学作它争夺‘政权’的工具，但是一个作家却不必需跟着一个政治家似的奔跑”，而制约文学发展的阻力，具体说来是“政府的裁判”和“另一种‘一尊独占’的趋势”，[2]后者暗指左翼文坛。沈从文的批评被相当一部分左翼作家理解为对革命文学别有用心的攻击，他们告诫沈从文尽管存在着概念化、公式化的作品，但是文学紧跟时代的创作方向是正确而不能改变的，文学必须“走向时代”，“走向生活”。当沈从文面对这样的训斥时，我想他肯定很寂寞。从三十年代被左翼作家围攻，到现在仍然经常有人在强调与政治、现实

1 沈从文：《作家间需要一种新运动》，《沈从文全集》第 17 卷，101 页。

2 沈从文：《一封信》，《沈从文全集》第 17 卷，131 页。

脱钩的所谓“独立的文学传统”时，把沈从文搬出来，把他的作品描绘成“唯美”、静止、固守一方天地的田园牧歌，有时我们真的没有读懂沈从文。在沈从文那里，在他的“一身担当”和“息息相通”里面，早已建立起一种与社会生活的独特的联结方式，因为有了属于这个人的这种方式，有了这种“文学”的方式，他根本不会在那些缠夹不清的对立中陷足了。

四、这条长流不尽的河，漫溢过文字、文学

读这本书的时候，有些个讲不清的感受。比如，开头就说，《精读》是“从沈从文来理解沈从文”，这个评述对象确实对张新颖有巨大的影响；但是也可以从相反的方面考虑，即张新颖理解的沈从文及其文学，与他自己的内心世界有紧密关联，甚至可以说，这里的沈从文有强烈的张新颖的色彩，这就不仅仅是单纯的“影响”了。或者说，解读沈从文给了张新颖正面表述他内心复杂思考与情感的机会。

而这些复杂思考与情感。不仅仅关乎文学。当然这是一本从细读出发的文学导读、赏鉴类的书，但里面有更大、更丰富、更沉郁的东西。套用沈从文喜欢的说法，这条长流不尽的河，漫溢过文字、文学……比如生命本源、生活遭际、个人事业，它们以何种方式发生关联，彼此渗透，包融。又如，人在自然、社会现实与历史中的位置及处身方式……这些问题看似虚阔无边，其实对每一个人都有迫切的意义。这些问题我讲不清楚，末了还是抄几段书吧：

《边城》这样的作品蕴藏了作者以往的生命经验，是包裹了伤痕的文学，是在困难中的微笑。……“微笑”背后不仅有一个人连续性的生活史，而且有一个人借助自然和人性、人情的力量来救助自己、纠正自己、发展自己的顽强的生命意志，靠了这样的力量和生命意志，他没有让因屈辱而生的狭隘的自私、仇恨和报复心生长，也是靠了这样的力量和生命意志，他支撑自己应对现实和绝望，同时也靠这样的力量和生命意志，来成就自己“微笑”的文学。（107 页）

时间流转如水，逝者如斯；过往的岁月里，人类的劳动、创造和智慧，历经冲刷淘洗之后，仍然得以各种各样的形式存留。沈从文的物质文化史研究，是用自己的生命和情感来“还原”各种存留形式的生命和情感，“恢复”它们生动活泼的气息和承启流转的性质，汇入历史文化的长河。“一个人不知疲倦地写着一条河的故事，原因只有一个：他爱家乡。”如斯言，一个人甘受屈辱和艰难，不知疲倦地写着历史文化长河的故事，原因只有一个：他爱这条长河，爱得深沉。（247 页）

在空间和时间中检验理解

——评《沈从文九讲》*

钟　希

似乎不能把《沈从文九讲》(以下简称《九讲》)归入当今标准的专业化的学术著作。毋宁说，有别于一般的学术专著，《九讲》自始至终有着明确的阅读策略：从沈从文自身来理解沈从文，避免已成定论的种种条款、习语和名词。大概仅这一条就无法合乎强调系统化理论概念及背景勾连的严格西式学术规范。《九讲》对沈从文的理解和接近，的确是相当个人化，甚至可称之为“具体”的：《九讲》的前身是脱胎于课堂讲稿的《沈从文精读》(以下简称《精读》)，此课堂也非专门的研究生专题讨论小课，而是为本科生开的原典精读大课，由此决定了这些关于沈从

---

* 本文原刊于《东吴学术》，2016年第3期。

文的阅读和理解，从根本上不属于封闭的研究书斋内封闭的学术生产。人称代词“我们”和“你”等频频出现，潜在地预设了交流和沟通对象的存在，且这些交流和沟通并不限于研究者之间（尽管《九讲》开篇是两个研究者之间的对话，这之间的对话确实富于启示）。《九讲》虽名为“讲”，其本质并非灌输说教性的单人独白（monologue）式的“讲话”。它预设了对话的对象，且这一对话对象，正如沈从文本人一直期许的那样，是普通的年轻读者。而课堂授课这一形式，即是本书所具之体。这是一个在当今学术研究职业化专门化的年代，似易实难、不低的一个态度。其下有着作者隐隐的抱负，或者说野心。

之所以说“态度”，是因为作者并非没有专业研究的深厚资质和能力：相反，不仅其之前纯粹意义上的学术著作立论鲜明，细读扎实，见解精谨，极具启发力；而且《精读》—《九讲》中多处开创性的解读视角，也已渐渐为学术共同体所承认并发扬。颇有意味的是，尽管《精读》—《九讲》就严格意义上的舶来学术规范而言是比较“非典型”的作品，在海外汉学界现当代文学研究领域，从知名学术带头人到新晋年轻研究者，无论是部分范围的佐证例证还是整体性的思路框架，论及沈从文时借鉴《精读》种种视角的，不在少数。从这一点上看，可以确证《精读》的学术辐射发散力。然而，这些“成荫之柳”大概从一开始就既未为作者所及，亦不是其抱负所在。

即使是在文学研究领域，又尤其是在中国现代文学研究这一天然极易被种种带意识形态的研究话语所挟持所绑定的场域，对时髦新进的理论名词拜物式应用研究已被奉为主流，或曰西学支流。抛开大多数人云亦云或杵格不合的泛泛之作不论，即使是将当下理论话语与具体历史文本应用结合得较好的研究专著，放到空间里和时间里去看也多少面临着这样一种尴尬和压力：过度依赖各种名词名教，空间上看，有着象牙塔内外的隔绝对立——研究专著的阅读者只可能是由极少数专业研究者组成的学术共同体小圈子，不免隔绝于大众；时间上看，理论话语如同通货，上手可以很快，流通可以很快，但与之相应的，膨胀贬值过时也可以很快。是在这些方面，《精读》—《九讲》的作者有着超出一般研究者的野心、信念和目标：好的阅读研究书写，要能经得起空间和时间的双重检验。《精读》—《九讲》不仅产生并一定程度地服务于必须具有感受共同通约性的对话——课堂交流形式，或许更重要的是，它具有准备接受时间“壁立千仞的冷峻”检验的信念和觉悟。

从空间上的检验说起：回溯作者《精读》—《九讲》之外的近作，能发现其用心所在：其对“有情”的看重，称谓从沈从文那里借用，却能为有心读者照亮现当代文学及文化史的一块；而“学术”之外的那些离专业较远，或抒己志，或度他人的阅读体认和交流，究其实，也不妨称之为在“知”“情”“意”中注重后两者的“情感教育”。作者无论是为学还是为师，都对那种在不加思考、不充分内化和个人化的情况下便将外在习见定俗尊为权威，背离本心的态度持强烈批评。这从根本上讲可以西方人文教育传统的根基“liberal education”（此词翻译“博雅”教育似不能突出“liberal”一词背后反抗定见权威，自在自由自为自发之含义，也即作者一再强调的“得其自”之“自”的含义）的定义来比照，或中国古典传统中，未定为孔教之前记录于《论语》里的孔子鲜活的教育方式。在《精读》—《九讲》里，无论是开篇的对话立意还是之后的正文铺叙，都能看出作者是以一种与雕刻家处理材料，召唤出原石里蕴涵的未成而又若成的形象作品相类的耐心、细致、谨慎、轻柔，来接近他心目中值得充分尊重的现代中国作家，给予尽可能贴切精准的表达。因任何不经仔细考量便滥用了的，不能“从沈从文来理解沈从文”的术语标签的暴力安插，都将如同用力过当的斧凿，对研究理解对象固是伤害与遮蔽，而返身于研究者，后果恐怕也是障壁。从这一点出发，可以理解作者偏爱的、仍基于专业研究者式的对文献既全面又细致的梳理把握。“文抄公”或曰述而不作的方式大量运用，显见作者对论辩证明式的西式标准学术写作风格有所保留。比《精读》出版要后的《沈从文的后半生》，连“作”的部分都减至不能再减。而也正是由于作者在“作”这方面趋于克制，只说出可以说出的，对还不可说出的，无法精准理解或找到表达方式的，选择承认“不知”——沉默和留白，而不是将习见时语生硬套在研究对象上，那能说出的，相对于“述”的部分或许占较小篇幅的“作”的部分（横向比较而言，这些“作”的部分就质就量而言，在沈从文研究中已多有创见）因此才更显出文字背后厚积薄发的思考根基以及理解感受上的共同通约性。而这些共同通约性，是既可以启发更专业更理论化的研究者，新开格局，又可以为《精读》—《九讲》的真正写作对话对象——年轻的甚至是业余的沈从文读者们所分享，“得其自”——照见自身的。因为“见”即是“现”；《精读》—《九讲》让年轻的，甚至是业余的读者能“看见”完整的沈从文的过程，也就是一个完整的沈从文的形象呈现的过程；而对一个好的研究—阅读—理解对象的好的研究—阅读—理解，是必须也必将有益于自身的。

空间上的检验易证，时间上的检验则相对难知。不过，在笔者看来，就《九讲》与其前身《精读》的关系来说，其实对时间上的检验已有所回应。这里不妨从《九讲》的书名数讲起：作者大可将开篇对话算入，凑成整十讲，也许是更为惯例的做法：倾向于数字“九”似乎透露出作者一点小小的我执。固然“九”这个数目字对沈从文本人情感经验来说是一个很特殊的数字：他感情很深的小妹在家中称“九妹”，而他的那些写给妻子的书信中，“三三”更是沈从文对其生命中“知”“情”“意”用心最力、最重要的沟通交流对话对象的宝贵称呼；另一方面，在中国传统中，“九”这个数字是将满未满，也因此最开放最具生机的一个数字，这和《九讲》的旨趣相通。如上所述，《九讲》不同于一般的研究专著，后者的标准是完成，是“事功”：完成的东西是封闭的；《九讲》旨意不是“事功”，不是完成，而是“有情”，是召唤。只有活的，有生机的东西才能召唤。《九讲》的前身是出版于整十年前的《精读》。在这个一切节奏都变得飞快的年代，十年间已有无数大小学界热潮，方起方落。而从《精读》到《九讲》，具体内容上除了最后加入的与当代文学的勾连，没有改动。或者如果要说有，从《精读》凝练为《九讲》，书题的选择可以隐隐看出，作者对始自十多年前那个“自”对沈从文的阅读和理解有了时间才能带来的确证和确信（让人想起伯格曼评论早期作品《冬日之光》：“经过四分之一个世纪再回头《冬日之光》，是一次令人满意的经验。我发现一切仍然很完整，没有变质”）。《精读》-《九讲》中的讲述和理解试图并成功地做到了对其要讲述和理解对象的无限趋近；或者说，所有沈从文的真诚的阅读理解者都是幸运的，同时，能有那样真诚的阅读理解者的沈从文也是幸运的。这本并不厚的小书，同沈从文最精粹最好的作品一样，是“照我思索，能理解人”，是“为时空所阻隔的情感，千载之下百世之后还如相晤对”，是“到你成大人时，它还像很年青！”，将会在时间里碰到一代一代的读者，如若初见，常读常新。

沉默所开启的对话*

夏小雨

《沈从文九讲》以“对话空间”开篇，谈的是沈从文与二十世纪中国。因为是“对话”，是人在说话，所以读来亲切；而事实上，这整本书都像是你的一位朋友在向你讲述他所理解的沈从文。正是以这样一种倾谈的方式，作者俨然在同沈从文与沈从文的无数读者——过去，现在，乃至未来的——对话。在这个意义上，书名中的“九讲”，我更愿意将之读成是讲话的讲，而非讲课、讲座、讲义的讲；后者总予人言之凿凿、斩钉截铁的印象，不免教人生畏，前者却是“即之也温”，留下了更多日常对话的痕迹，譬如迟疑甚至沉默。

六年前我第一次读到本书中的几篇文字，最不能理解的，偏

---

* 本文原刊于《文学·2016年春夏卷》，上海文艺出版社，2016年。

偏就是这个沉默。那时刚接触文学研究，却也多少读过些学者文章了。印象里研究者更像是些训练有素的外科医生：拆解文本，俨然要揭开作家的大脑皮层，窥见种种不可告人的心思；手术工具也齐全，各色理论一字排开。作为读者，他们总是显得太强势，有时甚至不容作家自己把话说完；因而你听到的，往往是他们的声音，文本本身倒像是在附和研究者的高见。而本书作者张新颖则太不一样了。他的讲述始终是贴着文本的自然脉络，一节一节慢慢讲下来；而他的解读则常只是寥寥几句，或整个地隐在了叙述背后。有时候我甚至希望他可以再多讲一些。

这回重读才明白，正是这样一种沉默，教我如何真正做好一个读者。毕竟，沉默不是不言语，而是克制着不让研究者的声音压过作品本身的声音。“对话”之所以可能，首先要求我们学会听：我们总习惯将对话看成是一种“说”的诉求，却忘了对话同时也是一种“听”的努力。

我愿意将这份沉默也看成是文学教育的一部分；或许，也是最难的一部分。讲《从文自传》，作者张新颖将沈从文听到的声音、看到的颜色、闻到的气味都原原本本记下——“蝙蝠的声音，一只黄牛当屠户把刀剸进它喉中时叹息的声音，藏在田塍土穴中大黄喉蛇的鸣声，黑暗中鱼在水面泼剌的微声”；讲《湘行书简》，作者让我们得以听到回乡船上沈从文听到的——“羊还在叫，我觉得希奇，好好的一听，原来对河也有一只羊叫着，它们是相互应和叫着的。我还听到唱曲子的声音，一个年纪极轻的女子喉咙，使我感动得很。”有太多这样的段落，我疑心会被多数专业读者删削在论述之外；本书作者却懂得把它们都保留下来。而这些文字所带出的，用作者的话来说，正是“一个人连续性的生活史”。这种连续性，曾被太多论者的声音一再打断。那些论者打断的，不仅是沈从文作为一个完整的人的生命过程，更是其人与其身处的这个世界之间的密切关联。《沈从文九讲》却有这种力量：它让你随讲述者一起静下来，屏息倾听；你仿佛可以听到沈从文如何由这种种有声与无声所引领，触及有情众生的情感与求生向上的意志。

在这个意义上，沉默作为一种文学教育，最终是让人学会向文学敞开，学会诚实面对我们的生命经验。我想，不少读者都会同意，沈从文最好的那些作品，如同所有最好的文学一样，面向并且照亮我们个体生命与历史长河中那些无从被理性化解的伤痛与裂痕。面对它们，真的不必强作解人；说到底，是文学让我们卸下防备与伪装，直面这一切伤痛、这一切人力无从扭转的悲哀。如此战战兢兢，却也如此坦坦荡荡。

我进而想到沈从文《边城》里那些“呆望着”洪水灾难的人们。他们是沉默的，正如讲故事的沈从文在面对他们的悲哀命运时，也是沉默的，不多说一句的。但恰恰是在这份沉默里，本书作者看到“对天地不仁的无可奈何的体会、默认和领受”，看到

“这个世界有它的悲哀，这个世界自来就带着悲哀的气质在体会、默认和领受”。沉默是体会、默认和领受，而唯有诚实谦卑地领受，才能听见作品与这个世界本身开始说话——向你说话。

因而，“沉默”未尝不是另一种对话，更深的对话；它触及一时一地的表象之下一种更深沉幽微、也更强大的力量。我六年前初读书中“土改家书”一节，至今在遇到很多事时，仍会想起其间的一些意思。印象最深的，是沈从文目睹的那一场“历史奇观”。他看到，“人人都若有一种不可理解的力量在支配，进行时代所排定的程序”；但恰恰是在这一切热闹喧腾后，沈从文看到，“工作完毕，各自散去时，也大都沉默无声，依然在山道上成一道长长的队列，逐渐消失在丘陵竹树间。情形离奇得很，也庄严得很。任何书中都不曾这么描写过。正因为自然背景太安静，每每听到锣鼓声，大都如被自然所吸收，特别是在山道上敲锣打鼓，奇怪得很，总不会如城市中热闹，反而给人以一种异常沉静感”。

在“忘乎所以”的时代巨变背后，沈从文让我们听到那个终将吞没一切、也将化解一切的广大无边的沉默——它既吞没一切人力的造作，如同洪水如同所有灾难，教人领受天地的无情与人的有限；它也化解人类历史中的种种虚妄与伤害，“庄严沉静”，正是天地对人最大的包容、嘉许与宽忍。如本书开篇“对话空间”中所说，《边城》不但写出了“天地不仁，以万物为刍狗”，更写出了“天地有大美而不言”。那么我想，或许不仅是《边城》，天地的无情无言与生生不息，实实在在地贯穿了沈从文一生的创作。

更进一步，作者虽未明言，但“天地不仁”与“生生之德”外，想来也有“天行健，君子以自强不息”一层意思在吧。我们都知道，沈从文早年致力文学，而后“转业”成为历史文物研究专家，看似是截然不同的工作，作者张新颖却让我们看到，一个人怎样将“文学家”、“思想者”与“实践者”三种身份贯通在自己的生命之中。历经一次又一次“时代程序”与“历史奇观”的安排与改造，沈从文的“自我”反是愈发凸显其顽韧与坚定。唯其如此，我们才能理解“工作”之于沈从文的特殊意义：或许，“工作”本就是一种自我与世界对话的努力。而沈从文一生不曾停止的工作，也便见证了“我”与这个世界一生不曾停止的对话。文学写作是如此，文物研究也是如此。

这也是为何，沈从文一生中最大的两次精神危机，究其根本，无不源自忧虑于“自我”与世界将失去联系。一方面，他人的工作方式多“无知”或“虚伪”，一切只由时代风潮所鼓动，绝无可能与世界建立更为真切持久的联系；另一方面，沈从文不得不自问：一个择善自处的“我”如何以一己孤独的工作，重新建立与世界间的有机互动。正是这两次危机，促使沈从文由文学到思想，由思想到实践，一再重新确认“自我”，也一再重新确认一己工作在历史中的意义。以往论者多只将沈从文看作受害者，本书却让我们看到：沈从文面对的每一个绝境都同时是一次“重生”；而每次看似不得不然的选择，都同时建立在他对己对人最深刻的反思，以及对人世、对自然、对历史，所怀的一份无从割舍的感情。

尤为难得的是，沈从文的这个“自我”既不是权力结构中的“强者”，也不是现代想象里的“超人”。用本书作者的话来说，这是个“弱小的人”。确实，唯有弱小的人才能懂得那些呆望洪水的人们到底看到了什么。“强者”大可批判“呆望”是愚昧麻木的写照，而“弱小”的沈从文却懂得他们的悲哀。他让我们透过这些人的眼睛看到：每一个弱小的人如何在这个充满危机与伤痛的世界度过自己的一生。更重要的是，沈从文以其一生启示我们：即使你所有的一切都可能被夺走，甚至给你带来伤害，你仍能为这个世界做些什么。

后　记

大概从二〇〇一年下半年开始，复旦大学中文系本科教学调整，以更多的课时用于精读经典作品，开设文学原典精读系列课程。我讲的“沈从文精读”，就是这系列课程中的一门。过了三年时间，这一系列课程设置逐渐完善、成熟，到二〇〇四年秋，系里组织任课老师以讲义为基础编写教材，我利用二〇〇五年寒假的相对空闲，写出了讲稿，当年由复旦大学出版社出版。

这一系列教材，书名都冠以“精读”，我的这本也就叫《沈从文精读》；内容编排上，除了讲稿之外，还需要附上所讲作品，这当然是为了课堂教学的方便。不过，如果不是当作系列教材中的一种，而只当作一本单独的书来看，我觉得，没有作品附录，会更让我心安一些。

中华书局出版《沈从文九讲》，内容只是讲稿，正合了我的愿望；在原稿之外，我又增加了一讲，讲沈从文的文学传统在中国当代文学中的回响，这样才觉得完整起来。

张新颖

二〇一五年三月

新版后记

从我讲“沈从文精读”课，到《沈从文精读》印行，再到《沈从文九讲》由译林出版社出新版，已经二十年了。近几年没有继续上这门课，以后是否再上，犹犹豫豫，说不准。新版附录了几篇书评，作者曾经是我的学生，而今各自有成，借他们的眼光看这本书，是一层意思；于我，还是一段教书生活的纪念。

张新颖

二〇二〇年十一月